主　编：吴广善　苑　杰

广播电视编导专业统考必备攻略

（广东卷）

吴广善 苑 杰 主编

CUCP 中国传媒大学出版社
·北京·

前　言

亲爱的读者，当你得到本教材时，你是幸福的。因为据我所知，这是广东省施行统考以来第一本相对完整且具有针对性的教材，也是我们教研组全体老师辛勤付出的结晶。它的出版实属不易。

我们编写本书的主要目的是方便大家更好地了解广东省广播电视编导专业的考试政策，让那些怀揣传媒梦想的同学有更方便且有效的学习途径。为此，我们教研组全体老师根据多年的教学经验、统考的教学反馈以及全面客观的统考成绩分析，全力编写了本教材。

在此，简要介绍本教材的内容。

本教材以2021年的广东省统考考试大纲及2020、2019年统考真题为蓝本，结合我们教研组多年的教学经验整理而成。其内容主要分为6个部分：统考政策解读、统考大纲解读、统考考试内容攻略、例文举例、师长成功经验分离以及统考模拟卷。

其中，第一章的统考政策解读是通过列举相对客观、完整的数据，让大家更好地了解统考政策，也让大家对统考有一个相对客观、理性的认知。

第二章的统考大纲解读是简要地告诉大家广东省广播电视编导专业统考考什么，考试要求是怎样的，以及考试难易度如何。

第三章的统考考试内容攻略是根据广东省统考考试大纲，告诉大家最基础的传媒知识，让大家知道面对统考应该学习什么、应该怎么学习以及考生如何应对。当然，也因篇幅原因，不能完全呈现每一个细小知识点，所以基础知识还需要大家自己去学习和积累。

第四章的例文举例就是在第三章的基础上所做的各类文章的例文整理，以便让大家了解什么是优秀的文章，方便大家学习和借鉴。

第五章的内容主要是统考220分以上的师长成功经验分享，我们希望他们的成功经验能够给大家提供一些帮助。

第六章的统考模拟卷是根据2019—2020年的统考真题、2021年考试大纲的要求以及热点、重点知识编写的模拟考卷，基本上包罗了统考可能会涉及的知识点和考试形式,让大家提前熟悉,做到以不变应万变。

附录中,我们除更新了最新的录取数据,还增加了推荐片单和书单。

此外,本书还具有以下几个特点。

一、针对性强。编写本书最初的目的就是方便考生应对广东省广播电视编导专业统考,所以一切内容的编排和整理完全因统考而生,具有较强的针对性。

二、内容翔实。根据统考大纲和历年的统考真题,我们教研组进行充分的讨论和论证,将统考中可能遇到的各种类型题目和知识点一一进行了列举和说明,方便大家应考。

三、化繁为简。考试的内容和形式是千变万化的,我们对此进行了科学分析,将繁杂的考试内容简单化处理,让大家理解起来方便快捷,特别是针对影视史论、节目分析、影视评论和故事写作,我们通过列举应对方法,让大家轻松掌握、一学就会。

四、实用性强。我们编写本书的初衷是方便那些心怀传媒梦想的同学,所以在语言表达和知识罗列上努力做到言简意赅,让大家可以轻松掌握应对方法,轻松答题,具有较强的实用性。

我们坚信,只要肯下功夫,按照我们的训练方式练习,你将会很轻松地取得优异成绩!

我们准备好了,你呢?

编　者

2020 年 10 月 2 日

深圳·田厦国际中心

目　录 *Contents*

第一章　2020 年广东省高考录取相关数据说明

一、普通文理类本科达线情况

广东省 2020 年普通高考文科本科分数线 430 分，共 102 427 人达线；理科本科分数线 410 分，共 215 857 人达线。文科高分优先投档线 536 分，共 20 392 人达线；理科高分优先投档线 524 分，共 80 884 人达线。

表 1-1　2020 年广东省普通高考分数线及过线人数统计

类别		分数线	人数	合计
普本	文科	430 分	102 427 人	318 284 人
	理科	410 分	215 857 人	
一本	文科	536 分	20 392 人	101 276
	理科	524 分	80 884 人	

二、普通高考本科录取情况

2020 年广东省夏季高考报名人数 77.96 万人，其中，本科批录取 28.6 万人，录取率为 36.69%；文科报名总人数约为 25.6 万人，录取 8.06 万人，录取率为 31.48%；理科报名总人数约为 46.36 万人，录取 17.69 万人，录取率为 38.16%；艺术类录取 2.9 万人。

表 1-2　2020 年广东省普通高考本科录取情况统计

类别	报名人数	录取人数	录取率
文科	25.6 万	8.06 万	31.48%
理科	46.36 万	17.69 万	38.16%
总计	77.96 万	28.6 万	36.69%

三、音乐类专业高考本科录取情况

2020 年广东省音乐类考生为 9 623 人(统考报名人数)。统考录取 3 300 人左右,录取率约为 34.29%;校考录取 1 085 人,录取率为 11.27%;统考与校考合计录取 4 385人,录取率为 45.56%。

表 1-3　2020 年广东省音乐类专业本科情况统计

报名人数	统考录取人数	校考录取人数	总录取人数
9 623 人	3 300 人	1 085 人	4 385 人
录取率	34.29%	11.27%	45.56%

四、美术类专业高考本科录取情况

2020 年广东省美术类考生为 38 771 人(统考报名人数)。统考录取 14 700 人左右,录取率约为 37.91%;校考录取约 300 人,录取率为 0.07%;统考与校考合计录取 15 000 人,录取率为 38.68%。

表 1-4　2020 年广东省美术类专业本科情况统计

报名人数	统考录取人数	校考录取人数	总录取人数
38 771 人	14 700 人	300 人	15 000 人
录取率	37.91%	0.07%	38.68%

五、传媒类专业高考本科录取情况

(一)幕后类专业

2020 年广东省幕后类考生共有 7 100 人左右(共 7 284 人报名编导统考,缺考 411 人,实际参考人数为 6 873 人,还有约 200 人未参加统考,但参加校考)。

统考提前批录取 10 人,本科批统考录取 790 人,提前批校考录取 90 人,本科批校考录取 2 483—2 600 人。录取人数合计约为 3 500 人,录取率为 49.23%。

(二)台前类专业

(1)播音:2020年广东省播音专业学习人数约为4 500人,普通校考录取1 466—1 500人,名校校考录取50—60人,录取人数合计约为1 700人。录取率为37.78%。

(2)表演:2020年广东省表演专业学习人数约为1 500人,普通校考录取561—600人,名校校考录取20人。录取人数合计约为600人。录取率为40.00%。

表1-5 2020年广东省传媒类专业高考本科录取情况统计

类别	报名人数	录取人数	录取率
幕后类	约7 100人	约3 500人	49.23%
台前类(播音)	约4 500人	约1 700人	37.78%
台前类(表演)	约1 500人	约600人	40.00%

六、高考补录情况统计

(1)普通文科补录名额149人,有补录资格人数(430分以上)12 918人。有127 691人无缘本科。

(2)普通理科补录名额647人,有补录资格(410分以上)28 185人。有27 538人无缘本科。

合计有40 307人虽过本科线但无缘本科。

(3)广播电视编导录取(补录)人数为147人;有345人符合(390分/195分),有243人无缘本科。

表1-6 2020年广东省普通高考本科补录情况统计

类别	补录名额	符合资格人数	达到本科线落榜人数
文科	149人	12 918人	12 769人
理科	647人	28 185人	27 538人
广播电视编导统考	147人	345人	243人

七、总结

(1)广东省普通文理类录取情况不容乐观。高考报名人数居高不下,文理科本科达线率与重本率在全国都属于较低水平。

(2)与普通文理类考生相比,艺术类考生的录取率相对比较高。

(3)在艺术类专业中,音乐类专业的录取率相对最高,美术类专业的录取率相对较低。

(4)在艺术类专业中,传媒类专业的录取率相对较高。与音乐、美术等专业相比,传媒学习周期最短、所需的费用最低。

第二章　广播电视编导统考大纲解读

第一节　广播电视编导术科考试大纲

一、考试性质

广东省普通高等学校招生统一考试广播电视编导术科考试(以下简称"广播电视编导术科统考")是面向全省报考普通高等学校广播电视编导专业的考生组织的选拔性考试,是普通高考的重要组成部分,也是高等学校选拔广播电视编导专业人才的依据。

二、考试科目和考核目标

广播电视编导术科统考包括专业基础、故事编创和影视作品分析三个科目。

科目一:专业基础。考查考生对文学、艺术、广播影视、新媒体等领域中的知识的识记、分类、运用,问题思考路径的建立和思辨性思维模式的运用程度,以及运用蒙太奇思维将抽象的文字转换为具象的声音和画面的能力。

科目二:故事编创。通过让考生在限定条件下编创出一个有吸引力的故事,考查考生的影视编剧及叙事能力。

科目三:影视作品分析。考查考生对影视作品的感悟、理解与鉴赏能力,对影视艺术常识的掌握程度,灵活运用相关理论知识分析问题、解决问题的能力,以及将所思所考形成文字的写作能力。

三、各科目考试内容和要求

科目一:专业基础

1.考试内容:

(1)涉及文学、艺术、广播影视、新媒体等领域的相关常识及发展动态。

①文学:中学语文课程标准及教材所涉及的中外文学史、文学体裁、文学流派、名家名作等常识;

②艺术:学习本专业所应具备的音乐、舞蹈、戏剧、美术、书法、建筑等艺术常识;

③广播影视:广播影视的传媒特性、艺术特征、构成要素、基本理论、发展历史、制作方法、发展动态、导演风格与流派、名导主要作品等常识;

④新媒体:新媒体的基本常识和发展动态等。

(2)根据一篇不超过200字的文本,提供相应的场景设计方案,并在表格中分画面和声音两个部分进行描述。

2.考试要求:选择题、填空题要求对基础知识识记准确,对基本概念判断、理解、分析正确。简答题要求将基本理论和基础知识结合论题进行分析,回答有理有据。场景设计题要求按照影视表达的基本规律、能够运用一些声画组合技巧进行镜头设计。无错别字,表述清楚,卷面整洁。

3.题型和题量:包括选择题、填空题、简答题、场景设计四种题型。其中,选择题共15小题,每小题给出4个选项,只有一个选项符合题目要求;填空题共15小题;简答题共3小题;场景设计题共1题。

4.分值:卷面满分100分。四种题型中,选择题共30分,每小题2分;填空题共30分,每小题2分;简答题共25分;场景设计题共15分。

科目二:故事编创

1. 考试内容:根据给定的条件或要素,编写一个适合影像制作的故事。常见的给定条件为下列之一:

(1)根据给定的3—5个关键词编故事。

(2)根据命题编创故事。

(3)根据现有的故事开头续写故事。

(4)看图编创故事。

2. 考查要点：(1)故事的主题。(2)故事的人物设计。(3)故事讲述的结构。(4)故事的细节与氛围。

3. 考试要求：主题明确，题材适合公开传播；内容具有较强的原创性；能够合理设置人物和情节，具有较强的故事性；结构完整，层次清楚；语言通顺，叙事流畅；卷面整洁；全文不少于 800 字。

4. 分值和时间：科目一和科目二合卷考试，考试时间 120 分钟，其中故事写作 60 分钟。

科目三：影视作品分析

1. 考试内容：现场播放一部影视作品或一档电视节目(30 分钟以内)，考生观摩后，根据试卷要求写出一篇评析性文章。

2. 考查要点：作品的题材、主题、人物、情节、细节、叙事手法、结构和视听语言。

3. 考试要求：评析性文章属于议论文范畴，要求观点明确，论据充分，论证有力，文通意顺，不可写成感想式的读后感、随笔、散文之类的文章。全文不少于1 000字。

4. 分值和时间：卷面满分 100 分，考试时间为 90 分钟(含视频播放时间)。

五、题型示例(略有改动)

科目一：专业基础

(一)选择题

例 1.1903 年，导演埃德温·鲍特以独特的叙事方式，拍摄了以真实自然环境为叙事背景的电影是(　　)

A.《火车大劫案》　B.《月球旅行记》　C.《公民凯恩》　D.《科学怪人》

例 2.我国山水诗派的开创者是南朝诗人(　　)

A.王维　B.陶渊明　C.李商隐　D.谢灵运

(二)填空题

例 1.《　　　　》是中国古代杰出的长篇叙事诗，叙述了一对青年男女的爱情悲剧，是汉乐府叙事诗发展的高峰。

例 2.1935 年，由(　　)编导的影片《渔光曲》在苏联举办的莫斯科国际电影节上获奖，这是中国电影第一次在国际电影节上获奖。

(三)问答题

例1:阅读下面这首诗,回答问题。

酬乐天扬州初逢席上见赠

巴山楚水凄凉地,二十三年弃置身。
怀旧空吟闻笛赋,到乡翻似烂柯人。
沉舟侧畔千帆过,病树前头万木春。
今日听君歌一曲,暂凭杯酒长精神。

(1)谈谈你对"沉舟侧畔千帆过,病树前头万木春"的理解或感悟。

例2:近年来,《汉字听写大会》《朗读者》《见字如面》等文化类节目得到受众的欢迎。如何看待这种现象?

例3:从黑泽明、小津安二郎、北野武三位日本导演中选择你最喜欢的一位,谈谈你喜欢他的原因。

(二)场景设计

例:如果你是一位影视导演,请根据以下文字内容提供场景设计方案。

一个女孩在小卖部偷东西被发现了,一旁卖水果的大叔替她解了围。在看到她面黄肌瘦的脸,了解了她家条件艰苦的情况后,他不仅买下了小女孩偷拿的包子,还另外送上了自己家的西瓜。

二十年后,这个女孩成为一名优秀的医生。在一次即将给病人做手术时,病人的女儿因为拿不出一大笔手术费,打算放弃治疗。这位女医生悄悄垫付了费用,并留下一张"欠条"。原来,这个病人就是当年那个卖水果的大叔。

镜头序号	画面内容	声音内容
1		
2		

科目二:故事编创

例1:请使用下列三个词语编写一个故事。在编写的故事中,三个词语都必须出现,且至少两个是故事的关键词,总字数不少于800字。

夏天、眼镜、麻雀。

例 2:请以《手机丢了》为题目编写故事,总字数不少于 800 字。

例 3:根据现有的故事开头续写故事,总字数不少于 800 字。

张明一直不知道他的父母是养父母,这一天,他回家看到一对夫妇在路边的餐厅和父母聊天,无意中听到了身世的秘密。回到家里后不一会儿,父母也回来了……

科目三:影视作品分析

例:根据现场观摩的视频,撰写一篇评析文章。要求文字流畅,结构清晰,观点言之有据;可以从作品的题材、主题、人物、情节、细节、叙事手法、结构和视听语言等方面选择角度进行评析;总字数不少于800字。

第二节 广东省2020年广播电视编导统考考题

科目一 专业基础

一、选择题(共30分,每小题2分,共计15小题)

1.2018年,李克强总理就电影( )引发舆论热议作出批示,要求有关部门加快落实抗癌药降价保供等相关措施。

A.《滚蛋吧！肿瘤君》 B.《我不是药神》

C.《暴烈无声》 D.《人间世》

2.“锲而不舍,金石可镂。”这句话是( )的名句。

A.孟子 B.孔子

C.荀子 D.庄子

3.新中国第一位获得“人民艺术家”称号的作家是( ),其代表作品《骆驼祥子》主要描述了一个旧社会的车夫在社会底层挣扎、毁灭的故事。

A.曹禺 B.老舍

C.巴金 D.郭沫若

4.亚里士多德在《诗学》中第一次对( )下了比较完整的科学定义:“它是对一个严肃、完整、有一定长度的行动的模仿;它的媒介是语言,具有各种悦耳之音,分别在剧的各部分使用;模仿方式是借人物的动作来表达,而不是采用叙述法;借引起怜悯与恐惧来使这种情感得到陶冶。”

A.悲剧 B.喜剧

C.正剧 D.闹剧

5.英国小说家狄更斯写了一本以法国大革命为背景的小说,小说分为《复活》《金钱》《暴风雨的踪迹》三部。这部小说是( )。

A.《雾都孤儿》 B.《大卫·科波菲尔》

C.《双城记》 D.《远大前程》

6.中国古代楷书四大家不包括( )。

A.颜真卿 B.王羲之

C.柳公权 D.赵孟頫

7.一半收藏在浙江博物馆，一半收藏在台北故宫博物院的《富春山居图》是元代画家（　）的作品。

A.黄公望　　B.王蒙

C.王冕　　D.欧阳询

8.下列不是达·芬奇作品的是（　）。

A.《最后的晚餐》　　B.《蒙娜丽莎》

C.《西斯廷圣母》　　D.《岩间圣母》

9.下列舞蹈作品中，不属于经典芭蕾舞剧的是（　）。

A.《古赛尔》　　B.《天鹅湖》

C.《妈妈咪呀》　　D.《睡美人》

10.我国第一部在国际上获奖的影片是（　）。

A.张艺谋《红高粱》　　B.陈凯歌《霸王别姬》

C.贾樟柯《三峡好人》　　D.蔡楚生《渔光曲》

11.岩井俊二与陈可辛合作监制，并由岩井俊二导演的一部以大连为背景的影片是（　）。

A.《关于莉莉周的一切》　　B.《情书》

C.《你好，之华》　　D.《燕尾蝶》

12.动画电影《狮子王》的故事原型是（　）。

A.《哈姆雷特》　　B.《麦克白》

C.《李尔王》　　D.《雷雨》

13、下列电影，由中国摄影家吴印咸担任摄影师的是（　）。

A.《火烧红莲寺》　　B.《芙蓉镇》

C.《一江春水向东流》　　D.《马路天使》

14.中国网络视听大会永久举办地是（　）。

A.浙江乌镇　　B.四川成都

C.广东深圳　　D.湖南长沙

15.2016 年 9 月，一款可以拍短视频的叫做（　）的音乐创意短视频社交软件正式上线，之初是面向年轻人的短视频社区平台。

A.抖音　　B.微信

C.知乎　　D.小红书

二、填空题（共 30 分，每小题 2 分，共计 15 小题）

1.“言以蔽之，曰：‘思无邪。’”孔子这句话点评的古代诗歌总集是（　　）。

2.晚清四大谴责小说分别指《官场现形记》《二十年目睹之怪现状》《老残游记》及(　　)。

3.“幸福的家庭都是相同的,不幸的家庭各有各的不幸。”这是俄罗斯作家列夫·托尔斯泰的长篇小说(　　)的开头。

4.法国19世纪批判现实主义文学的代表作家(　　)的《人间喜剧》,展现了法国上层社会的现实主义历史。

5.中国古代雕塑主要成就是俑,其代表作是闻名世界的(　　)。

6.甘肃(　　)石窟,包括莫高窟、伊阙佛龛之碑,其壁画是中国传统文化与印度佛教文化结合的艺术宝藏。

7.法国现实主义画家(　　)特别擅长表现农民题材,其作品《拾穗者》被视为传世巨作。

8.成功谱写了《天鹅湖》《睡美人》《胡桃夹子》等芭蕾舞剧音乐的俄国作曲家是(　　)。

9.2008年上映的美国动画喜剧电影(　　)讲述了一只动物立志成为武林高手的故事。该片以中国功夫为主题,以中国古代为背景,景观、布景、服装、饮食等均充满中国元素。

10.电影(　　)由郑君里、蔡楚生编导,叙述“九一八”事变到抗日战争胜利这一历史时期发生于上海的一个普通家庭的悲欢离合的故事。

11.2019年上映的电影《我和我的祖国》由(　　)担任总导演,讲述了新中国成立70年间普通百姓与共和国息息相关的故事。

12.在美国艾美奖评比中,(　　)曾破纪录斩获多项大奖,包揽了最佳剧情、最佳导演、最佳编剧、最佳男配角等多项大奖。该剧是美国HBO电视网制作推出的一部中世纪史诗奇幻题材的电视剧,改编自美国作家乔治·R.R.马丁的奇幻小说系列。

13.创办于1920年12月30日,1949年12月5日正式定名为(　　),是世界上最大的华语广播机构。

14.在电视节目的生产、流通与播出的过程中,节目的生产制作与节目的播出分别由不同的单位负责的管理制度叫(　　),它是广播电视核心业务的重大变革。

15.摄像机向被摄主体方向推进,或者变动镜头焦距使画面框架由远而近向被摄主体不断接近,形成视觉前移效果的拍摄方法,即运动镜头中(　　)。

三、简答题(共 25 分,每小题 8～9 分,共计 3 小题)

1.阅读下面诗词,回答问题。(8 分)

竹枝词九首(其二)

唐 · 刘禹锡

山桃红花满上头,蜀江春水拍山流。
花红易衰似郎意,水流无限似侬愁。

结合具体诗句,分析本诗运用了哪些表现手法?

2.影视作品中经常会出现一些空镜头,请举例谈谈空镜头在影片中的作用。(8 分)

3.近年来,电视节目越来越注重跨屏互动,请简要分析跨屏互动的内容、形式和特点。(9 分)

四、场景设计(共 15 分,共计 1 小题)

走了许久,远远地望见了一条迂回的明如玻璃的带子——河! 牛羊多起来,也看到了马群,隐隐有鞭子的轻响。快了,快到了。忽然,像被一阵风吹来似的,远处的小丘上出现了一群马,马上的男女老少穿着各色的衣裳,群马疾驰,襟飘带舞,像一条彩虹向我们飞过来。这是主人来到几十里外欢迎远客。静寂的草原热闹起来:欢呼声,车声,马蹄声,响成一片。车跟着马飞过小丘,看见了几座蒙古包。——老舍《草原》(节选改写)

请从影视导演的角度,根据以下文字内容提供场景设计方案。

(要求:按照内容顺序自编镜头序号:镜头不少于 10 个。)

镜头序号	画面内容	声音内容
1		
2		

科目二　故事编创

"就在打开 U 盘的瞬间,他(她)愣住了……"续写故事。

要求:主题明确,题材适合公开传播。内容具有原创性。能够合理设置人物和情节,具有较强的故事性。结构完整,层次清楚。语言通顺,叙事流畅,卷面整洁。全文不少于 800 字。

科目三　影视作品分析

根据现场播放的电影片段(《一条狗的使命》),撰写一篇评析文章。

要求:文字流畅,结构清晰,观点言之有据。可以从作品的题材、主题、人物、情节、细节、叙事手法、结构和视听语言等方面选择进行评析。总字数不少于800字。

第三节　广东省2019年广播电视编导统考考题

广播电视编导术科统考以闭卷、笔试方式进行。科目一和科目二为一张卷，科目三单独成卷。

考生广播电视编导术科统考的总成绩为专业基础（100分）、故事编创（100分）和影视作品分析（100分）三个科目得分之和（总分300分）。

项目	考试科目	考试时间
1	专业基础、故事编创	2019年1月12日09:30—11:30
2	影视作品分析	2019年1月12日15:00—16:30

上午场　专业基础及故事编创

科目一

一、阅读下面这首诗，回答问题。

题乌江亭

胜败兵家事不期，包羞忍耻是男儿。
江东子弟多才俊，卷土重来未可知。

1. 这首诗的作者是谁？本首诗所描写的历史事件是什么？（5分）

2. 这首诗表达了怎样的观点？你同意这个观点吗，为什么？（15分）

二、以《亲爱的客栈》为例，请分析慢综艺节目越来越火的原因，并谈一谈它的特点。

三、从以下导演中选择其中一位导演，并结合其作品进行分析阐释：徐克、姜文、宁浩、弗朗西斯·科波拉、克里斯托弗·诺兰。

四、场景设计

如果你是一位影视导演，请根据以下文字内容提供场景设计方案。

黎明的时候,雨突然大了。像泼。像倒。

山洪咆哮着,像一群受惊的野马,从山谷里狂奔而来,势不可当。

村庄惊醒了。人们翻身下床,却一脚踩进水里。是谁惊慌地喊了一嗓子,一百多号人你拥我挤地往南跑。近一米高的洪水已经在路面上跳舞了。人们又疯了似的折回来。

东面、西面没有路。只有北面有座窄窄的木桥。

死亡在洪水的狞笑声中逼近。

人们跌跌撞撞地向那木桥涌去。

序号	画面内容	声音内容
1		
2		

科目二

故事编创

请按照给定的故事题目,在规定的时间内,完成一篇不少于800字的故事。

题目:《手机丢了》。

下午场　影视作品分析

科目三

观看电影片段,写一篇影评。

要求:文字流畅,结构清晰,观点言之有据,可以从作品的题材、主题、人物、情节、细节、叙事手法和结构等方面选择角度进行评析,总字数不少于1 000字。

播放影片《罪恶之家》的开始部分(20分钟)。

第四节 广播电视编导术科考试大纲要点解读

2021 年是广东省施行广播电视编导统考的第三年，比 2019 年增加了文艺常识题目，降低了简答题的分值比重。考察文常知识虽增加大家背诵的时间，但提高了考试的公平性。

此外，戏剧故事写作的考察形式增加了“看图创作”，不过难度不大，只要大家掌握故事写作的核心，以不变应万变即可。影视评论的写作没有变化。

以下为 2021 年考试大纲的要点解读。

一、考题内容不难，可短期内准备

1.2020 年最易得分处为科目一的文艺常识题。大家只要用心记忆和背诵，就有机会得高分。答题时间最好控制在 15 分钟左右。因文常知识需用时间积累，在此不再做过多赘述。

2.从大纲可看出，广播电视编导术科统考主要考核语文表达能力：议论文写作（诗歌鉴赏、影视热点分析、影视评论写作）和记叙文写作（戏剧故事写作）。

3.稍微有点难度的考核内容是分镜头写作，其实只要找准了考核重心和考核规则就不会很难，2～3 天时间便可练好。

4.统考还考查了大家的版面布局及书写工整度。换言之，就是在 90～120 分钟内，你要完成一篇不少于1 000字的文章。不仅需要你有较好的答题内容，而且需要你有一个清晰整洁的卷面。因为试卷都是扫描成电子稿的，老师在批改试卷时基本上都是一扫而过，然后根据卷面内容及卷面的整洁程度打出相应分数，所以只要卷面好，排版整洁，就有机会得高分！

二、出题人的思维方式

广东省的广播电视编导统考考试大纲和考试内容的拟定是由华南农业大学牵头，广州大学、广东财经大学配合，共同完成的。于是，我们可比较清晰地得知每道题目的出题来源和考核侧重点。

科目一:专业基础考试内容分析

"文学、影视艺术文化和广播影视三个领域,以古诗词赏析、中外影视史论、受众关注度高的广播电视栏目或节目为主要内容。"

1. 古诗词赏析(约 8 分)

来源于华南农业大学和广州大学校考时的简答题目,只不过华南农业大学之前的考试注重的是现当代诗歌,而广州大学重视的是古诗词。本题所涉及的古诗词是比较常见的诗词,首先我们需要对高中课本(无论是必修还是选修)中涉及的所有古诗词熟读和理解,此外,还需要掌握比较出名或常见的诗人及其代表作品。

2. 影视基础知识(约 8 分)

(1)中外影视史论(约 8 分):主要来源于广州大学校考中的简答题目。

(2)高关注度的电视节目或栏目分析:来源于广东财经大学校考中的简答题目。

此二题不是拉分的重点题,主要考核的是考生的识记能力,因为此题基本上是考生课下背出来的。根据往年考试经验和当年影视热点,可推断出此二题考核的范围和侧重点。同时,考生的个人时间相对比较有限,需要各辅导机构的老师整理和把控,学生只需要熟练背下来即可,所以得分基本上都差不多。

3. 分镜头脚本写作(场景设计方案,15 分)

来源于华南农业大学的校考考题。

本题的考查核心在于将文字语言转化成视听语言。这是对考生画面感(蒙太奇思维)的考查。考生应多观看经典影视作品,特别是由经典文学作品改编成的影视作品,从中可获取一些启示和灵感。

本题将是考生们拉分最大的题目之一,也是比较有难度的一题。因为本题考查考生们对画面感的思考能力和想象力,而这种思考能力和想象力不仅需要一定的积累,更需要大量的练习才能获得。

科目二:故事编写

根据给定的条件或要素,编写一个适合影像制作的故事。常见的给定条件为下列之一:

(1)根据给定的3～5个关键词编故事。

(2)根据命题编创故事。

(3)根据现有的故事开头续写故事。

(4)看图编创故事

这是广州大学、华南农业大学、广东财经大学校考中都会考查的一道题目，按照题目要求进行写作即可。关键在于"能够合理设置人物和情节，具有较强的故事性"，最好是写现实主义题材的故事，尽量不要科幻、魔幻。

本题不是拉分题。因为在60分钟内写出800字以上的故事，对大多数考生而言实在是太难了，所以其考查的重点在于考生的现场发挥能力和卷面的整洁度。

同时，批卷很快，且大多是年轻老师批改，阅卷老师没办法仔细查看，所以完全按照印象打分——这种印象来源于卷面的整洁程度和清晰度——卷面最重要了！

科目三:影视作品分析

考试内容如下:"现场播放一部影视作品或一档电视节目(30分钟以内)，考生观摩后，根据试卷要求写出一篇评析性文章。"

这是广州大学、广东财经大学校考中侧重考查的一道题目。两所院校在考试视频的选择上相对有些差异:广州大学以微视频(短片)为主，广东财经大学往往是截取某一经典影片的片段，让考生来评论。并且两所院校的考查重点有所不同:广州大学的考查重点在于对视频(短片)的整体理解和感受，而广东财经大学的考查重点则在于对视频(短片)的视听分析。同时，2019/2020年的专题都是截取电影片段。

据此可推断，2021年的联考应该侧重对微视频(短片)的考查，因为其具有一定的完整性，符合大众考生的习惯——虽然没有很大的观影量，但只要对短片有感觉就可以去评论写作。所以，考生可按老师所讲的去写，但无论从什么角度着手，都需注意"观点明确，论据充分，论证有力，文通意顺"。

本题不是拉分题。因为在70分钟内写出800字以上的评论文章，对大多数考生而言实在是太难了，所以其考查的重点在于考生的现场发挥能力和卷面的整洁度。

同时，批卷很快，且大多是年轻老师批改，阅卷老师没办法仔细查看，所以完全按照印象打分——这种印象来源于卷面的整洁程度和清晰度——卷面最重要了！

第三章　广播电视编导统考解析及应对方案

第一节　古诗词鉴赏题目解析

一、考情分析

题目分值:8分,答题字数为130字左右,答题时间为6—8分钟。

从考试大纲的要求、给出的考试范例以及2019年、2020年的考试内容来看,该题命题方式多样,有分为2个题目、3个小问来进行考查的可能,也有只出1个大问题的情况。

一般而言,问题会涉及这首诗的作者是谁、诗中提到的名号指的谁、这首诗有关的典故等。这道题目相对简单,前提是考生需要掌握好相应的基础知识。所以从现在开始,你需要有计划地阅读和掌握相关诗人的生平及作品的有关知识。

此外还会问到一些答题,有的是开放式的,有的是接近高中语文古诗鉴赏。开放式的题目,基本上是考查考生对这首诗其中一两句的理解或感悟。虽然这道题目看似很随意、很简单,但是我们只要看分值,便可以知道其重要性,所以这道题应好好准备和作答。其基本答题内容包括三个部分:解释说明这句话的意思;阐述说明诗人的情感及意图;表达自己的观点和看法。类似语文考试的鉴赏题目无非是问艺术手法、技巧这类问题,需要考生对整首诗或者某句诗乃至某个字都要进行有理有据的分析。

二、古诗词分类及范例说明

为了让大家更好地掌握古诗词,我们打破古诗词的年代界限,从主题或形式的角度对其进行分类。基本上分为以下几种:送别诗、怀古咏史诗、边塞(战争)诗、思乡(思亲)诗、干谒(赠予)诗、田园山水诗、咏物(写景)诗、说理诗等。下面一一举例说明。

送别诗

(一)材料

1. 送别的原因:谋生、赴考、出使、出仕、贬谪、乡旅、征戎、归隐等。

2. 送别的方式:折柳、饮酒、唱歌、赠诗、走路等。

3. 送别双方的关系:亲人、情人、同僚、友人、途中过客等。

4. 送别时间:暮春、深秋(寒雨、寒蝉)、清晨、傍晚等。

5. 送别场景与环境:长短亭、渡口、南浦、明月、夕阳、杨柳/絮、酒肆等。

(二)具体诗句举例

1. 海内存知己,天涯若比邻。无为在歧路,儿女共沾巾。(王勃《送杜少府之任蜀州》)

2. 洛阳亲友如相问,一片冰心在玉壶。(王昌龄《芙蓉楼送辛渐》)

3. 劝君更尽一杯酒,西出阳关无故人。(王维《送元二使安西》)

4. 莫愁前路无知己,天下谁人不识君。(高适《别董大》)

5. 浮云游子意,落日故人情。(李白《送友人》)

6. 杨花落尽子规啼,闻道龙标过五溪。我寄愁心与明月,随风直到夜郎西。(李白《闻王昌龄左迁龙标遥有此寄》)

7. 故人西辞黄鹤楼,烟花三月下扬州。孤帆远影碧空尽,惟见长江天际流。(李白《黄鹤楼送孟浩然之广陵》)

8. 昔人已乘黄鹤去,此地空余黄鹤楼。黄鹤一去不复返,白云千载空悠悠。(崔颢《黄鹤楼》)

9. 才始送春归,又送君归去。若到江南赶上春,千万和春住。(王观《卜算子·送鲍浩然之浙东》)

10. 多情自古伤离别,更那堪冷落清秋节。(柳永《雨霖铃》)

(三)答题方法

1. 结合作者背景以及和友人的关系谈。(可选)

2. 这句话描写了“……”的画面或场景。

3. 这句话运用了“借景抒情/衬托/反衬/用典”的表现手法或通过“……”的意象,表达了作者与“……”的依依惜别的不舍之情。

4. 个人感悟。

(四)范例说明

“劝君更尽一杯酒,西出阳关无故人。”

答:1. 作者王维与好友元二原本都居住在渭城,如今元二需要前往安西都护府,两人分别后难以相见,因此临别之际,王维写了这首诗。

2. 这句话描写了作者与友人临别之际,喝了一杯又一杯酒,不想分别却无可奈何的场景。作者劝友人最后再喝一杯酒吧,因为出了阳关,就再也没有像我这样的挚友了。

3. 该句通过“酒”这个意象,表达了作者与友人依依惜别的不舍之情。

4. 作者与友人感情真挚,情意深长,感动人心。

怀古咏史诗

(一)材料

1. 结构:临古地(描其景)、思古人、忆其事、抒己志、旧景新颜等。

2. 意象:具体的历史人物、乌衣巷、吴钩、淮水、后庭花、六朝、华清宫、乌江、赤壁、汴河、台城、武侯祠等。

(二)具体诗句举例

1. 凤凰台上凤凰游,凤去台空江自流。(李白《登金陵凤凰台》)

2. 淮水东边旧时月,夜深还过女墙来。(刘禹锡《金陵主题·石头城》)

3. 朱雀桥边野草花,乌衣巷口夕阳斜。旧时王谢堂前燕,飞入寻常百姓家。(刘禹锡《乌衣巷》)

4. 出师未捷身先死,长使英雄泪满襟。(杜甫《蜀相》)

5. 一骑红尘妃子笑,无人知是荔枝来。(杜牧《过华清宫》)

6. 南朝四百八十寺,多少楼台烟雨中。(杜牧《江南春》)

7. 商女不知亡国恨,隔江犹唱后庭花。(杜牧《泊秦淮》)

8. 江东子弟多才俊,卷土重来未可知。(杜牧《题乌江亭》)

9. 东风不与周郎便,铜雀春深锁二乔。(杜牧《赤壁》)

10. 大江东去浪淘尽,千古风流人物。故垒西边,人道是,三国周郎赤壁。(苏轼《念奴娇·赤壁怀古》)

11. 斜阳草树，寻常巷陌，人道寄奴曾住。想当年，金戈铁马，气吞万里如虎。（辛弃疾《永遇乐·京口北固亭怀古》）

12. 千古兴亡多少事？悠悠。不尽长江滚滚流。（辛弃疾《南乡子·登京口北固亭有怀》）

13. 生当作人杰，死亦为鬼雄。至今思项羽，不肯过江东。（李清照《夏日绝句》）

（三）答题方法

1. 作者抵达/途经/登临“……”，看到“……”的景象。

作者讲述了“……”的经历。

2. 作者运用了“对比/触情入景/寓情于景/情景交融/虚实结合/拟人/借古讽今/吊古伤今/用典”的手法。

3. 作者（委婉含蓄地）感慨了“盛衰无常/壮志难酬/怀才不遇/国运衰微/报国无门”；

抒发了“爱国”的情怀和决心/“报国”的壮志和追求；

揭露了“统治者昏庸腐朽、骄奢淫逸”的现象。

4. 诗句体现了“雄浑壮阔/含蓄沉郁”的风格。

（四）范例说明

“出师未捷身先死，长使英雄泪满襟。”

答：1. 作者谪居成都时，在武侯祠看到了“声色虽美但十分凄凉”的景象，想到了当年“诸葛亮统一大业未成而身死”的悲惨遭遇，忍不住为他的经历感到深切痛惜和感慨。

2. 作者运用了“吊古伤今”的手法，借诸葛亮的事迹表现自己的遭遇。

3. 该句委婉含蓄地抒发了作者“报国”的壮志和追求。

4. 这句诗含蓄沉郁，符合杜甫一贯“沉郁顿挫”的诗句风格。

边塞（战争）诗

（一）材料

意象：投笔、旌旗、狼烟、孤烟、请缨、楼兰、长城、柳营（军营）、羌笛、琵琶、胡琴、玉门关、阳关、大漠、落日、凉州等。

(二)具体诗句举例

1. 宁为百夫长，胜作一书生。(杨炯《从军行》)

2. 醉卧沙场君莫笑，古来征战几人回。(王翰《凉州词》)

3. 羌笛何须怨杨柳，春风不度玉门关。(王之涣《凉州词》)

4. 但使龙城飞将在，不教胡马度阴山。(王昌龄《出塞》)

5. 黄金百战穿金甲，不破楼兰终不还。(王昌龄《从军行》)

6. 大漠孤烟直，长河落日圆。(王维《使至塞上》)

7. 战士军前半死生，美人帐下犹歌舞。(高适《燕歌行》)

8. 落日照大旗，马鸣风萧萧。(杜甫《后出塞》)

9. 北风卷地白草折，胡天八月即飞雪。忽如一夜春风来，千树万树梨花开。(岑参《白雪歌送武判官归京》)

10. 散入珠帘湿罗幕，狐裘不暖锦衾薄。将军角弓不得控，都护铁衣冷难着。(岑参《白雪歌送武判官归京》)

11. 瀚海阑干百丈冰，愁云惨淡万里凝。中军置酒饮归客，胡琴琵琶与羌笛。(岑参《白雪歌送武判官归京》)

12. 马上相逢无纸笔，凭君传语报平安。(岑参《逢入京使》)

13. 黑云压城城欲摧，甲光向日金鳞开。(李贺《雁门太守行》)

14. 报君黄金台上意，提携玉龙为君死。(李贺《雁门太守行》)

15. 八百里分麾下炙，五十弦翻塞外声，沙场秋点兵。(辛弃疾《破阵子·为陈同甫赋壮词以寄之》)

16. 凭君莫话封侯事，一将功成万骨枯。(曹松《乙亥岁二首其一》)

(三)答题方法

1. 作者因为"……"而出征，所以感到"……"。(可选)

2. 作者描绘了"……"的塞外风景/情景，体现了塞外生活的萧瑟/寂寥/愁苦/艰难。

3. 作者运用了"借景抒情/以乐景衬哀情"的手法。

4. 诗句抒发了"思乡之苦"；

感慨了"战争的惨烈"/"塞外生活的艰苦"；

讽刺了"统治者昏庸奢淫"的现象；

抒发了对"战士"的同情，表达了对"和平生活"的渴望；

表达了对"战争杀戮的厌恶"以及"报效国家"的坚定信念。

(四)范例说明

"散入珠帘湿罗幕,狐裘不暖锦衾薄。将军角弓不得控,都护铁衣冷难着。"

答:1. 唐玄宗期间,西北边疆战事频繁,作者胸怀建功立业的志向,在西北边塞前后生活了六年。

2. 在该句诗中,作者描绘了"雪花散入珠帘打湿丝织帐幕,狐皮大衣和丝绸被子都抵挡不住天气的寒冷。将军和都护的弓都冻得拉不开,铠甲冰冷得让人难以穿着",体现了塞外生活的艰难。

3. 作者运用了"借景抒情"的手法,表达自己的心境。

4. 通过这句诗,作者感慨了"塞外生活"的艰苦,为下文送友人"归京"的复杂心境做了铺垫。

思乡(思亲)诗

(一)材料

意象:月亮、鸿雁、红豆、莼羹鲈脍、双鲤、捣衣、船、明月楼、茱萸、黄花等。

(二)具体诗词举例

1. 海上生明月,天涯共此时。(张九龄《望月怀远》)
2. 愿君多采撷,此物最相思。(王维《相思》)
3. 乡书何处达,归雁洛阳边。(王湾《次北固山下》)
4. 谁家今夜扁舟子?何处相思明月楼?(张若虚《春江花月夜》)
5. 举头望明月,低头思故乡。(李白《静夜思》)
6. 长安一片月,万户捣衣声。(李白《子夜吴歌》)
7. 此夜曲中闻折柳,何人不起故园情。(李白《春夜洛城闻笛》)
8. 遥知兄弟登高处,遍插茱萸少一人。(王维《九月九日忆山东兄弟》)
9. 何当共剪西窗烛,却话巴山夜雨时。(李商隐《夜雨寄北》)
10. 过尽千帆皆不是,斜晖脉脉水悠悠。(温庭筠《梦江南》)
11. 帘卷西风,人比黄花瘦。(李清照《醉花阴》)
12. 雁字回时,月满西楼。(李清照《一剪梅》)

(三)答题方法

1. 作者当时处于“……”的环境,感到“……”的心境。(可选)

2. 作者描绘了“……”的场景。

3. 作者通过“……”意象,表达了“羁旅之愁,思乡之苦”/“对亲人的牵挂”。

4. 个人感悟。

(四)范例说明

“长安一片月,万户捣衣声。”

答:1. 作者描绘了“月光洒满长安城,到处都听见妇人的捣衣声”的情景。

2. 作者通过“捣衣”的意象,写出了丈夫出征,妻子的勤劳和对自己丈夫的牵挂之情,同时“一片”也体现了被征去边陲打仗的人数之多。

3. 这句诗看似在写景,实则在抒情,描绘出战争年代中人们的无奈与深情。

田园山水诗

(一)材料

1. 描写对象:山水景观、田园景物、隐居生活、农耕生活等。

2. 特征:“一切景语皆情语”等。

3. 景物特征:清新、静谧、幽远、空灵、明净、爽洁、秀美、幽雅、欣欣向荣、明丽绚烂、静寂清冷等。

4. 生活特征:自由淳朴、安宁祥和、悠然自得、闲适恬淡、宁静平和等。

5. 抒发情感:热爱自然、对现实不满、厌恶官场和仕途、讴歌悠然自得的生活及农民间的质朴深情、同情贫苦大众的生活等。

(二)具体诗句举例

1. 采菊东篱下,悠然见南山。(陶渊明《饮酒》)

2. 羁鸟恋旧林,池鱼思故渊。(陶渊明《归园田居》)

3. 西塞山前白鹭飞,桃花流水鳜鱼肥。(张志和《渔歌子》)

4. 明月松间照,清泉石上流。(王维《山居秋暝》)

5. 行到水穷处,坐看云起时。(王维《终南别业》)

6. 空山不见人,但闻人语响。(王维《鹿柴》)

7. 深林人不知，明月来相照。（王维《竹里馆》）

8. 人闲桂花落，夜静春山空。（王维《鸟鸣涧》）

9. 野旷天低树，江清月近人。（孟浩然《宿建德江》）

10. 开轩面场圃，把酒话桑麻。（孟浩然《过故人庄》）

11. 曲径通幽处，禅房花木深。（常建《题破山寺后禅院》）

12. 众鸟高飞尽，孤云独去闲。（李白《独坐敬亭山》）

13. 竹外桃花三两枝，春江水暖鸭先知。蒌蒿满地芦芽短，正是河豚欲上时。（苏轼《惠崇春江晚景二首其一》）

14. 稻花香里说丰年，听取蛙声一片。（辛弃疾《西江月·夜行黄沙道中》）

（三）答题方法

1. 这句诗描绘了“……”的田园景象；体现了“……”的农家生活。

2. 作者主要运用“白描/衬托”的手法，借景抒情，寓情于景。此外，还运用了“点面结合/虚实结合/远近结合/高低视角结合/绘形/绘声/绘色/比兴”的手法。

3. 这句诗抒发了“……”的情感，表达了作者想“远离世俗，回归山林”的愿望。

4. 作者语言清新自然，质朴简练。

（四）范例说明

“采菊东篱下，悠然见南山。”

答：1. 这句诗体现了作者“在东篱下采摘菊花，无意抬头，望见山就在眼前”的生活。

2. 作者主要用了“白描”的手法。此外，还用了“高低视角结合”的手法，既写了低头采摘的景象，也写了抬头远眺的景象。

3. 这句诗展现了作者“悠然自在、忘情山水”的状态，表达了作者“愿意回归山林，远离世俗”的想法。

4. 诗句清新自然，质朴简练，达到了人与自然和谐共处的境界。

咏物（写景）诗

（一）材料

1.“物”的作用：营造氛围、塑造背景或环境、塑造意境、以景衬情、奠定情感基调、借景抒情等。

2. 愁苦类意象：梧桐、芭蕉、丁香、杨花、落花、流水、猿猴、杜鹃、鹧鸪、寒蝉、斜阳、酒、霜、雨、残荷、西风等。

3. 抒怀类意象:梅、兰、竹、菊、杨柳、松柏、黍离、冰雪、草木等。

4. 闲适类意象:东篱、五柳、三径、东/春风等。

5. 爱情类意象:红豆、红叶、莲、连理枝、比翼鸟、鸳鸯、沧海等。

(二)具体诗句举例

1. 碧玉妆成一树高,万条垂下绿丝绦。不知细叶谁裁出,二月春风似剪刀。(贺知章《咏柳》)

2. 两岸猿声啼不住,轻舟已过万重山。(李白《早发白帝城》)

3. 举杯邀明月,对影成三人。(李白《月下独酌》)

4. 感时花溅泪,恨别鸟惊心。(杜甫《春望》)

5. 风急天高猿啸哀,渚清沙白鸟飞回。无边落木萧萧下,不尽长江滚滚来。(杜甫《登高》)

6. 谁言寸草心,报得三春晖。(孟郊《游子吟》)

7. 晴空一鹤排云上,便引诗情到碧霄。(刘禹锡《秋词》)

8. 野火烧不尽,春风吹又生。(白居易《赋得古原草送别》)

9. 乱花渐欲迷人眼,浅草才能没马蹄。(白居易《钱塘江春行》)

10. 人间四月芳菲尽,山寺桃花始盛开。(白居易《大林寺桃花》)

11. 可怜九月初三夜,露似真珠月似弓。(白居易《暮江吟》)

12. 日出江花红胜火,春来江水绿如蓝。(白居易《忆江南》)

13. 孤舟蓑笠翁,独钓寒江雪。(柳宗元《江雪》)

14. 曾经沧海难为水,除却巫山不是云。(元稹《离思》)

15. 不是花中偏爱菊,此花开尽更无花。(元稹《菊花》)

16. 身无彩凤双飞翼,心有灵犀一点通。(李商隐《无题两首其一》)

17. 春心莫共花争发,一寸相思一寸灰。(李商隐《无题·飒飒东风细雨来》)

18. 春蚕到死丝方尽,蜡炬成灰泪始干。(李商隐《无题》)

19. 直道相思了无益,未妨惆怅是清狂。(李商隐《无题·重帏深下莫愁堂》)

20. 夕阳无限好,只是近黄昏。(李商隐《登乐游原》)

21. 天意怜幽草,人间重晚晴。(李商隐《晚晴》)

22. 秋阴不散霜飞晚,留得枯荷听雨声。(李商隐《宿骆氏亭寄怀崔雍崔衮》)

23. 芭蕉不展丁香结,同向春风各自愁。(李商隐《代赠二首其一》)

24. 嫦娥应悔偷灵药,碧海青天夜夜心。(李商隐《嫦娥》)

25. 自是人生长恨水长东。(李煜《相见欢》)

26. 无言独上西楼,月如钩。寂寞梧桐深院锁清秋。剪不断,理还乱,是离愁,别是一般滋味在心头。(李煜《相见欢》)

27. 春花秋月何时了,往事知多少?(李煜《虞美人》)

28. 问君能有几多愁?恰似一江春水向东流。(李煜《虞美人》)

29. 独自莫凭栏,无限江山,别时容易见时难。流水落花春去也,天上人间。(李煜《浪淘沙》)

30. 衣带渐宽终不悔,为伊消得人憔悴。(柳永《蝶恋花》)

31. 昨夜西风凋碧树,独上西楼,望尽天涯路。(晏殊《蝶恋花》)

32. 无可奈何花落去,似曾相识燕归来。(晏殊《浣溪沙》)

33. 月上柳梢头,人约黄昏后。(欧阳修《生查子》)

34. 人间自是有情痴,此恨不关风与月。(欧阳修《玉楼春》)

35. 春风又绿江南岸,明月何时照我还。(王安石《泊船瓜洲》)

36. 遥知不是雪,为有暗香来。(王安石《梅花》)

37. 但愿人长久,千里共婵娟。(苏轼《水调歌头》)

38. 竹杖芒鞋轻胜马,谁怕?一蓑烟雨任平生。(苏轼《定风波》)

39. 世事一场大梦,人生几度秋凉。(苏轼《西江月》)

40. 老夫聊发少年狂,左牵黄,右擎苍。(苏轼《江城子》)

41. 会挽雕弓如满月,西北望,射天狼。(苏轼《江城子》)

42. 争渡,争渡,惊起一滩鸥鹭。(李清照《如梦令》)

43. 花自飘零水自流。一种相思,两处闲愁。此情无计可消除,才下眉头,却上心头。(李清照《一剪梅》)

44. 只恐双溪舴艋舟,载不动许多愁。(李清照《武陵春》)

45. 三十功名尘与土,八千里路云和月。(岳飞《满江红》)

46. 零落尘泥碾作尘,只有香如故。(陆游《卜算子・咏梅》)

47. 青山遮不住,毕竟东流去。(辛弃疾《菩萨蛮・书江西造口壁》)

48. 众里寻他千百度,蓦然回首,那人却在灯火阑珊处。(辛弃疾《青玉案・元夕》)

49. 人生自古谁无死,留取丹心照汗青。(文天祥《过零丁洋》)

(三)答题方法

1. 这首/句诗是写“……”(物)的,体现了“……”(物)“……”的特征。

2. 作者运用了托物言志的手法,通过描写“……”,表达了“……”的情感/志向。

3. 作者运用了“比喻/象征/拟人/对比/侧面烘托”的技巧，将“……”比作/看作“……”；

将“……”拟人化；

将“……”和“……”对比；

通过“……”的侧面烘托。

4. 营造了“……”的氛围；

奠定了“……”的情感；

塑造/烘托出“……”(人物：作者或主人公)的“……”形象；

起到了“……”的作用。

(四)范例说明

“零落尘泥碾作尘，只有香如故。”

答：1. 这句诗是写梅的，体现了梅花不畏艰难的高洁气节。

2. 作者运用了托物言志的手法，通过描写“梅花即使凋落、被践踏、被碾压，芳香也仍然留存”的场景，表达了自己“一生报国，不会因为政治上受到压迫就放弃”的志向。

3. 作者运用了象征的技巧，用梅花来象征自己。

4. 诗句烘托出作者自己“孤高傲骨，不愿阿谀奉承”的品质，这种品质值得我们敬佩和发扬。

说理

(一)涉及“道理”的诗句

1. 人生代代无穷已，江月年年只相似。(张若虚《春江花月夜》)
2. 抽刀断水水更流，举杯消愁愁更愁。(李白《宣州谢朓楼饯别校书叔云》)
3. 天生我材必有用，千金散尽还复来。(李白《将进酒》)
4. 长风破浪会有时，直挂云帆济沧海。(李白《行路难》)
5. 会当凌绝顶，一览众山小。(杜甫《望岳》)
6. 读书破万卷，下笔如有神。(杜甫《奉赠韦左丞丈二十二韵》)
7. 沉舟侧畔千帆过，病树前头万木春。(刘禹锡《酬乐天初逢席上见赠》)
8. 东边日出西边雨，道是无晴却有晴。(刘禹锡《竹枝词》)
9. 同是天涯沦落人，相逢何必曾相识。(白居易《琵琶行》)
10. 劝君莫惜金缕衣，劝君惜取少年时。花开堪折直须折，莫待无花空折枝。(杜

秋娘《金缕衣》)

11. 此情可待成追忆，只是当时已惘然。(李商隐《锦瑟》)

12. 不识庐山真面目，只缘身在此山中。(苏轼《题西林壁》)

13. 山重水复疑无路，柳暗花明又一村。(陆游《游山西村》)

14. 问渠那得清如许，为有源头活水来。(朱熹《观书有感》)

(二)答题方法

1. 此句诗意为“……”。

2. 此时作者正处于“……”，借“……”来表达“……”的情感。

3. 作者曾写过“……”，由此可见作者“……”的精神/心态。

4. 个人感悟。

三、古诗词鉴赏基础知识

(一)答题术语

1. 艺术风格

雄浑、悲慨、旷达、飘逸、沉郁、豪放、婉约、清新等。

2. 思想感情

忧国忧民、建功报国、怀古伤今、蔑视权贵、愤世嫉俗、怀才不遇、寄情山水、归隐田园、思乡怀人、悲伤凄凉、欣喜高兴、离愁别绪、昔盛今衰的感慨、青春易逝的伤感、亲情友情之真情、仕途失意的苦闷、依依不舍的留恋之情、告慰平生的喜悦等。

3. 抒情方式

直抒胸臆、借景抒情、情景交融、托物言志、借古讽今等。

4. 语言特色

清新自然、平淡质朴、绚丽瑰奇、明快简洁、含蓄隽永、辞藻华丽等。

5. 修辞方法

夸张、拟人、比喻、比兴、对仗、引用、衬托、对比、反问、设问、借代等。

6. 描写方法

渲染、烘托、对比、衬托、白描、动静结合(以动衬静、以静衬动)、视听结合、远近结合、虚实结合、欲扬先抑、哀乐反差、细节刻画、象征、用典、借代等。

7. 人物形象

(1)不慕权贵、豪放洒脱、傲岸不羁的形象;
(2)心忧天下、忧国忧民的形象;
(3)寄情山水、归隐田园的隐者形象;
(4)怀才不遇、壮志难酬的形象;
(5)友人送别、思念故乡的形象;
(6)反对战争、向往和平的形象;
(7)孤独寂寞的形象,等等。

8. 意境常用术语

壮阔、雄奇、开阔、旷远、悲壮、悲凉、凄清、阴冷、幽静、萧瑟、荒凉、零落、衰败、孤寂、恬静、闲适、缠绵、清新、明丽、绚丽、壮丽、秀美、恬淡、朦胧、淡雅等。

9. 表达技巧

描写方法、抒情手法、修辞方法、语言特色等。

(二)艺术手法简析

1. 抒情方法

古代诗词的抒情方式大致分为直接抒情和间接抒情两类。

直接抒情就是直抒胸臆,是诗人面对眼前的人、事、物所产生的富有哲理、爱憎分明的思想感情并且不加装饰直接表达出来。例如:白居易的《阴雨》中“望阙云遮眼,思乡雨滴心”,直接表达了诗人在阴雨天中思念家园、远怀故土的思乡情感。再如徐熙的《三峡吟》中“猿啼不自愁,愁落行人心”,直截了当地告诉人们诗人的羁旅之愁。

间接抒情则表达得比较含蓄委婉,将情感都寄托于客观景物或事物形象之中。间接抒情可分为即事抒怀、借景抒情、融情于景、情景交融、托物言志、借物抒情、用典抒情、借古讽今等。

(1)即事抒怀。通过记叙人物的经历或事情的发生、发展、变化的过程,抒发作者的内心感受。如杜甫的《春夜喜雨》:“好雨知时节,当春乃发生。随风潜入夜,润物细无声。野径云俱黑，江船火独明。晓看红湿处，花重锦官城。”诗中一开头就用一个“好”字赞美“雨”。在生活里，“好”常常被用来赞美那些做好事的人。如今用“好”赞美雨，会唤起人们关于做好事的人的联想。

(2)借景抒情(融情于景、情景交融)。即借自然景物抒发感情，这类诗很多也最为常考。如王昌龄《送柴侍御》中的“青山一道同云雨，明月何曾是两乡。”司马光《客中初夏》中的“更无柳絮因风起，惟有葵花向日倾。”王维《少年行四首》中的“相逢意气为君饮，系马高楼垂柳边。”辛弃疾《清平乐村居》中的“最喜小儿亡赖，溪头卧剥莲蓬。”不难发现，这些诗的作者都带着强烈的主观感情去描写客观景物，把自身所要抒发的感情、所要表达的心情寄寓在此景此物中，通过描写此景此物予以抒发情感，特点是“景生情，情生景”，情景交融，浑然一体。

(3)用典抒情(借古抒怀)。顾名思义，用典就是借用典故来表达作者的思想，包括对现实生活中某些问题的立场态度和愿望。典故就是出于古典书籍中的故事或有出处的诗句、文章，这就需要同学们广泛积累了。如欧阳修《梦中作》中的“棋罢不知人换世，酒阑无奈客思家。”这里运用了梁代任昉《述异记》中的典故，反映了诗人超脱人世之想，喻世事变迁。张元幹《卜算子(风露湿行云)》中的最后一句“起舞闻鸡酒未醒，潮落秋江冷”，就是化用祖逖“闻鸡起舞”的典故，表现作者胸怀大志而壮志未酬的苦闷心情。

(4)借古讽今。咏史诗中常见的表现手法，即借历史上的事件来讽喻诗人所在的时代。如杜牧《江南春》中的“南朝四百八十寺，多少楼台烟雨中”。南朝皇帝在中国历史上是以佞佛著名的，杜牧所处时代的佛教也是恶性发展，而杜牧又有反佛思想，因之末二句是讽刺。作为晚唐诗人的杜牧有一种忧国忧民的情怀，审美之中不乏讽刺，诗的内涵也更显丰富。又如周朴《春日秦国怀古》中的“牛马放多春草尽，原田耕破古碑存。云和积雪苍山晚，烟伴残阳绿树昏。”诗中描写了古秦国一片萧索荒凉的景象，抒发了作者吊古伤今的无限感慨。

(5)托物言志。也称寄意于物，是指诗人运用象征或起兴等手法，通过描摹客观事物的某一个方面的特征来表达作者的情感或揭示作品的主旨。其特点是用某一物品来比拟或象征某种精神、品格、思想、感情等。诗人常常借自然界中某种事物自身具有的特征，来表达某种志向或情感，诗中的物带有人格化的色彩。如柳宗元的《早梅》：“早梅发高树，迥映楚天碧。朔风飘夜香，繁霜滋晓白。欲为万里赠，杳杳山水隔。寒英坐销落，何用慰远客?”诗人借对梅花在严霜寒风中早早开放的风姿的描写，表现了自己孤傲高洁的品格和不屈不挠的斗争精神。

(6)以小见大。诗人在创作过程中对形象进行强调、取舍、浓缩，以独到的想象抓住一点或一个局部加以集中描写或延伸放大,以更充分地表达主题思想。这种以一点观全面、以小见大、从不全到全的艺术表现手法,给诗人带来了很大的灵活性和无限的表现力,同时为读者提供了广阔的想象空间,获得生动的情趣和丰富的联想。最为典型的就是杜牧所作《赤壁》中的“东风不与周郎便,铜雀春深锁二乔”。这两句点明赤壁之战关系到国家存亡,社稷安危;同时暗指自己胸怀大志不被重用,可谓以小见大。

2. 描写手法

(1)对比。就是把两个相对或相反的事物或同一事物的两个方面放在一起进行比较。梅尧臣的《陶者》“陶尽门前土,屋上无片瓦。十指不沾泥,鳞鳞居大厦。”后两句以居者“十指不沾泥”与“鳞鳞居大厦”对比,付出如彼,所得如此,人间之不公可想而知。《陶者》一诗正以这种环环相扣的对比,道出了人世间的不公平,表达了对弱者的同情,风格古朴平淡。

(2)虚实结合(联想、想象)。这是指现实的景、事与想象的景、事互相映衬,交织在一起。当下为实,过去、未来为虚;眼前为实,想象为虚。如杨慎《临江仙(滚滚长江东逝水)》中的“白发渔樵江渚上,惯看秋月春风”。白发渔樵是实,看秋月春风是虚,虚实结合恰是作者坐在历史长河边的沙滩上,看历史长河滚滚东流,此刻时间凝固了,他以旁观者的心境,看季节的变化,看时代的更迭,顿觉人生何尝不是如此?

(3)动静结合。即将动态的事物与静态的事物结合在一起写,一动一静,相辅相成。如戴叔伦《兰溪棹歌》中的“凉月如眉挂柳弯,越中山色镜中看。兰溪三日桃花雨,半夜鲤鱼来上滩。”诗中前两句写出了山水的明丽动人和月色的清爽皎洁,是静景;后两句写出了鱼抢新水、涌上溪头浅滩的调皮,是动景。全诗动静结合,写出了兰溪山水的幽静和蓬勃生机。

(4)反衬。或以动衬静,或以静衬动,或以乐景反衬哀情。如许浑《谢亭送别》中的“劳歌一曲解行舟,红叶青山急水流。日暮酒醒人已远,满天风雨下西楼”。“红叶青山急水流”,时值深秋,两岸青山,霜林尽染,满目红叶丹枫,映衬着一江碧绿的秋水,显得色彩格外鲜艳。明丽之景和“日暮酒醒人已远”构成反衬。景色越美,别离越难,离愁越深,大好秋光反倒成为添愁增恨的因素了,这是典型的以“乐景写哀情”的手法。

(5)渲染。对环境、景物做多方面的描写形容,以突出形象,加强艺术效果。如杜甫《登高》中的“风急天高猿啸哀,渚清沙白鸟飞回。”首联俯仰所见所闻,一连出现六个特写镜头,渲染秋江景物萧索气氛,为他下文独自登上夔州白帝城外的高台,抒发百感交集的复杂心情做好铺垫。诗人望中所见,激起意中所触;萧瑟的秋江景色,引发了他下文身世飘零的感慨,渗入了他老病孤愁的悲哀。

(6)上下结合、远近结合、点面结合。即观察角度的变化与描写顺序的不同。如柳宗元的《江雪》“千山鸟飞绝，万径人踪灭。孤舟蓑笠翁，独钓寒江雪。”呈现在读者眼前的，是这样一幅图画：在下着大雪的江面上，一叶小舟，一个老渔翁，独自在寒冷的江心垂钓。由远及近，点面结合。

(7)视觉、听觉、味觉、触觉等结合。如晏殊的《踏莎行(小径红稀)》中的“翠叶藏莺，朱帘隔燕。炉香静逐游丝转。一场愁梦酒醒时，斜阳却照深深院”，通过视觉和听觉把室外与室内自然衔接。翠绿的树叶已经长得很茂密，藏得住黄莺的身影；燕子为朱帘所隔，不得进入室内，引出下面对室内景象的描写。这“藏”“隔”二字，生动地写出了初夏嘉树繁阴之景与永昼悠闲、宁静之状。

(8)正面描写和侧面描写。所谓正面描写，就是直接对所要表现的对象进行描写。所谓侧面描写，即间接地描写所要表现的对象，也就是通过对其他事物的描写来表现主要描写的对象。如李商隐的《吴宫》“龙槛沉沉水殿清，禁门深掩断人声。吴王宴罢满宫醉，日暮水漂花出城”。这首诗自始至终没有一笔正面描绘吴宫的华靡生活，单纯从侧面着笔。第一句从视觉感受方面写出了吴宫的空寂；第二句着重从听觉感受方面写出了它的沉静；第三句方点醒以上的描写，使读者恍然领悟吴宫日暮反常的沉寂原来是“宴罢满宫醉”的结果；第四句“日暮水漂花出城”，这是一个很平常的细节，但把它放在“宴罢满宫醉”这样一个背景上描写，便显得很含蕴而耐人咀嚼了。作者描写兴亡之景象，借咏史来反映现实，表达无限的感慨，都从侧面用笔。

四、题型范例

1. 分析意境型

问：这首诗营造了一种怎样的意境？

变：这首诗展现了一幅怎样的画面？表达了作者怎样的思想情感？

答：①先准确地回答所用的手法：诗人通过描写……

②用两个双音节词概括画面：孤寂冷清、恬静优美、雄浑壮阔、萧瑟凄凉(特点情调)。

③抒发了作者……的感情。

例如：

绝句二首(其一)

杜 甫

迟日江山丽，春风花草香。

泥融飞燕子，沙暖睡鸳鸯。

注：此诗写于诗人经过“一岁四行役”的奔波流离之后，暂时定居在成都草堂时。

问：此诗描绘了怎样的景物？表达了诗人怎样的情感？请分析。

2.“炼”字型

问：这首诗中“×××”字(词)最传神，为什么？

变：诗眼是什么？某字、词历来为文人所称道，好在哪里？

答：①解释含义：×××字(词)在诗中是……的意思。

②诗句生动、形象地刻画出了……的意境(画面)，描写出……形象。

③诗句抒发了作者……的感情。

例如：

南浦别

白居易

南浦凄凄别，西风袅袅秋。

一看肠一断，好去莫回头。

问：前人认为，“看”字看似平常，实际上非常传神，它能真切地描绘出抒情主人公的形象。你同意这种说法吗？为什么？

3. 赏析技巧型

问：这首诗用了怎样的表现手法？

变：请分析这首诗的艺术手法。诗人是怎样抒发情感的？有何效果？诗人的构思巧妙在何处？

答：①先准确地回答所用的手法。

②结合句子具体分析方法。

③诗句抒发了诗人……的情感。

例如：

早行

陈与义

露侵驼褐晓寒轻，星斗阑干分外明。

寂寞小桥和梦过，稻田深处草虫鸣。

问：本首诗主要用了什么手法？有何效果？

4. 赏析语言特色型

问：这首诗的语言有何特色？

变：分析这首诗的语言风格。

答：①先用双音节概括：清新自然、朴实无华、沉郁顿挫、华丽绚烂、明白晓畅、委婉含蓄、雄浑豪放、笔调婉约、简练生动。

②结合句子分析。

③诗句抒发了作者……的情感。

例如：

春怨

盖嘉运

打起黄莺儿，莫教枝上啼。

啼时惊妾梦，不得到辽西。

问：请分析本首诗的语言特色。

5. 赏析思想情感型

问：这首诗表达了作者怎样的情感？

变：请分析这首诗的主旨。对本诗的内涵，你是如何理解的？

答：①先用两个双音节词准确概括作者的情感。

②结合诗句分析。

五、范例练习

1. 范例练习之一

金陵望汉江

李 白

汉江回万里,派作九龙盘。

横溃豁中国,崔嵬飞迅湍。

六帝沦亡后,三吴不足观。

我君混区宇,垂拱众流安。

今日任公子,沧浪罢钓竿。

注释:任公子是《庄子·外物篇》中的一个传说人物。他在长江中下游的广大地区用很大的钓钩和极多的食饵钓起一条巨大的鱼,可供许多人一起享用。这里用任公子比喻有大作为和才能的人。

(1)金陵位于现今哪个省份?汉江流经现今哪两个省份?

【参考答案】

金陵位于江苏。汉江流经陕西、湖北两省。

(2)诗的前四句描写了什么样的景象?这样写有什么用意?

【参考答案】

前四句描写了江水万流横溃、直下东海、水势浩瀚、气势博大的景象,写出了远去的长江浩大的气势,切中题旨,铺垫出一派壮观景象。作者以此为下文颂扬盛唐天下一家、国运兴盛积累气势,有利于诗歌主旨的阐述。

【解析】

对于诗歌景物形象的鉴赏,首先要明确诗中主要的意象——汉江。其次要从描写角度和方法、诗人情感方面确定意象的特征:“万里”“九龙盘”写出了汉江的万流横溃,“豁”“飞”写出了汉江的水势浩瀚。最后组织语言概括。对于景物形象作用、用意的分析要从主要结构、主题情感两个方面着手。

(3)诗中运用任公子的典故,表达了作者什么样的思想感情?

【参考答案】

①作者以水无巨鱼代指世无巨寇,表达了对大唐一统天下、开创盛世伟绩的歌颂。

②作者自比任公子，觉得在太平盛世没有机会施展才干，不免流露出一丝英雄无用武之地的失落。在一派祥和安宁之中，也透露出淡淡的悲哀，表达出盛世才子的惆怅之情。

【解析】

题干要求结合典故分析诗歌情感。首先结合注释理解任公子的典故，然后从盛唐政治环境和诗人不得遇的人生经历，推断出诗人的思想感情，得出结论。

2.范例练习之二

早上五盘岭

岑　参

平旦驱驷马，旷然出五盘。
江回两崖斗，日隐群峰攒。
苍翠烟景曙，森沉云树寒。
松疏露孤驿，花密藏回滩。
栈道谿雨滑，畲田原草干。
此行为知己，不觉蜀道难。

(1)"江回两崖斗，日隐群峰攒"中的"斗""攒"两字生动传神，所写景物特征鲜明，请作简要分析。

【参考答案】

"斗"字，描写两岸崖石耸峙交错，好像两兽相斗一般，凸显了江崖陡峭的峥嵘之势。"攒"字，描写群峰相连，层次莫辨，仿佛聚在一起，刻画了峰峦密集、重叠之态。

【解析】

"炼"字题，一般解题思路如下：解释字词含义＋分析艺术手法＋表达效果与内容＋分析作者的思想感情。这两句诗"斗""攒"都运用了拟人手法，重点要解析该手法的运用和表达效果。

(2)蜀道历来以艰险著称，为什么诗人却说"不觉蜀道难"？请结合全诗，谈谈你的理解。

【参考答案】

①诗人入蜀是为报知己，为平蜀乱，虽然途中山峦重叠、险滩暗藏，但不觉艰险。

②诗人登上山顶后，心旷神怡，因此虽然所观之景奇险，但他感觉富有情趣。

③"难不难"是一种主观感受，我们如果能够像作者那样拥有坚定的目标、达观的胸襟以及看待事物的不同视角，难路也就不难了。

3.范例练习之三

月圆

杜 甫

孤月当楼满,寒江动夜扉。
委波金不定,照席绮逾依。
未缺空山静,高悬列宿稀。
故园松桂发,万里共清辉。

注释:

①这首诗是唐代宗大历元年(766 年)秋天,杜甫流离夔州时所作。②绮逾依:这里指(席子上的)光彩更加柔美。③未缺:指月圆。④列宿:众星。

(1)这首诗前六句描写了月圆之夜的哪几幅画面?请用简洁的语言进行概括。

【参考答案 1】

孤月当空,清辉满楼;月映寒江,影动柴扉;月洒江波,浮光跃金;月照绮席,光彩交融;月挂空山,万籁俱静;月明中天,疏星寥落。

【参考答案 2】

独悬高空的一轮圆月,正对屋舍,月光照射在寒冷的江面之上,又反射到屋门之上闪动。绵延起伏的水波在不停地跳动着金光,华丽的绮席在月光照射下显得更加柔美。圆月高悬,照耀着幽深人少的山林;夜空中月光皎洁,群星稀寥。

【解析】

本题考查考生鉴赏古代诗歌形象的能力。通过概括诗歌画面理解诗歌内容,赏析诗歌意境。解答此题,应注意逐句分析,把握每一句中的景物特点和地点的转换。第一句写出了孤月当空的景象;第二句地点转换,写寒江之上的景象;第三句写江面浮光跃金的景象;第四句写到了"席",是室内景象;第五句写空山;第六句写星空。

(2)本诗最后两句情感真挚,请从虚实结合的角度作简要赏析。

【参考答案】

遥想故园桂花开放,是虚写;眼前清辉,是实写。故园桂花正当开放之时,虚中有实;万里清辉,实中有虚。虚实结合,表达了诗人对家乡的深切思念,寄托了诗人渴盼万家团圆的美好愿望。

【解析】

本题考查鉴赏古代诗歌表达技巧的能力。由诗歌尾联中的"故园"二字就可以看出作者是在想象家乡松树和桂花的情态，这应该是虚写，而这又是实际发生的，所以是虚中有实；“清辉”指月亮的光辉，是眼前实景，在这明净的夜晚，唯愿同远隔万里的亲人们共同沐浴在这美好的月光中，这句实中有虚。这样虚实结合，表达了诗人寄居异乡、思念故乡的情感。

4.范例练习之四

酬乐天扬州初逢席上见赠

巴山楚水凄凉地，二十三年弃置身。
怀旧空吟闻笛赋，到乡翻似烂柯人。
沉舟侧畔千帆过，病树前头万木春。
今日听君歌一曲，暂凭杯酒长精神。

(1)这首诗的作者是谁？诗中的“乐天”指的是谁？

【参考答案】

作者是刘禹锡；“乐天”指的是白居易，白居易字乐天。

(2)谈谈你对“沉舟侧畔千帆过，病树前头万木春”的理解或感悟。

【参考答案】

①翻覆的船只旁仍有千千万万的帆船经过；枯萎树木的前面也有万千林木欣欣向荣。(含义)

②刘禹锡和白居易惺惺相惜，因刘被贬时，白有诗相赠以表示同情和不平，此诗是刘对白的回赠。在这两句诗中，诗人以沉舟、病树比喻自己，固然感到惆怅，却又相当达观。对世事的变迁和仕宦的浮沉，表现出豁达的襟怀。(背景、诗句)

③正像他在另外一首诗里所写的：“莫道桑榆晚，为霞尚满天。”他这棵病树仍然要重添精神，迎上春光。(关联)

④损失是常有的，旧的不去，新的不来，新事物必将取代旧事物，胜利总是会和勇敢者在一起。(理解/感悟)

扩展阅读

1. 薛金星.高中古诗词曲鉴赏手册[M].北京：北京出版集团，北京教育出版社，2019.

2. 薛金星.高中语文基础知识手册[M].北京：北京出版集团，北京教育出版社，2019.

3. 叶嘉莹.迦陵讲演集[M].北京：北京大学出版社，2015.

4. 叶嘉莹.迦陵说诗[M].北京:中华书局,2008.

5. 唐诗宋词元曲鉴赏[M].北京:华语教学出版社,2018.

6. 李支舜.高考古诗词鉴赏与应考指导:最新版[M].上海:上海辞书出版社,2017.

7. 李定广,评注.中国诗词名篇赏析(上下册)[M].上海:东方出版中心,2018.

8. 吴玉刚.古诗词鉴赏[M].南京:江苏凤凰美术出版社,2016.

9. 邹斌,注释.唐诗宋词鉴赏[M].长春:北方妇女儿童出版社,2017.

第二节　影视简答题目解析

一、考情分析

题目分值：约 8 分；答题字数：150 字左右；答题时间：6—7 分钟

广东省广播电视编导术科统考的内容基本上是广州大学和华南农业大学往年校考考题的结合，其中，三道简答题来源于广州大学，场景设计题来源于华南农业大学，因而只要掌握了广州大学前几年的出题规律，就能在简答题上得心应手。

我们先来看看考试大纲中电影简答题部分给出的例题。

“从黑泽明、小津安二郎、北野武三位日本导演中选择你最喜欢的一位，谈谈你喜欢他的原因。”

我们再来看下广州大学历年来校考时的考题。

(1)2018 年广州考点：詹姆斯·卡梅隆、斯皮尔伯格、吕克·贝松、蒂姆·波顿、大卫·芬奇、昆汀·塔伦蒂诺、马丁·斯科塞斯等欧美十位导演，选择你最喜欢的一位，谈谈喜欢他的原因。

(2)2017 年广州考点：以具体影片为例，分析表演对影片的重要性。

(3)2017 年江西考点：选择一部 2016 年公映的院线电影，谈谈你喜欢它的原因。

(4)2016 年广州考点：你对《钢铁侠》《复仇者联盟》这些漫画改编的大片有什么看法？

(5)2016 年江西考点：以具体影片为例，分析创意对电影的作用。

(6)2015 年广州考点：谈谈你对近年来中国喜剧片现状的看法。

(7)2015 年甘肃考点：以《后会无期》为例，谈谈你对中国式公路片的看法。

可以看出，其考核形式没有太大变化，大家掌握基础知识即可。为方便大家准备，我们将电影考核点分为两类：电影史和电影文化热点。

(一)电影史

1.主要考查中外著名电影导演和国别电影

2018 年广州大学已经考了美国主流电影导演，统考给出的样题是日本导演，因此，2019 年，韩国导演和欧洲导演考的概率较大。韩国电影导演重点准备李沧东、朴赞郁、奉俊昊、金基德就可以了。欧洲电影导演因为人多且比较复杂，不会作为考查重点。若考查欧洲电影人或聚焦在电影史上,如圣三位一体(费里尼、伯格曼、塔科夫斯基),其他还包括波兰斯基、安东尼奥尼、基耶斯洛夫斯基、阿尔莫多瓦等。

电影史部分考查华语电影的可能性较大,内地第五代、第六代导演仍然是考试的重点;台湾部分的考查重点依然是李安、侯孝贤、杨德昌三位蜚声国际的导演;香港部分主要考查新浪潮以后的香港电影,徐克、许鞍华、王家卫、杜琪峰是考查的重点。

近两年,老中青三代导演展现出了旺盛的创作精力:陈凯歌的《妖猫传》、张艺谋的《影》、姜文的《邪不压正》、冯小刚的《芳华》、贾樟柯的《江湖儿女》、娄烨的《风中有朵雨做的云》,等等,极有可能让考生纵向对比第五代和第六代,也有可能选一个导演让考生展开具体分析。

电影史上有重大影响力的电影运动,以意大利新现实主义和法国新浪潮为例,这类题目不仅要求考生具备很强的史论知识,更需要考生对电影知识扎实的积累。

换一种角度,还有可能会出对比艺术电影和商业电影的考题(好莱坞重商业和类型化,欧洲重艺术和作者性)。

2.电影史部分模拟试题

(1)20 世纪 80 年代中期,在中国内地、香港、台湾同时爆发了电影的新潮流,它们不断在国际影坛上获得关注,请分别选择一位导演简要说明其创作风格。

(2)试举例分析贾樟柯电影对中国电影的意义。

(3)对比内地第五代导演和第六代导演的创作风格。

(4)请从奉俊昊、朴赞郁、李沧东等韩国电影导演中选择你最喜欢的一位,并说明喜欢他的原因。

(5)华语电影导演中获得过戛纳最佳导演的都有谁,试选择其中的一位,分析其创作风格。

(6)希区柯克、黑泽明、伯格曼、费里尼、塔科夫斯基、库布里克,这些导演被誉为电影大师,请从以上导演中任意选择一位,结合具体作品分析其创作风格。

(7)结合具体影片分析是枝裕和的电影风格。

(8)结合具体影片比较艺术电影和商业电影的区别。

(9)选择一位你最喜欢的港台电影导演并结合其具体作品分析其创作风格。

(二)电影文化热点

电影文化热点主要考查考生对当下电影的认知敏锐度,如果考生经常去影院的话,此部分题目比较好作答。

1. 分析《哪吒之魔童降世》叫好又叫座的原因。

2. 从《摔跤吧爸爸》伊始，经由《神秘巨星》《起跑线》《天才少女》，到《厕所英雄》《嗝嗝老师》等一批印度电影获得了中国观众的欢迎，谈谈印度电影在中国火爆的原因。

3. 分析开心麻花的喜剧火爆的原因。

4. 谈谈《战狼2》《红海行动》等军事爱国主义电影获得高票房的原因。

5. 列举一部2020年你在电影院看过的电影，谈谈喜欢的原因。

6. 你如何理解“这是中国商业电影最好的时代，同时也是艺术片最坏的时代”这句话的含义？

（三）其他方面

1. 电影和文学的关系：请结合具体影片，谈谈你对文学改编电影的认识。

2. 电影和政治的关系：请结合具体影片，谈谈你对电影的真实性问题的认识。

3. 电影的元素：剧作、视听、表演。

4. 电影的视听语言基础问答。

二、解答思路及注意事项

（一）考查考生对导演的认知：在众多导演中选择你喜欢的导演并做出说明

1. 做出明确的选择。如：我喜欢的是×××。

2. 分析原因（6—8分）。

（1）内因：主要说明我为何喜欢，主体是我（1—2条，1分）。

（2）外因：导演或作品的特点说明（6—7分）。

①导演风格特征（2—3条，4分）。

a.形式风格（2分）。

b.内容风格（2分）。

②导演的代表作品（1分）。

③导演的影响或地位（1分）。

④具体电影举例，并予以说明（1分）。

国内著名导演举例

1.中国内地电影导演及其代表作

(1)第三代导演

谢晋《芙蓉镇》;崔嵬《青春之歌》;谢铁骊《早春二月》。

(2)第四代导演

吴贻弓《城南旧事》;谢飞《本命年》;吴天明《变脸》。

(3)第五代导演

陈凯歌《霸王别姬》《道士下山》等;

张艺谋《红高粱》《大红灯笼高高挂》《归来》等。

(4)第六代导演

贾樟柯《小武》《三峡好人》《山河故人》《江湖儿女》等;

张元《看上去很美》等;

王小帅《青红》《十七岁的单车》等;

娄烨《周末情人》《风中有朵雨做的云》等。

(5)代际之外

冯小刚《集结号》《芳华》等;

姜文《邪不压正》《阳光灿烂的日子》等。

2.香港电影导演及其代表作

(1)吴宇森《追捕》《英雄本色》《喋血双雄》等;

(2)徐克《狄仁杰之通天帝国》《龙门飞甲》《笑傲江湖》等;

(3)王家卫《一代宗师》《重庆森林》等;

(4)许鞍华《桃姐》《黄金时代》等;

(5)关锦鹏《阮玲玉》等。

3. 台湾电影导演及其代表作

(1)侯孝贤《刺客聂隐娘》《恋恋风尘》《童年往事》等;

(2)李安《卧虎藏龙》《喜宴》等;

(3)杨德昌《一一》等;

(4)蔡明亮《爱情万岁》等。

国外著名导演举例

1. 美国电影导演及其代表作

(1)奥逊·威尔斯《公民凯恩》等;

(2)格里菲斯《党同伐异》《一个国家的诞生》等；

(3)卓别林《淘金记》《摩登时代》等；

(4)希区柯克《惊魂记》《西北偏北》等；

(5)科波拉《教父》(1、2、3)、《现代启示录》等；

(6)马丁·斯科塞斯《出租车司机》《禁闭岛》等；

(7)米洛斯·福尔曼《飞跃疯人院》等；

(8)库布里克《2001 太空漫游》等；

(9)史蒂文·斯皮尔伯格《辛德勒的名单》《拯救大兵瑞恩》等；

(10)詹姆斯·卡梅隆《泰坦尼克号》《阿凡达》等；

(11)昆汀·塔伦蒂诺《低俗小说》《被解救的姜戈》等；

(12)蒂姆·伯顿《大鱼》等；

(13)克里斯托弗·诺兰《盗梦空间》《星际穿越》等。

2. 日本电影导演及其代表作

(1)黑泽明《罗生门》《七武士》等；

(2)小津安二郎《东京物语》等；

(3)岩井俊二《情书》《四月物语》等；

(4)北野武《花火》《菊次郎的夏天》等；

(5)宫崎骏《千与千寻》等。

3. 韩国电影导演及其代表作

(1)李沧东《绿洲》等；

(2)许秦豪《春逝》等；

(3)金基德《圣殇》等；

(4)朴赞旭《共同警备区》《老男孩》等；

(5)姜帝圭《太极旗飘扬》等。

4. 法国电影导演及其代表作

(1)戈达尔《筋疲力尽》等；

(2)特吕弗《四百击》等；

(3)阿仑·雷乃《广岛之恋》等；

(4)吕克·贝松《这个杀手不太冷》等。

5. 德国电影导演及其代表作

(1)法斯宾德《玛利亚·布劳恩的婚姻》等；

(2)施隆多夫《铁皮鼓》等;

(3)赫尔措格《生活的标志》等;

(4)维姆·文德斯《得克萨斯的巴黎》等;

(5)汤姆·提克威《罗拉快跑》等。

6. 其他国家导演及其代表作

(1)(伊朗)阿巴斯·基阿鲁斯达米《樱桃的滋味》等;

(2)(伊朗)马基德·马基迪《小鞋子》等;

(3)(瑞典)英格玛·伯格曼《野草莓》等;

(4)(波兰)基耶夫洛夫斯基《红》《白》《蓝》等;

(5)(法国)波兰斯基《钢琴师》等;

(6)(西班牙)阿尔莫多瓦《对她说》等;

(7)(越南)陈英雄《三轮车夫》等;

(8)(意大利)托纳多雷《天堂电影院》等。

(二)考查考生对具体影片的认知:在众多的电影中选择你喜欢的电影并作出说明

1. 回答:你所喜欢的是哪部电影。

2. 回答喜欢的原因(6—8 分)。

(1)内因:主体是我,说明我为什么喜欢。写出令我印象最深刻的 1 条细节点(1 分)。

(2)外因:作品的特点说明(6—7 分)。

①电影的导演是谁?(1 分)

②电影导演的特点与风格?(4 分)

③这部电影的故事是什么?(1 分)

④这部电影的主题是什么?(1 分)

⑤这部电影的意义是什么?(1 分)

经典电影作品举例

1. 经典外语片:《肖申克的救赎》《泰坦尼克号》《辛德勒的名单》《阿甘正传》《罗生门》《公民凯恩》《一个国家的诞生》《战舰波将金号》《钢琴师》《这个杀手不太冷》《教父》《勇敢的心》《黑暗骑士 2》《低俗小说》《东京物语》《罗拉快跑》《樱桃的滋味》《天堂电影院》。

2. 经典华语片:《霸王别姬》《英雄》《卧虎藏龙》《无间道》《阳光灿烂的日子》《三峡好人》《英雄本色》《寒战》《悲情城市》。

3. 当下热点影片:《绿皮书》《复仇者联盟 4》《罗马》《小偷家族》《我不是药神》《红海行动》《江湖儿女》《影》《邪不压正》《西虹市首富》《李茶的姑妈》等近期在三大国际电影节、奥斯卡电影节、华语电影节中引起轰动的电影。

(三)电影史论类题目(如谈谈法国新浪潮电影运动)

答题思路

1. 解释这一电影运动的基本信息:时间、地点(1 分)、代表人物及代表作品(2 分)。

2. 阐释这一电影运动的产生原因(1 分)。

3. 阐释这一电影运动的主要特征(4 分)。

(1)形式特征(2 分)。

(2)内容特征(2 分)。

4. 说明这一电影运动的历史意义(1 分)。

重点电影浪潮或运动

1. 意大利:意大利新现实主义电影。

2. 法国:印象主义电影、超现实主义电影、诗意现实主义电影、法国新浪潮运动——左岸派。

3. 德国:表现主义电影、抽象主义电影、新德国电影运动。

4. 苏联:电影眼睛派、苏联蒙太奇电影学派、社会主义现实主义电影。

5. 美国:旧好莱坞电影、新好莱坞电影。

6. 英国:纪录片运动。

7. 日本、韩国:新浪潮运动。

8. 丹麦:道格玛 95 运动。

(四)电影文化热点现象题目(如分析《我不是药神》叫好又叫座的原因)

1. 是什么:简要说一下该影片或现象的基本信息:导演、票房等(1 分)。

2. 为什么:阐释这一电影的火爆原因(6 分)。

(1)内因(3 分)。

①形式:故事讲述方式、演员表演等(1 分)。

②内容:主题意义(2 分)。

(2)外因(3 分)。

①受众:审美接受能力、口碑效应。

②传播媒介宣传。

3. 怎么了——影响:现实意义或者历史意义、奖项(1 分)。

三、范例说明

例 1:分析《我不是药神》叫好又叫座的原因。

1. 是什么

《我不是药神》是 2018 年华语片中的现象级影片,由文牧野导演,徐峥等人主演。导演融合了商业片的剧作方式,使得影片既具有很强的可看性,又具有很强的现实观照和人性思考。

2. 为什么

(1)从题材上来说,《我不是药神》选择了每个人都会面临的医患关系,它从白血病切入,透视出每个病人所要面临的个人和家庭困境,讲述了一个"法大于情"的故事,触及了体制的弊端。从某种意义上来说,这是我们一直渴望的能够做出某种改变的电影。

(2)影片在剧作上真正做到了教科书级,整部影片情绪饱满,故事流畅,细节生动。影片前半部分幽默搞笑,后半部分沉重深沉,在悲喜之间完成了角色的塑造和主题的升华。

(3)演员精彩的表演是这部影片成功的关键。徐峥完成得很好,把握住了程勇这个角色人性层面的复杂性和前后转变的统一性;每一个配角都能投入到自己的角色里。这种良性的互动共同营造出一个相对真实的氛围——既对主角起到众星捧月的作用,又不失各自的光彩。

(4)当然,也正是因为上面的原因,加上观众的口碑相传、融媒体的持续跟进报道,这部影片因此受到了很大的关注。

3. 怎么了——影响

电影最后取得了 30.9 亿元的电影票房,并斩获台湾金马奖最佳男主角、最佳新导演、最佳原创剧本 3 项大奖,一度掀起了"药神热","做出某种改变"的中国电影终于出现了。

例 2:对比第五代导演和第六代导演的不同点。

第五代导演是指 20 世纪 80 年代初期开始导演电影的一批内地导演,以陈凯歌、张艺谋、田壮壮等人为代表；第六代导演是指20世纪80年代末开始导演电影的一批年轻导演，以娄烨、王小帅、贾樟柯等人为代表。不同的成长背景和创作语境，造成了他们作品风格上的不同。

1.从创作题材上来讲，第五代导演受到寻根文学的影响，偏向于表现乡土和历史，第六代导演则偏向于表现当下都市生活。

2.从创作主题上来说，第五代导演追求宏大的史诗叙事，影片中表现出对传统文化和历史的冷峻反思；第六代导演偏向于个体成长印记，表现大的时代变革下个体的生存困境。

3.从作品风格上来看，第五代导演追求影像美学，追求影像的象征性和寓言性，作品沉重冷峻；第六代导演大多坚持独立创作，追求现实主义风格，强调实景拍摄和对长镜头的运用，作品感性粗粝。

4.从作品与现实的关系上来看，第五代导演的大多数作品改编自文学作品，缺少对当下生活的呈现和记录；第六代导演的作品多为原创剧本，从生活中取材，呈现时代变革下的人物群像。

例3：从徐克、陈可辛、王家卫、吴宇森、许鞍华、杜琪峰等香港导演中，选择一位你最喜欢的并简要分析原因。

我最喜欢的香港导演是王家卫。王家卫的作品虽然不多，却部部精品，是香港影坛少有的作者型导演，影迷遍布全球。

小资、文艺是王家卫的标签，尽管来自类型化高度集中的香港，王家卫却没有被某一种类型框定，他所拍摄的每一部影片都被深深地打上了王家卫的烙印。

王家卫最为影迷津津乐道的便是独属于他的富含哲理性的独白，比如《阿飞正传》中的“我听别人说，这世界上有一种鸟是没有脚的，它只能够在天空中飞呀飞，飞累了就在风里面睡觉，它一辈子只落地一次，那就是它死亡的时候”。

不管是《东邪西毒》还是《堕落天使》，王家卫的电影大多有一个类型片的外壳，其内核却是表现经济高速发展下的香港中那些被异化的人群，他们敏感而脆弱，无法与周边人沟通，体现了一种无处不在的孤独和虚无。影片剖析的是现代都市中每一个人的困境。

王家卫的电影多有大牌演员加持，爱情片的主线，加上杜可风独有的影调和音乐搭配，构成了一幅迷离恍惚的都市画卷。

例4：分析《战狼》系列、《湄公河行动》和《红海行动》等军事主旋律影片成功的原因。

《战狼2》《红海行动》分别获得了上映当年的年度票房冠军，而且赢得了观众口碑,这既是电影人努力的结果,也是大国崛起形势下国人爱国主义情绪高涨的结果。

这些电影让观众见识到了国产电影人对飙好莱坞重工业大片的野心与尝试。从陡峻的高山到荒芜的沙漠,从繁华的城市街头到落寞的古城老巷,海战、沙漠战、坦克战、巷战等大场面镜头一个不少。动作场面之密集,情节之火爆刺激,堪称佳作典范。

电影以极度写实的视角还原战场上所发生的各种情绪:愤怒、恐惧、焦虑、悲痛、绝望……它们最好的地方在于:虽然题材是主旋律,却没有扯着嗓子引吭高歌,影片自始至终都保持着一种商业大片的高密度叙事张力和强感官刺激,而这恰恰是过去的大多数国产商业片所一直无法企及的类型高度。

影片改编自真实事件,让观众见识到了中国现代化军队的实力和中国在国际上日益凸显的大国地位,增加了国人的民族自豪感。

例 5:在 2018 年上映的电影中,选择一部你比较喜欢的电影并说明原因。

1. 我比较喜欢《江湖儿女》,其主要讲述了:巧巧和斌斌相恋多年,一场意外,斌斌遭人暗算,危在旦夕,巧巧拿着斌斌私藏的手枪铤而走险救了斌斌,自己却因为非法持枪而被判处五年监禁。出狱后,巧巧跋山涉水寻找斌斌的下落。多年后,中风瘫痪的斌斌回到大同,巧巧接受了斌斌,并帮助他逐渐康复。但就在斌斌可以走路的那天,他再一次离开了巧巧……

2. 我是活泼的男/女生,喜欢江湖文化里的讲义气。该片的导演是贾樟柯,善用长镜头记录时代变迁中的细枝末节,关注小人物的生活状态。该片获得第 71 届戛纳电影节金棕榈提名奖。

3. 电影风格

(1)形式

①电影用长镜头来表达人物的坚守与无奈的感情。

②电影用怀旧音乐、历史感镜头展现了时代的变迁与对比。

③电影超现实主义地表现了生活的荒诞与无奈,还有希望与挣扎。

(2)内容

①电影塑造了坚守爱、情、义,被舍弃、被辜负后依然独自向前的小人物。

②影片展现了时代变迁下的人事变化,物是人非。

③影片表现了小人物对于情与义的坚守,以及时代的发展变迁。

例 6:谈谈你所了解的法国新浪潮电影运动。

1. 法国新浪潮电影运动广义上是指在世界各地陆续涌现的新锐导演拍摄摒弃传统电影语法的电影运动。狭义上,新浪潮运动的兴起得益于《电影手册》旗下的一批影评人,他们对法国商业电影的平庸和虚假进行抨击,提倡在创作中打破传统的电影语法，展现导演的个人风格，由此引发了一场电影运动。持续时间为1958—1963年。

2. 法国新浪潮电影运动的主要特征(此处指狭义的新浪潮运动)。

(1)小成本的电影创作路线。

(2)具有个人印记和独特的作者风格，主要受阿斯特吕克的“摄影机——自来水笔”理论的影响。

(3)对巴赞美学理论的推崇，注重对长镜头的运用，并且大量使用运动镜头。

(4)具有独特的幽默风格。

3. 代表人物及其作品：①让－吕克·戈达尔：《筋疲力尽》(1960)、《卡宾枪手》(1963)。②弗兰索瓦·特吕弗：《四百击》(1959)、《朱尔和吉姆》(1962)。③夏布洛尔：《漂亮的赛尔日》(1958)、《表兄弟》(1959)。④雅克·里维特：《巴黎属于我们》(1961)。⑤埃里克·罗麦尔：《狮子星座》(1959)等。

4. 法国新浪潮电影运动带给世界的启示在于，电影已经不再是“电影人”的电影，我们每一个人都有可能成为电影人，促进了拍电影向普通老百姓的普及。

扩展阅读

1. 程季华.中国电影发展史(第一卷)[M].北京：中国电影出版社，1963.

2. 钟大丰，舒晓鸣.中国电影史[M].北京：中国广播电视出版社，2004.

3. 陆弘石.中国电影史(1905—1049)[M].北京：文化艺术出版社，2005.

4. 李道新.中国电影文化史(1905—2004)[M].北京：北京大学出版社，2005.

5. 周星.中国电影艺术史[M].北京：北京大学出版社，2005.

6. 倪骏.中国电影史[M].北京：中国电影出版社，2005.

7. 李少白.中国电影史[M].北京：高等教育出版社，2006.

8. 孙慰川.当代台湾电影[M].北京：中国广播电视出版社，2008.

9. 郑亚玲，胡滨.外国电影史[M].北京：中国广播电视出版社，1995.

10. 张凤铸.影视艺术新论[M].北京：北京广播学院出版社，2000.

11. 潘天强.西方电影简明教程[M].上海：复旦大学出版社，2003.

12. 汤普森.世界电影史[M].北京：北京大学出版社，2004.

13. 邵牧君.西方电影史[M].北京：高等教育出版社，2005.

14. 黄文达.外国电影史教程[M].上海：复旦大学出版社，2008.

15. 尹鸿.当代电影艺术导论[M].北京：高等教育出版社，2007.

16. 杨远婴.电影概论[M].北京：中国电影出版社，2010.

17. 张福起，吴广善.影视基础知识高考教程[M].济南：山东人民出版社，2011.

第三节 电视节目题目解析

一、考情分析

题目分值:约 8 分;答题字数:150 字左右;答题时间:约 6—7 分钟

电视节目或栏目的考题基本上分为两种类型:一种是现象类;一种是原因类。我们需要灵活掌握答题的技巧和核心。

(一)电视节目现象类问题应答策略

例如:如何看待文化综艺类节目的流行?

1. 是什么?(1 分)

文化综艺属于综艺节目的一种新形态,是一种以文化为传播核心内容、以娱乐为传播方法的新型综艺节目。比较有代表性的有《国家宝藏》《朗读者》等。(第 1 条踩分点,4 分)

2. 为什么?(6 分)

(1)内因(第 2 条踩分点,4 分)

①形式(2 分)

a.(创新环节设置)通过对文物的梳理与总结,演绎文物背后的故事与历史,分板块化讲述,适应碎片化与个性化传播。

b.(主持和嘉宾角度)邀请明星作为文物守护人。

c.(舞美灯光设计)精美的舞美设计,用舞台剧的形式呈现文物的故事,增强了娱乐性。

d.(后期制作)精心挑选的音乐和精美的后期特效。

②内容(2 分)

a.(文化娱乐性)将文化性与娱乐性有机结合,寓教于乐。

b.(人文精神)具有较强的人文情怀和气息,满足观众的精神需求。

c.(民族精神)传达了优秀传统文化的精神,重塑民族认同感。

(2)外因:(第3条踩分点,2分)

①受众

受众对其他同质化节目的审美疲劳,使得他们可以从这些节目中获得新鲜感和知识。

②传播媒介

传播方式的多样化,特别是融媒体所形成的线上线下传播,使其具有较强的渗透感,能够为大众所熟知。

③同行业

其他快节奏节目的普遍性和同质化,形成电视节目的"娱乐至死",使得节目急需创新。

④政策

国家政策的引导。

3. 怎么了?(影响)(2分)

(1)积极影响(第4条踩分点,1分)

①对内

促进电视节目形态的多样化,提高电视节目的内部竞争,形成良性的发展。

②对外

丰富了受众的娱乐生活,为受众提供更多的娱乐选择,满足受众的审美需求,提高受众的文化素养。

(2)消极影响(第5条踩分点,1分)

容易造成同类节目的同质化,过度消费受众的审美期待和IP,容易形成审美疲劳。

4. 怎么办?(措施)(1分)

(1)创作者

注重创新,杜绝同质化、雷同化;多学习、多借鉴比较成功的节目类型。

(2)投资者

不盲目,不跟风,理性支持和投资相关节目的发展。

(3)受众

提高辨识能力和个人素养,追求真善美的高质量综艺节目,抵制"三俗"节目。

(4)管理者

根据时代发展,及时出台相关条例政策进行管理管控。

(二)电视节目原因类问题应答策略

例如:2020年你最喜欢哪一档电视节目,并说明喜欢它的原因。

1. 是什么?(2分)

我喜欢的是《向往的生活》(说明我喜欢哪个节目),该节目是一档叙事策略平淡、自然朴实、节奏缓慢无冲突的大型观察类真人秀综艺节目(简要介绍一下这档节目,2分)。

2. 为什么?(8分)

(1)内因

我是一位喜欢亲近自然、向往田园生活的少年(可有可无)。

(2)外因(8分)

①节目有较好的特征

A.形式(2分,3个点)

a.(创新环节设置)干净的情节模式,仅观察表现拍摄主人公。

b.(主持和嘉宾角度)精简的人物设置,邀请明星作为观察生活的嘉宾。

c.(视听及后期制作)平和的视听形式,表现在节目的剪辑、非异化的时空设置,精心挑选的音乐,精美的后期特效。

B.内容(2分,2个点)

a.(人文精神)返璞归真的人文情怀,真实的情感表达,满足观众的精神需求。

b.(民族精神)传播正向的价值观。

②受众(1分)

观众对其他同质化节目产生审美疲劳,他们可以从这档节目中获得新鲜感和知识。

③传播媒介(1分)

传播方式的多样化,特别是融媒体形成的线上线下传播,促使节目具有较强的渗透感,能够为大众所熟知。

④同行业(1分)

其他快节奏节目的普遍性和同质化,形成电视节目的“娱乐至死”,节目模式急需创新。

(三)近年较为流行的电视节目

1. 慢综艺节目:《奇遇人生》《向往的生活》《妻子的浪漫旅行》《亲爱的客栈》等。

2. 美食类节目:《风味人间》《人生一串》《中餐厅》等。

3. 偶像养成类节目:《创造 101》《偶像练习生》《乘风破浪的姐姐》等。

4. 文化类节目:《见字如面》《朗读者》《经典咏流传》《一本好书》等。

5. 表演类节目:《身临其境》《我就是演员》《歌手》《演员请就位》等。

6. 脱口秀/谈话类节目:《奇葩说》《吐槽大会》《圆桌派》《晓说》《脱口秀大全》等。

7. 其他:《我在故宫修文物》《国家宝藏》《如果国宝会说话》《了不起的匠人》《幻乐之城》《极限挑战》《中国新说唱》《这!就是街舞》等。

二、论文范例

范文 1 从节目元素分析慢综艺节目成功的原因[①]

邓彩菊

摘要:目前国内的真人秀节目大都属于“快综艺”,从 2013 年首播的《爸爸去哪儿》到后来热播的《奔跑吧,兄弟》等节目,都把焦点放在展现明星的隐私、紧张的竞技和密集的笑点上,对感官刺激的追求导致节目充斥着浮躁之风。三年后,《向往的生活》这样一档慢综艺节目在激烈的竞争中闯出一条路,收视率保持领先。本文以此为契机,从三大节目元素入手对《向往的生活》进行研究,深入探索以它为代表的慢综艺节目取得成功的原因,以期给其他节目带来一定的借鉴意义。

关键词:慢综艺;《向往的生活》

当下,竞技类真人秀节目在综艺市场上占有一席之地,在受众对游戏的残酷刺激产生了审美疲劳之际,《向往的生活》这样一档慢综艺节目进入荧屏,如一股清流闯入人们的心田。《向往的生活》是湖南卫视推出的一档生活服务纪实节目,记录何炅、黄磊、刘宪华三人在城郊蘑菇屋里的田园生活。节目一改大多数综艺节目以“快消”形式满足受众的创作理念,把重心放在回归生活上,用一种舒缓的节奏展现自然的生活环境和纯粹的人物关系。节目自播出以来,收视一路飘红,并且微博主题阅读量超过 17 亿,讨论量达到 132 万。作为一档优秀的新兴综艺节目,它有许多值得研究与借鉴的地方。下面从节目的角色元素、细节元素和文化元素三方面来探索慢综艺节目的成功之处。

---

① 载于《北方文学》2017 年第 8 期,收录本书略有改动。

一、角色元素——参与者

1.主持人的代表性

《向往的生活》中,三位主持人都是观众较为熟悉的明星,能够吸引受众的注意力,具有代表性。三位主持人完全符合“三口之家”式的中国传统家庭人物设定,从各自担任的工作上就能看出明确的角色定位:作为“严父”的黄磊每日围在灶台旁负责吃食;作为“慈母”的何炅支撑起日常生活与待人接物;“熊孩子”刘宪华负责调皮捣蛋,制造笑点。从这个方面看,三位主持人的交流互动呈现了中国传统一家三口的生活形态——为简单的柴米油盐劳动,贴近大众生活经历,满足大多数人对幸福生活的向往。三种不同的人设代表不同的符号:黄磊和何炅作为内地明星,深谙中国本土的人情世故,是典型的中国符号;从小在国外长大的刘宪华受西方教育的影响,代表的是西方符号。不同文化在节目中的融合与碰撞同样是一大看点。

2.节目嘉宾

每一期节目都有流动嘉宾加入,作为蘑菇屋的一日客人,他们褪去明星的光环,完成多年不做甚至从未做过的农活,制造出来的反差效果不仅为节目增添了亮点,满足了观众对明星祛魅化的要求,而且也满足了观众的窥私欲。节目邀请的嘉宾覆盖各年龄层受众群,“六零”到“九零”年代的嘉宾均有参与,特色各异,表现力十足,这也是节目收视率居高不下的原因。比如在第 12 期中白百何的加入,与大华欢乐互动,蘑菇屋笑声不断,温情满满。该期节目收获了 716 条网媒关注度、近 18.9 万条微博提及量和 4.4 亿余次视频点击量。

3.动物加盟

动物的加盟给蘑菇屋带来了许多意想不到的收获。一只狗、两只羊、三只小鸡的家庭成员设定,不仅还原了农村生活的全貌,使农村生活显得更为真实,而且制造了除单纯的人物交流外的互动接触,带来喜剧效果。尤其是节目后期,面对不能说话的动物,用添加花字充当旁白,如被狗追后的母鸡表示鸡年本命年难过等,用这些花字不仅表现了动物的内心,赋予它们拟人的性格,而且突出了节目的生趣活泼。

二、细节元素——现场记录

《向往的生活》无任务的节目模式表现在由现场记录的细节体现“真”的本质。节目选择了一条和传统综艺制作逆向而行的思路,用纪录片的超长“待机”和纪实的手法还原本性,关注事件发展过程中的变化,记录嘉宾对待事物时所体现的态度,从而表现每个人物不同的性格。节目将生活本身作为展示内容,让参与者没有压迫感，呈现完全放松的状态。我们可以在节目中看到嘉宾喝醉后红着双眼拉家常、醒来时睡眼惺忪的样子，节目真实地记录了他们的生活习性，依靠细节感染观众，让观众不仅了解到他们更真实的样子，同时避免了节目有台词、脚本的嫌疑。

三、文化元素——人文情怀

据《2016年职场人生活状态调查报告》显示，随着中国城市化迅速发展，十年间城市人口平均每年增长2096万人。然而，其中有近40.4%的人希望远离喧嚣，从城市搬到农村。节目组以此为切入口，力求呈现自然的生活环境、纯粹的人物关系，迎合观众对田园生活的向往。作为关注受众内心感受的慢综艺节目，《向往的生活》表现的就是家长里短、待人接物、一日三餐、下地劳作，讲究的是最为日常和放松的生活状态以及由此产生的感悟和情怀。根据嘉宾各自在节目中表现出的不同特点，从中提炼出不同主题，将日常生活中体现的道理上升到具有人生指导意义的层面，在贴近现实的同时，让受众产生代入感和共鸣。如第5期"同桌的你"讲述了同学之间美好的回忆，嘉宾海清怀念当年黄老师的教导等。此外，节目中还配上了"生活不是看到了希望才去坚持，而是不断坚持才会看到希望"等暖心文字。这种来源于生活又高于生活的情绪升华是声音符号所表达不了的，它不仅体现了中国传统文化价值观念，也为节目注入了浓浓的人情味和内涵。

四、结语

在当下快综艺大受欢迎的情况下，湖南卫视敢于挑战、首开国内慢综艺先河就已经值得称赞。或许还没有出现更多的惊喜和创新，但敢于迈出第一步就已经是成功。《向往的生活》在角色元素、细节元素和文化元素三个方面都有自己独到的地方，尤其在文化元素方面独树一帜，让观众在观看节目的同时感受浓厚的人文情怀。在当前慢综艺节目的探索阶段，能够将生活本身当作节目体现了创作理念的前瞻性。相信随着竞技性"快综艺"带来的审美疲劳，放松自然的"慢综艺"将拥有更大的发展空间。

范文2　短视频火爆背后的问题分析[①]

谢新洲　朱垚颖

摘要：短视频应用在用户规模不断增长的同时，存在过度强调感官刺激、低俗内容屡禁不止、危害青少年成长、营造沉浸上瘾环境、涌现模仿乱象等现实问题。问题的背后既有平台自身社会责任意识和算法推荐机制的不足，也有过度追求流量、整体市

① 原载《出版科学》2019年第1期，第86—91页，收录本书有所改动。

场混乱的产业因素。问题剖析和原因分析的最终目的，是改善短视频传播的生态环境、推动产业良性发展。

关键词：短视频；产业发展；问题分析

一、引言

短视频应用从2012年开始萌芽，经过2016年、2017年的快速发展，如今已经进入各大平台争夺红利的关键阶段。在短视频应用程序（App）的时间发展表上，可以清晰地看到整体竞争环境越来越严峻：2012年快手形成短视频社区；2013年秒拍上线；2014年美拍上线；2016年抖音短视频上线、梨视频上线；2017年土豆转型为短视频应用，头条视频升级为西瓜视频，火山小视频上线；2018年腾讯重启微视短视频。

根据短视频App在2017年6月和2018年6月的月活跃用户数量对比，可以发现各个短视频应用的活跃度和增长幅度中，快手和抖音短视频的月活用户数量均超过2亿，位于行业前列，而微视（增长266倍）、抖音（增长14.7倍）增长幅度最为显著。2018年11月的数据则显示，抖音日活跃用户突破2亿，正式赶超快手App。

以抖音、快手App为代表的短视频应用正在以迅速传播的爆款内容，深入影响广大用户的思想和言行，尤其对年轻一代网民产生着潜移默化的影响，成为一种信息和内容快速更迭换代的新型媒介形态，是当前互联网产业极具吸引力和增长潜力的对象。

二、抖音短视频传播中存在的问题

抖音和快手等短视频应用的飞速发展顺应了当前国内文化娱乐产业腾飞的潮流趋势，满足了人们对娱乐信息的需求，是文化娱乐化的典型案例。但在短视频应用新用户快速增长、日活用户数量超过2亿、用户页面停留时间增加的同时，问题不断涌现。

1.强调感官刺激，存在低俗不良内容

短视频内容爆款的基本逻辑，是建立在内容能够对用户的感官实现快速吸引之上的。平台过于重视视觉传播效果，导致抖音上出现大量类似“老公老公抱抱”等软色情、恶搞他人以及软暴力信息，甚至还出现涉嫌售假贩假的内容和侮辱英烈的信息。2018年3月，央视《新闻直播间》节目报道了快手等短视频平台出现大量未成年人怀孕视频。2018年6月6日，抖音在搜狗搜索引擎投放的广告中出现了对英烈邱少云的侮辱内容，造成不良社会影响。北京市网信办、市工商局启动了行政执法程序，对抖音、搜狗涉嫌侮辱英烈的行为进行立案查处。

以抖音短视频为例，在中央网信办、北京市网信办、工商局等部门约谈和督查后，抖音自 2018 年 5 月起对违规账号和内容进行自查清理，开始了清理音/视频、下架挑战、封禁账号的举措。

视频平台的自查一定程度上缓解了低俗不良内容泛滥的问题，但由于其“出现问题再进行删除”的治理思路，导致目前平台上仍不乏低俗、肤浅、媚俗、虚假的信息内容。这类短视频的火爆，潜移默化地侵蚀着社会基本的价值判断和道德标准，在用户中消解着社会主义核心价值观，长此以往将对网络空间乃至社会环境造成负面影响。

2.对新生代用户影响大，危害青少年成长

作为“数字原居民”一代，青少年在使用以短视频为代表的媒体平台时，人生观、世界观也在伴随信息交互过程快速激荡和发展。青少年作为正在形成对世界和社会理解、认知的群体，在认知结构（如态度、信念、情绪等）和认知态度（如群体印象、社会印象）上都处于高速变化时期。因此，短视频上极具感官刺激性的内容会对青少年带来极大影响。

尽管未成年人是短视频用户中的重要群体，且短视频信息内容有可能深刻地影响青少年成长，但抖音平台并没有针对未成年人实行视频内容的年龄分级制度。在实际使用过程中，未成年人可以在平台上接受和发布所有视频内容。这就使得大量未成年人、低龄儿童用户接触到抖音上不适合其观看的视频内容。

此外，抖音、快手等短视频应用对于博主的年龄也并不限制和审核。一些儿童成为短视频博主，甚至会拍摄成人化的内容以博得关注。这些内容无论对拍摄者还是观看者，都具有不当的社会影响。

3.营造沉浸媒介环境，出现上瘾效应

通常手机应用在页面的上方会自带时间显示，但在抖音短视频等的页面设计上没有时间位置，即用户在进入页面后无法看到关于现在是几点几分的相关信息，用户始终不用退出界面，向下滑动即可进入下一个视频，从而营造出一种对时间失去概念的沉浸媒介环境。沉浸媒介“从传播方式看，是沉浸式的、代入式的。从传播效果看，是让你沉浸其中，达到一种身心一体的愉悦体验”。

短视频应用通过一体式界面和感官刺激强的内容，让用户在不知不觉中沉浸其中，对使用时长失去概念，对应用产生上瘾感觉。此外，短视频应用对算法推荐技术的广泛运用，让用户在平台上不断接受相似内容，并以用户兴趣度和关注度来推送用户喜爱的视频内容,为用户创造一个过度娱乐的内容环境,让网民迷失自我,越来越丧失集中思考、深度思考能力。短视频的上瘾效应在青少年群体中更为凸显,已经有新闻报道了儿童使用短视频应用上瘾的案例。

目前,抖音已经意识到用户上瘾现象的危害性,于2018年4月10日正式上线"反沉迷系统"。但反沉迷的时间设置仍然过长,而且平台页面维持原有设计,因此仍然易于创造使用户沉浸的环境。也就是说,如果不从根本上改变产品的页面设计,时间提示和时间锁对用户的沉浸感妨碍不大。

4.涌现模仿乱象,造成现实危险

许多短视频应用的特点之一是设置专门的挑战页面,鼓励用户模仿热款视频内容从而增强传播热度。模仿即观察者对示范者身体运动特征的复制,这其中不乏恶搞他人和高难度动作等内容。这些内容往往会获得大量"赞"和"关注",从而出现在平台推荐视频的前列,进一步扩大影响力,从而使得更多人进行关注和模仿。

"模仿"成为短视频用户创作的重要动力。这一方面会导致内容同质化;另一方面会出现一些恶性模仿事件,造成现实生活中的危险。如快手上生吃异物的系列视频被广泛模仿和传播。再如2018年3月,武汉一位父亲在模仿抖音短视频上一个与孩子互动的翻跟头视频时不慎失手,导致女儿脊髓严重受损,下半身无法行动。

面对平台上的一些危险动作内容,各个短视频平台的监管和处理方式主要是风险提示,告知想要参与模仿的用户量力而行,做好防护工作。风险提示体系的确能在一定程度上提示用户存在风险、降低模仿乱象,但并不能真正解决用户模仿热门内容的问题。因此,平台不仅要对危险行为进行风险提示,更要筛除高风险动作的视频内容,避免涌现危险行为。

三、短视频平台传播问题的原因

短视频生态恶劣的背后,折射出产业发展层面、平台监管层面、企业管理层面存在的种种问题。短视频平台必须正视自身的主体责任和平台存在的种种乱象,找出原因,解决问题,共同营造良好的网络环境。

1.平台自我监管不足,内容审查存在漏洞

信息化时代,快手App、抖音短视频、火山小视频等短视频应用作为信息平台,某种意义上承担着信息进出筛选和控制的"把关人"职责。

作为"把关人",短视频应用上的内容建构着人们对社会现实的理解。因此,平台应承担起与信息展现权利相应的社会责任,履行自身的信息筛选和传播功能。但是,由于整个短视频行业才刚刚起步,各大短视频平台的内容审核仍处于"应对监管进行整改”的模式，缺少主动履行社会责任的担当意识。

整体来看，以抖音为代表的短视频企业已经意识到了平台内容审查和引导用户的重要性，并开始履行作为“信息发布者”的社会责任。但囿于整个产业仍然处于起步阶段，在已有的内容审查机制中，抖音的机器审查只能查出部分违规内容，在图片识别、深度学习等方面仍然有待完善。在人工审查方面，抖音、快手目前的审核团队人数仍然无法匹配其用户数量和内容规模。审查机制仍然存在漏洞，而这也为低俗不良信息的传播埋下了隐患。

2.过度依赖算法机制，造成“信息茧房”效应

短视频应用的“个性推荐算法”核心，是以人群划分的基本逻辑为每位用户推荐其感兴趣的精细内容资讯。各个短视频平台会根据用户在平台上的行为推荐相应内容，如用户点赞了多个宠物类短视频，平台就会根据用户偏好不断为该用户推送宠物短视频。

根据用户偏好实施的算法机制可以在前期为平台积累大量用户，让用户在个性化推送中获得信息满足感。但随着平台不断发展，过度依赖“个性推荐算法”的推送模式，会使得用户将注意力都集中在自己所感兴趣、想接受的内容当中，久而久之就会固化进入桑斯坦(Sunstein，2006)所提出的“信息茧房”当中，造成传播的局限性。

3.流量导向压倒一切，过度追求眼球效应

短视频应用首页推送的竖屏内容是近期热门视频推荐，主页推荐内容基于“流量推送”算法机制而确定。流量推送算法的基本逻辑是：普通用户上传视频初期会获得一个初始流量；如果初始流量的点赞、评论和转发量较高，就进入二轮传播；如果二轮传播效果较好再进入下一轮循环，直至循环结束或视频成为爆款进入推荐页面。

短视频平台流量推送的算法逻辑，使得内容传播走向“爆者更爆”的局面，即获得流量后才能拥有更多流量。“流量”成为决定视频传播的核心指标。平台设置的“流量推送”算法逻辑，使得抖音用户天然地追逐更多点赞、关注和转发。普通用户在发布视频时，为了在前几轮流量推送中获得更多关注，就可能会上传具有视觉刺激感的视频，以夺人眼球的方式获得流量。但作为内容平台的抖音，始终标榜自身流量推送的技术中立性，用技术来当自己内容监管失责的挡箭牌。这无疑是短视频平台内容低俗化的重要原因之一。

4.行业存在恶性竞争，整体环境亟待净化

中国短视频产业经历了 2013 年以快手为代表的第一代短视频平台诞生，

2014—2016 年美拍、抖音、西瓜等短视频应用纷纷诞生并快速发展，2017 年逐渐形成“快手和头条系短视频为中心”的产业梯队。而 2018 年腾讯微视的重新开启无疑使得短视频产业的混战局面更甚。

短视频应用为了争夺用户，纷纷开启现金补贴，从中可一窥整个短视频行业恶性竞争的现状。不少短视频 App 为了争夺用户，对一些刺激性内容放任不管。这是整个短视频行业所存在的共性问题。

短视频行业的乱象，在 2018 年年初多次被中央网信办等部门点名批评，国家相关部门也接连下发多个处罚决定。短视频行业野蛮生产的态势暂时被监管遏制，但目前来看依旧缺乏良性竞争模式和长期规划，从“野蛮生长”到“成熟发展”的道路仍然很长。

小　结

2018 年 4 月至今，在有关部门的监管下，各个短视频应用开始应对平台出现的问题。许多应用已经上线了风险提示体系、时间锁、社区规则、青少年使用模式、家长监管模式等，但这些并不能真正解决短视频应用在发展中存在的问题。相反，伴随短视频影响力的扩大和资本力量的凸显，问题还在不断涌现，恶性传播事件屡禁不止。层出不穷的负面信息显示出各个平台在认知理念上并没有真正意识到问题的严峻性和全面整改的必要性。

未来抖音、快手等短视频应用能走多远，关键要看企业和平台能否真正重视和解决恶劣传播生态的问题。只有正视问题、解决问题，短视频产业才能迎来发展的春天。

范文 3　语言喜剧类节目的生态再造[①]

——浅析《脱口秀大会》模式与内容的创新意义

潘倩文

摘要：近年来，电视与网络视频平台不乏喜剧题材语言类节目的热播，逐渐完善的模式和内容使得这类节目获得了良性发展的空间。2017 年末，在腾讯视频独播的《脱口秀大会》取得 2.6 亿的最高播放量，该节目由《吐槽大会》的原班人马参与制作，以更加成熟的姿态出现在大众视野，节目中反讽、自嘲式的语言表达开始进入大众的日常生活，并在微博、微信等自媒体上掀起了一股“段子”热潮。本文以《脱口秀大会》为例，分析其创新性模式与多样性内容的成功结合。

① 原载《西部广播电视》2019 年第 19 期，第 125—126 页，收录本书有所改动。

关键词：多元化；素人；价值观

伴随着2014年爱奇艺《奇葩说》娱乐辩论节目的诞生，语言类喜剧节目数量的增长以迅猛的速度追赶着真人秀节目，并与之共同成为网络视频平台消费的主体。面对语言喜剧类节目数量激增、模式设置模仿泛滥的现象，提高节目内核的深度和广度成为其独特价值的体现。本文以《脱口秀大会》为例，围绕语言喜剧类节目中脱口秀模式的"节目流程设置""多元化人员设置""主题的选择"，旨在分析节目主持人、嘉宾以及节目主题、内容等核心价值选择的重要性。

一、节目流程设置的多样性

1.单一线形表达向对战型转换

由李诞等人策划制作的脱口秀节目《吐槽大会》，采用了主持人串场、嘉宾轮流表演脱口秀的形式。《脱口秀大会》的节目流程借鉴了《奇葩说》，采用双队PK的赛制流程，节目从脱口秀表演的单一看点转变为对战双方的矛盾冲突，增加了比赛规则和流程。这不仅为栏目增添了紧张氛围，把投票权交给观众，也更易调动观众收看的积极性。为了凸显竞赛氛围，节目组在视觉效果的呈现上以红、绿两个对比色区分两个脱口秀队伍，由现场观众佩戴可变色手环营造出强烈的现场氛围，在叙事表达上则借鉴了分屏叙事的手法，在一定程度上凸显了两队对决的紧张感，也增加了观众投票结果揭示前的悬念性，以及现场观众的参与感。

2.广告信息的艺术化表达

在《奇葩说》中，马东加入"花样打广告"的特色环节，例如，在节目开头插入关于广告商品的小剧场，广告内容嵌入主持人和队员脱口秀的话题中，等等。广告的艺术性尽管最终要参照现实，与现实形成千丝万缕的密切联系，但毕竟不在自身的符号系统内设置任何直接的外在目的，如商品的促销意图，而是遵循自身独立的符号与审美逻辑。广告总是被划归商品的范畴，但现在直接传达信息的广告越来越捉襟见肘，硬性广告不再被观众接受，广告的艺术性逐渐被提及。与各种形态的电视节目一样，广告也会对传统的语言和思维习惯带来一定的影响，这就是消费文化和艺术结合产生的效果，体现在脱口秀节目中则是段子与广告的结合。一个段子的转折与商品的植入有一个共同的主题，广告文本的艺术性就会大大提高。正是在这种无奇不有的现代商业与文化中，一方面大众文化被商品化，另一方面商品也被文化化，从而使得消费文化成为广告所允诺的"一门新的生活艺术，一种新的生活方式"。

二、多元化人员设置

1.明星成为宣传噱头

互联网时代,面对广大用户的猎奇心理,脱口秀节目对于这些被推送到新闻风口的艺人无疑是一个“讲话”的平台;对于制作方而言,也是吸引大众注意力、博得眼球的一种宣传手段。在《脱口秀大会》中,明星没有特殊地位,他们在舞台上的话语权与其他队员是一样的;每期嘉宾的选择很大程度上成为这期节目的噱头,而非看点。

2.素人脱口秀演员阵营壮大

自爱奇艺《奇葩说》开始启用非艺人辩论选手录制节目后,“素人”成为对非职业艺人的定义。在《脱口秀大会》中主持人张绍刚直接使用了这一名词后,“素人”成为许多网络、电视综艺节目中人员设置的固定组成人员之一。相较于电视综艺节目《我们来了》中的四位女性素人代表和《爸爸去哪儿》中的小朋友,语言喜剧类节目中的素人比例则高出许多,明星的边缘化使得双方队员中有家庭主妇,有 IT 工程师,还有具有少数民族特色的新疆脱口秀演员等素人。队员的职业五花八门,增加了每个队员脱口秀风格的多样性。无论是“犀利主妇”思文从独立女性角度解读每期主题,还是明星嘉宾吐槽的心酸历程和光环背后的平凡生活,抑或是 IT 工程师清晰的逻辑表达,都恰当地反映了当今各种具有代表性群体的生活及内心。队员中除脱口秀演员身份不同产生的风格不同外,队员对于脱口秀这门语言艺术也有了更多样化的表达,包括音乐喜剧以及日本脱口秀“漫才”等表达手法。本土的文化、话题结合新颖的表达方式,创造了喜剧表达的新方式。

由于舞台上素人脱口秀演员没有职业艺人式的包装,其身份的多样性会令观众产生强烈的代入感,让观众以节目中人物的视角,与角色共同思考。节目内容具有很强的现实感和真实感,这也是节目受追捧的一个重要原因。正如电视剧人物角色性格和相同经历的代入感一样,脱口秀素人的使用同样会令观众与舞台的距离感大大拉近,从而能够引起观众的共鸣。

3.专业主持人的加盟

《吐槽大会》延续了主持人的设置,由张绍刚担任主持人。主持人加盟网络综艺已不是新鲜事,脱口秀因为围绕着一个“说”字,自然会选择能言善辩者,而主持人这一群体就成为最佳选择对象之一。在嘉宾的选择上,节目也邀请了央视主持人倪萍、撒贝宁,还有部分具有一定语言主持功底和文化底蕴的“明星”加入话题讨论,对于网络综艺的舆论导向有着正面作用。虽然是以娱乐化的表达方式为主，但也是崇尚娱乐现象下节目内容文本信息的有力保障。比如，在第五期《北上广爱来不来》的话题讨论中，撒贝宁选择与其他队员不同的视点，以一个完全没有体验过在大城市艰难生活的角色讲述北上广的生活，体现了多个阶层话语表达的丰富性。

当前一些公众话语日渐以娱乐化的形式出现，并成为一种文化精神。娱乐化的表现形式在近几年已经成为一种收视依赖，比如，腾讯视频独播的益智类综艺节目《脑力男人时代》选择了央视科教频道《走近科学》的栏目主持人张腾岳担任主持人。相较于一个普及科学知识的主持人形象，在对于知识或者表达方式要求较高的益智类或脱口秀节目中，对主持人的个人风格和文化底蕴的要求也更高。

三、贴合受众需求和社会环境

1.自媒体碎片化传播

当前，随着互联网时代自媒体的快速兴起，网络已逐渐成为大众媒介之一。这样的媒介环境在信息分散化的同时也集中了用户的注意力。《脱口秀大会》在微博自媒体截取每个队员的脱口秀片段，时间长度在 5— 10 分钟，以脱口秀演员围绕一个主题要讲述的小故事为一个宣传片段。碎片化的传播方式极其符合当今快餐时代用户的收视习惯。

2.话题选择贴近现实

作为一种艺术表现形式的"舶来品"，《脱口秀大会》的演员借鉴了脱口秀的表达方式，建构了中国式的"幽默"。除节目模式外，核心价值是节目中人物和主题的选择。《脱口秀大会》的主题由微博等自媒体平台通过大众选择产生。这种来自观众感兴趣的话题，再物化为新颖观点的节目样式，自然能赢得大众喜爱。节目选题具体但又不限制脱口秀演员对文本的创造力，对于个人所经历的苦痛用恰到好处的调侃，才有了"沉舟侧畔千帆过"的淡然，对他人的一些缺点玩笑般的吐槽，才有了消解过往偏见、重拾勇气向前看的心胸。

《脱口秀大会》以广泛的社会热点承载力、多元价值观和舆论输出，把脱口秀这一并不完善的节目推陈出新，体现出当代人对社会现状的思考。以两个队伍对战为主的节目流程，是非评判没有准确的界限，有的只是脱口秀演员们多元价值观的碰撞。观众在各种节目收视热潮的冲击下更需要学会冷静思考。而基于节目本身而言，立足于本土文化之上的喜剧脱口秀如何能将故事讲得更精彩、更持久，还需要继续探索。

扩展阅读

1. 胡智锋.电视节目策划学[M].上海:复旦大学出版社,2006.
2. 项仲平.电视节目策划[M].北京:中国广播电视出版社,2002.
3. 张凤铸,等.影视艺术新论[M].北京:中国传媒大学出版社,2000.
4. 黄会林,等.中国电视艺术发展史教程[M].北京:北京师范大学出版社,2006.
5. 吴冰沁.新兴贵族:中国电视[M].济南:山东文艺出版社,2004.
6. 何丹主.电视文艺[M].北京:中国广播电视出版社,2001.
7. 欧阳宏生.纪录片概论[M].成都:四川大学出版社,2004.
8. 陆晔,赵民.当代广播电视概论[M].上海:复旦大学出版社,2005.
9. 何煜,刘如文.电视导论[M].杭州:浙江大学出版社,2005.
10. 黄辉.通晓电视[M].上海:学林出版社,2006.
11. 徐舫舟,徐帆.电视节目类型学[M].杭州:浙江大学出版社,2006.
12. 白小易.新编电视学概论[M].南京:南京师范大学出版社,2007.
13. 李海明,郝朴宁.中外电视史纲要[M].重庆:西南师范大学出版社,2007.
14. 魏珑.电视编导[M].杭州:浙江大学出版社,2007.
15. 蔡尚伟.电视专题[M].北京:清华大学出版社,2010.
16. 张福起,吴广善.影视基础知识高考教程[M].济南:山东人民出版社,2011.

第四节　场景设计题目解析

一、考情分析

1. 考试内容：根据一篇200字左右的文本，让考生提供相应的场景设计方案，并在表格中分画面和声音两个部分进行描述。

2. 答题要求：22分钟回答问题，400字左右，满分15分，卷面分1分；需要写出11～13个场景或镜头，约2分钟写1个。

3. 考前准备：考试之前，你需准备一把20厘米长的透明直尺、一支铅笔以及一块橡皮擦，以便画表格。

二、简要说明

场景设计基本上是把文学剧本和分镜头脚本合二为一，在全国的编导统考考试中，类似的题型全国独此一家。

尽管如此，我们还是从2015年华南农业大学校考所提供的参考答案中找到了一些线索。当然如果按照其格式，估计完成考题需要写三四十个场景，在考试中，时间是不允许的。

不过，我们还是从中找到了一些答题思路和技巧：

(1)画面内容包括三部分：时间、地点，画面内容(人物、动作)，拍摄手法(景别、角度、镜头运动)。

(2)声音内容包括三部分：人声(对话)，音乐(背景配乐)，音响(环境声响)。

(3)每两个相邻的镜头(场景)要切换场景，如从大街到修车店。若地点没有变动，则一个场景中可以安排几个镜头，如表3-1中的场景4。

答题时基本上需要列出10个场景，低于10个场景会有相对应的扣分，每少一个约扣1分。

完整回答可拿到基准分8分，卷面分约1分；接下来需要踩答分点。即最后得分情况如下：8分(基准分)+1分(卷面分)+ 6－7分(4～5个得分点)。

三、答题思路

1. 场景设计答题时间为22分钟,考生们在考试时务必准备好直尺、铅笔、橡皮等绘图工具。

2. 在有限的时间内,场景转换在11～13个比较合适,平均每2分钟完成一个场景切换。

3. 在卷面和完成度较好的条件下,基本分在10分上下,接下来老师会在内容中找问题和闪光点。

4. 结合学生作业总结的常见问题如下:

(1)景别的运用:远景和特写不要出现太多,两三次即可;全景和中景是叙事镜头,使用次数最多;远景介绍环境,多用于开头和结尾;特写镜头是情绪镜头,在强化人物情绪时可以使用;禁止远景和特写两极镜头的切换运用。

(2)推、拉、摇、移、跟等运动镜头可适当运用,不宜太多,运动镜头不要超过总镜头(场景)数量的三分之一。

(3)声音部分注重音乐和音响的连续性,不可切换得太频繁,音乐要出现两到三次。

5. 以下为比较重要的得分点:

(1)特殊镜头的运用

①空镜头:拍景或者拍物,可用于介绍环境、时空转场、情绪留白。

②主观镜头——过肩镜头:展现主人公所看到的内容。

③广角镜头:拍摄现代都市的建筑物,或用于扭曲变形,表现环境对人的异化。

④升格——慢镜头:时间的特写,强调温情瞬间(与之相对应的是降格镜头——快镜头)。

⑤晃动镜头——手持摄影:表现危机情况下人物的紧张心理。

⑥黑白画面:表现闪回影像,或者多个场景的区分。

⑦闪回:梦境,幻觉。

(2)特殊蒙太奇的运用

①平行蒙太奇;②对比蒙太奇;③声画蒙太奇;④隐喻蒙太奇;⑤积累蒙太奇,等等。

四、华南农业大学考题范文

补　胎

开修车补胎的大福就要当爸爸了，他高兴，有着使不完的劲儿。可是，生意着实难做。大福知道有些修车的为自己找活做，在路上撒钉子、撒玻璃碴儿。这天，他也偷偷向路上撒了钉子。

终于等来了倒霉蛋。一辆小车歪歪斜斜停靠在门口，下来个中年司机，听口音就知道是外地人："人倒霉了喝口凉水也塞牙，爆了条胎，刚换了备胎，没走五十米，又扎了，真气人。两条胎都补，要多少钱？"大福说："一条三十，两条便宜点，五十吧。"司机说："是否贵了点？"大福说："嫌贵，前边修去，十里坡有家铺子，少说要你八十。"司机万般无奈："补吧，补吧。"而后自言自语："那个路上丢钉子的，一定生了孩子没屁眼儿。"大福心里说："你甭骂，我早骂你头里了，又现宰你五十，值！"

大福刚抄了工具要动手，突然，后邻王婶跑来喊："大福，大福，快去看看吧，你老婆摔倒了，流了满地血。"大福风一样去了，背了老婆又风一样回来了，站在路中央，等了半天没一辆车过来。地上一大摊血，并有两股开始向低处蜿蜒。

这时，那个外地司机开口了："别等了，我送你们。"就见司机拿把改锥，照左边的那条好胎扎了进去，并用命令的口气说："快上车，这样平稳。"

大福哭了。

表 3-1　场景设计表格(答案格式)

序号	场景内容(出现人物、画面具体内容、时间地点、体现时间地点和情节的其他可视元素)	声音内容(各种音响、人物对话、音乐)
1	早上，大福修车店，大福在张罗店铺，准备开工，手部动作特写，稍仰，可以透出清晨阳光。	街上嘈杂的声音，愉快的背景音乐。
2	早上，大街，街坊经过大福的店，跟大福打了声招呼。大福的主观视角。	街坊同期声："大福，这么早就开工补胎啦！"街上嘈杂的声音，愉快的背景音乐。
3	早上，修车店，大福兴高采烈地一边张罗店铺，一边回街坊的话。全景，斜侧。	大福同期声："对呀，早点开工攒钱买奶粉呢！嘻嘻。"街上嘈杂的声音，愉快的背景音乐。

续表

序号	场景内容(出现人物、画面具体内容、时间地点、体现时间地点和情节的其他可视元素)	声音内容(各种音响、人物对话、音乐)
4	早上,大街,大福坐在店里等客人来,但等了好久也没人来补胎,心情沮丧,大福近景; 街上车水马龙,远景; 车辆一部部飞驰而过,侧面。	街上车水马龙的声音。
5	中午,空镜,太阳高照,远景,仰角度。	街上车水马龙的声音。
6	中午,大福修车店,大福灵机一动,想到了拉客的方法,面部特写。	大福独白:怎么都没人来修车!咦,对了,之前不是有行家在路上撒钉子吗?“叮”的效果音。

以下参考答案略。

五、考纲解答

一个女孩在小卖部偷东西被发现了,一旁卖水果的大叔替她解了围。在看到她面黄肌瘦的脸和了解她家条件艰苦的情况后,大叔不仅买下了小女孩偷拿的包子,还另外送上了自己家的西瓜。

二十年后,这个女孩成为一名优秀的医生。在一次即将给病人做手术时,病人的女儿因为拿不出一大笔手术费,打算放弃治疗。这位女医生悄悄垫付了费用,并留下一张“欠条”。原来,这个病人就是当年那个卖水果的大叔。

表 3-2

序号	画面	声音
1	中午,街边市场。(逆光拍摄夏日刺眼的阳光,降镜头拍摄)正在追逐的老板娘和小女孩。全景,平拍。	夏日蝉鸣声以及市场的喧闹声;老板娘的同期声:“站住,你这个小偷!”
2	中午,街边水果摊。(360 度环移镜头拍摄)老板娘抓住小女孩的手,一把抢过手中的一笼包子。全景到手中包子的特写,平拍。	夏日蝉鸣声以及市场的喧闹声;老板娘的同期声:“你这小小年纪就偷东西,长大以后还得了。我要报警把你逮起来。”
3	中午,街边水果摊。(摇镜头拍摄)围观的人越来越多,小女孩大哭起来,被在一旁的水果店老板注意到。全景,侧拍。	夏日蝉鸣声以及市场的喧闹声减弱;小女孩哭泣的声音。

续表

序号	画面	声音
4	中午,街边水果摊。水果店老板看见小女孩被围观后,走过来了。看见面黄肌瘦、流着泪水的女孩,他大概了解了女孩的情况。老板的主观镜头,斜侧。特写小女孩的表情。	夏日蝉鸣声以及市场的喧闹声;小女孩的哭泣声减弱。
5	中午,街边水果摊。(摇镜头拍摄)老板从口袋里拿出钱给了老板娘,老板娘和周围的人渐渐离去。水果店老板转身示意女儿拿来了一个西瓜。全景,平拍。	夏日蝉鸣声以及市场的喧闹声;老板对着女儿的同期声:"拿个西瓜过来。"
6	中午,街边水果摊。(主观镜头拍摄)小女孩看到水果店老板的脸和他女儿的样子,拿起西瓜和包子快速离开,(镜头升起,升镜头拍摄)逐渐消失在人群中。(淡出画面)中近景,微仰。	夏日蝉鸣声以及市场的喧闹声又重新响起,街边的叫卖声。
7	(空镜头,淡入画面)拍摄街边的天空,(叠画)街边的春夏秋冬的景象,黑幕渐入,字幕"二十年后"。	声音无。
8	(二十年后)清晨,街边的水果摊。(固定镜头拍摄)面容憔悴变老的老板正在拿水果给一个小乞丐。	市场的喧闹声,街边的叫卖声。欢快的背景音乐。
9	清晨,街边的水果摊。(固定镜头拍摄)水果摊的老板感到头晕,倒在身边的水果筐上,水果洒落一地。切入老板的主观镜头,全景。	声音戛然而止。
10	深夜,病房内。(固定镜头)女儿坐在病床旁看着手中的巨额的收费单。特写收费单,俯拍。	医院仪器的声音。
11	深夜,病房外走廊里。(短镜头剪辑)女儿想各种办法借钱的动作,但依然无法解决。	医院仪器的声音。
12	深夜,病房内。(跟镜头)女儿走进病房,看到了床头的账单和一张欠条。特写,账单已付。	舒缓感人的音乐响起。
13	闪回镜头。介绍医生看到女孩和水果店老板的所有情况,以及自己小时候被帮助的情景。	舒缓感人的音乐继续。
14	深夜,病房内。(拉镜头)从已付账单和一张欠条的画面以及女儿抱着爸爸的画面中拉出。欠条内容:"二十年前你们用包子和西瓜支付了医疗费。"	舒缓感人的音乐继续。
15	淡出,黑幕,字幕渐显:"学会拥有一颗感恩的心。"	舒缓感人的音乐继续,但声音减弱到结束。

第五节　戏剧故事写作基础

第一部分　戏剧故事写作课程大纲说明

第一堂课

1. 考点解析(介绍考试题型、考查要点)

2. 什么是戏剧故事(现场编讲故事练习)

3. 戏剧故事的基本特征

4. 戏剧故事的基本要素

5. 怎样进行戏剧故事的写作

6. 戏剧故事写作应注意的问题

(第一堂课以简要介绍知识点为主,使学生了解戏剧故事的基本规范,为完成第一次作业做准备)

作业(1)

第二堂课

1. 作业(1)讲评

2. 戏剧故事的情节

(1)情节与情节结构、情节模式

(2)矛盾冲突及构建冲突的技巧

(3)悬念

(4)主题

3. 戏剧故事的其他元素

(1)人物

(2)结构

作业(2)

第三堂课

1. 作业(2)讲评

结合两次作业,重点讲授故事性思维、各方面要素存在的问题等。

2. 戏剧故事写作的规范(语言、细节等)

作业(3)

第四堂课

1. 作业(3)讲评(根据学生水平及存在的问题,可安排面批)

2. 小品写作

作业(4)

第二部分　何为戏剧故事

一、考点解析

戏剧故事写作是广播电视编导、戏剧影视文学等专业的必考科目,具体分为编写故事和编讲故事。戏剧故事考试的形式是多种多样的,但不论怎样的形式,戏剧故事的叙事结构大同小异。戏剧故事写作大体有三种考试形式。

1. 命题类

一般性的考查方式,这是艺术类院校考查戏剧故事的主要方式。题目形式多种多样,如《月下》《弄巧成拙》《离别的最后一刻》《奇怪的女人》《绿茶》等。

2. 续写类

考题给出一个材料开头,一般有故事的时间、地点和人物,要求考生完成后续的故事。例如:

(1)小明在家百无聊赖地看着电视,这时门铃忽然响了。小明跑过去打开门。他一下愣住了……

(2)学校有两个名字一样的语文老师,都叫张老师。老张是个很有教学经验的语文老师,教学成果在全校评估中成绩显著,小张则相对逊色一些。一天,市教研室召开名师评估,小张老师则被选过去了……

这类题目像高考的话题作文一样有很强的发散性。后面怎么写,就看考生的思维延伸到何处。这种考试方式不会让考生禁锢在一个题目上绞尽脑汁,考生可以有很大的发挥余地。

3. 元素组合类

(1)词语组合类

用几个互不相干的词编织成一个戏剧故事,考题中给到的词必须用到,词语顺序可以不分先后,如“书架、相片、电影”。此类题目主要考查考生组接、整合的能力以及故事的分层构架能力。如果是编讲故事,时间一般为4分钟左右。

(2)声音组合类

有些学校的考题是以声音为素材进行组合,考官放一段声音素材,有音乐、音响、人声,一般会放两遍,要求考生根据听到的声音素材进行分类整理,编写一个故事。声音素材所反映的信息包括地点、时间和人物,是编写故事所要用到的信息要素,所以声音组合编写故事是按材料编写故事的一种变形。

(3)图片分析编讲故事

考官给考生出示一张照片,让考生根据照片编讲故事。

广东省广播电视编导术科统考中,基本不涉及声音组合类和图片分析编讲故事类题目。

仔细看这些题目我们就会发现,题目虽然给了一些限定,但还是留有很大的空间,题目既清晰又具体,每个考生都可以调用自己的生活体验进行创作。

戏剧故事在备考时要多看一些微型小说、故事会。如果能找到一些侦探小说来培养一下逻辑思维能力就更好了,平时要注意多积累素材。

二、什么是戏剧故事

戏剧故事是以人物为中心、以事件为纽带、以情感为依托展开叙事的语言艺术,是有具体的时空、人物、悬念、情节、矛盾冲突和主题的故事。

戏剧故事写作与评论写作考查的能力有所不同。戏剧故事写作侧重于对考生故事性思维的考查,是一种形象思维,但又追求合理性,同时还需要考生具备一定的描写能力。

故事在有趣的基础上,要做到思想精神和人文内涵的延伸。好的戏剧故事会给人留下想象和联想的余地,具有品味不尽、回味无穷的意味。戏剧故事最重要的是要制造矛盾冲突,就是要设置戏。这种冲突的设置要求考生敢于想象,要有设置悬念和组织语言的能力。戏剧故事最大的目的就是塑造人物,这个人物要有鲜明的性格,要有使人不能忘怀的特点。另外,还要求文中的人物有立体感,要抓人物与众不同之处。戏剧故事中出现的人物不要太多,感情纠葛太复杂就会难以驾驭。例如:

我的老婆和我有一个共同的朋友,他名叫拉瑞,现在他正在跟自己的老婆闹离婚。这件事情确实很棘手,因为他老婆想离婚,而他不想离。我老婆在购物中心碰到了他。他看起来心情很糟糕,满脸忧伤,一副如丧考妣的模样。他言语间流露出来的绝望情绪比他脸上表现出来的忧伤还要糟糕,于是，我老婆就邀请他到家里来共进晚餐，好让他精神振作起来。

拉瑞是我们的老朋友了，所以我们知道他喜欢吃什么。我买了一瓶他最喜欢喝的苏格兰威士忌，还有他在晚餐之后喜欢抽的雪茄。酒过三巡之后，大家都感觉好多了。我们让拉瑞明白，无论什么时候，只要他需要我们帮助，我们随时都愿意向他伸出援手。无论白天黑夜，他随时都可以打电话给我们。我们重温了往日的友谊，拉瑞感觉好一点儿了，我们也感觉好多了。他高高兴兴地回家去了，我们也高高兴兴地上床睡觉了。这是一个美妙的夜晚，处处都好，人人都好。

形式最为纯粹的故事仅仅包括三个要素：冲突、行动、结局。有个人遇到了一个难题（冲突），他必须努力奋斗（行动），于是他成功了或者失败了（结局）。例如：

罗密欧爱上了朱丽叶，可是两个人的家族是世仇（冲突）。他们偷偷地结了婚，然后就得想办法团聚在一起（行动），又因为两个人都以为对方已经死去，因而分别自杀了（结局）。

用来推进情节发展的冲突必须拥有两个故事要素：一个是渴望，一个是障碍。某人必须渴望得到某物。而为了满足这个渴望，必须设置一个障碍等待人物去克服。渴望＋障碍＝冲突。例如：

场景一：假期你回家探亲访友，或者你久别故乡之后回家探亲访友（必须找一个麻烦成堆的家庭。你需要预料到麻烦即将到来，而且你希望知道怎样才能避开这个困境。你的渴望是你想要顺利渡过探亲访友这一关，避开烦恼和痛苦。障碍就是你遇到了这个麻烦不断的家庭，他们要尽可能多地给你制造麻烦）。

场景二：你被困在了缆车电梯或者出租车里，有人开始说话或者有了怪异的举动（渴望是你想一个人单独待着，希望万事太平，平安无事。障碍是这个怪人举动怪异，很可能是个危险分子）。

三、戏剧故事的基本特征

1. 情节的合理性

戏剧故事是以情节见长的一种语言艺术。情节本身要有合理性，需要尊重生活的逻辑。情节的跌宕起伏与悬念的设置会让故事具有较强的吸引力和可读性。戏剧故事的生动、有趣会使阅卷老师回味无穷,深深地印刻在其脑海中。

2. 线索的清晰性

戏剧故事要求线索清晰,这是由其“故事”的特殊性决定的。戏剧故事为了让阅卷老师看得明白、看得下去,要求故事的线索清晰、单一、有条理。若线索相互交叉、纠缠,势必会给阅卷老师杂乱无章之感,从而使阅卷老师失去阅读兴趣。人物性格、人物关系都是保证线索的清晰性的重要方面。

3. 内容的悬念性

所谓悬念,就是观众对戏剧情节的发展变化、剧中人物的命运、舞台现实的心理状态的一种期盼和猜疑,以及期盼知道后事如何的心理要求。戏剧故事如果没有悬念,情节就不吸引人,这样的作品是得不到阅卷老师的青睐的。这就要求考生在编写戏剧故事时,认真把握故事内容的悬念性。

4. 立意的新奇性

如果一篇戏剧故事情节性很强,线索也很清晰,悬念也有,文字也很流畅,但是阅卷老师看到最后却没有得到他想得到的东西,就会有一种被欺骗的感觉,这样的作品同样得不到高分。因此,考生要有一个新奇的立意,立意“源于生活,却高于生活”。

5. 语言的口语化

与书面语相比,口语具有通俗易懂、自然朴实、形象生动、朗朗上口、易传易记等特点,因此戏剧故事一般采用口语化的、质朴而流畅的语言加以表述,而不用文绉绉的、晦涩的、艰深的书面语言。

四、戏剧故事的基本要素

1. 题材

即所选取的那部分材料。要选自己熟悉的、容易把握和运用的题材,如校园、家庭等现实题材,不要贸然涉足政治、军事等题材,也不要写武侠、神话、童话、鬼故事、科幻、梦境等题材。

2. 背景

一个故事必然是在某个时间、某个地点、某种情况下发生的,大家要确定戏剧故事中的时间、地点，即事情发生的背景，为故事的发展打下基础。

3. 情节

情节是戏剧故事的主要内容。情节主要由人物、事件、矛盾冲突、细节等构成。情节决定戏剧故事的质量。一个完整的戏剧故事要有一个中心事件，矛盾冲突和细节围绕着这个中心事件展开。好的情节应具有戏剧性，即故事中要有悬念、冲突、发现、误会、突转和巧合，要有跌宕和变异，要制造惊奇、有趣的效果。但不宜使用科学幻想、荒诞、装神弄鬼的情节，以免破坏故事的真实性和逻辑性。

4. 悬念

故事的基本因素。悬念要引人入胜，抓住阅卷老师的好奇心理。很多考生平铺直叙，尽管语言优美，但没有悬念，还是不能吸引阅卷老师的注意。因此，在写戏剧故事时，要尽可能地设置悬念。

5. 主题

即立意，或戏剧故事的思想内涵、思想观念，亦可理解为考生对生活的态度。有主题思想，材料的组织和构成就有了基点，故事发展的方向也就得以确立。

6. 人物

戏剧故事中的角色。人物是戏剧故事最主要的材料，是戏剧故事的体现者、推动者，也是戏剧故事的最终归宿。人物的构思要从静态和动态两方面去把握。静态方面包括人物的姓名、性别、年龄、职业、爱好、地位、性格特点，以及家庭环境、社会环境、文化程度和人生阅历等。要给人物定位，使其成为真实可信、有根有据的人物。动态方面则是在戏剧故事的发展过程中人物的所作所为、所思所想，要让人物随着情节的变化达到戏剧性效果，并使人物成为活动的、变化的、有血有肉的、有性格特点和思想感情的活生生的生命，成为具有启示意义的艺术形象。

7. 结构

即在写作过程中对故事的布局、组合、节奏的把握，讲究结构对于构思戏剧故事来说具有特殊的意义。考生要善于前铺后垫，巧妙设置悬念，制造对比，一步步地把情节推向高潮。在构思过程中，要对故事中的情节、人物加以有机的组织，按要求进行布局，以免造成结构的虎头蛇尾、轻重失衡。

8. 语言

这里指人物对话的书面文字形式，是简单性的口头语言，而不是动作语言。人物的对话要尽可能简练生动,符合人物的性格;对话不宜过多,能透露出人物所要表达的意思即可。在人物对话的对象和环境描写上,不要把意思说得过于直白透彻,注意语言的准确和精练。

五、怎样进行戏剧故事的写作

1. 题目

戏剧故事的题目设置要讲究故事性,有一定的吸引力和冲击力。如《那顶绿色的太阳帽》,阅卷老师乍一看题目,便迫切地希望知道下文。

2. 开头

戏剧故事的开头要简洁和精练。如果戏剧故事开头的三句话都吸引不了阅卷老师,那么他也就失去了继续读下去的兴趣。考生在写作戏剧故事开头的时候,切忌没完没了地介绍环境或记叙平淡、熟悉的事件。

3. 中间

设定好戏剧故事的开头后,中间要尽可能合乎逻辑,尽量用曲折离奇的情节把故事、事件连贯起来。确定主题后,选择适当的叙述手法,按照构思方向拓展,并逐渐发展到高潮。

4. 结尾

即升华主题的"点睛"之笔。信尾决定着一篇戏剧故事的成败。收尾时,要顺理成章地抖出一个意想不到的结局。结尾要简明扼要、新颖独特,要使悬念被清晰地解开,同时点明、深化主题,使人有"恍然大悟"或"原来如此"的感慨,并且结尾还要做到耐人寻味。

六、戏剧故事写作应注意的问题

第一,多写、多看、多读。多写一些故事、小说,多看一些故事片、舞台剧,多看一些故事性较强的电影、戏剧、电视剧等。要编好故事,首先要有自己的故事素材积累,再与亲身经历的事件加以融合,构成一个完整的戏剧故事。戏剧故事的知识来源有三个:一是个人直接的生活经历;二是间接的道听途说;三是从文学作品、戏剧影视作品中借鉴。

第二,把握好各个元素以及它们之间的关系,也就是题材、背景、情节、悬念、人物、结构、语言的构成要统一协调。很多考生把它理解为一个故事,看起来很简单,但真下笔的时候则会觉得很难,不知从何处入手,对于"怎么个编法""怎么能编好",考生容易产生困惑。

第三，戏剧故事在题材的选择上，讲究“新”和“奇”，与众不同的东西往往容易获得成功。要写新鲜的东西，普遍熟悉的素材最好不要去写。

第四，要有一个能够贯穿到底的线索。也就是说，戏剧故事要有一个特定的理由把故事中的三五个人物从头到尾联系在一起。在这个问题上要注意三点：一是不要割裂前面已经出现的人物和情节与后面出现的人物和情节之间的联系；二是最好不要同时出现多条线索；三是最好能使这条线索成为一个前呼后应的链状结构。

第五，戏剧故事的事件要典型突出。短小的故事只要能写好一两个人物就足够了。人物多了，平分秋色，无主次之分，反倒降低了作品的含金量。切忌旁枝杂叶喧宾夺主。

第六，戏剧故事的主要人物要典型、有特色，情节要曲折多变、跌宕起伏。短小的故事情节也要转三个弯，切忌平铺直叙，满篇大道理或景物、心理、语言的描写。故事要讲究精练，言之有物，有的放矢。

第七，戏剧故事要用叙述的语言，接近于通俗的口语。注意“讲”的特性，切忌过多的对话。

七、戏剧故事写作考题及范文

路　遇

冬夜，一辆黑色轿车行驶在远离市区的公路上，一路人烟稀少，月黑风高。

领导说事情比较急，让司机大志连夜开车去一个叫谭家河的地方接人。谭家河在哪里呢？他只知道大致方向，具体的位置就不清楚了。得找个人问问路，以免走岔道。他一边减速，一边用眼睛瞄路边。终于看见前面有个建筑工地，工地前方的路边有一辆拖拉机，几个民工模样的人，还带着一个七八岁的孩子，他们正在往拖拉机的拖斗里面爬。

走到跟前，大志停下车，摇下车窗玻璃，问：“兄弟，到谭家河怎么走？”

民工们都把脸扭过来，借着微弱的灯光看看帕萨特和大志。其中一位已攀上车斗的民工指着公路前方说：“直往前走，走到一个十字路口往左拐。”

大志又问：“走到哪一个十字路口拐？”

“就是那个，边上有房子的那个。”民工仍用手指着前方。

边上有房子的路口太多了，大志心里仍然没有底，说：“再走多远，10分钟还是

20分钟?”

那人愣了一下,说:“这么着吧,我上你的车给你带路吧,正好我也是去谭家河。”他说着就要往下爬。

大志打量着身强力壮的民工,心里一个激灵:不能带他!黑灯瞎火的,又在荒郊野外,假若他是不法之徒,再和他的同伙里应外合,做出不法之事(现在开车的司机被人谋财害命的还少吗?)。文弱无力的大志怎么会是他们的对手呢?俗话说“害人之心不可有,防人之心不可无”,还是谨慎一点好。大志谎称:“对不起兄弟,我的车坐不下,你还是坐你的拖拉机吧。”他脚踏油门,做好了随时逃跑的准备。

“要不然你就跟在我们的拖拉机后面吧,我们也是去谭家河。”民工说着又重新爬回车斗。

拖拉机开走了,大志启动车子跟在拖拉机后面。

但是,一辆时速可达100公里的帕萨特轿车,跟在一辆破旧的拖拉机后面,简直就像蜗牛爬行一样。没跟几分钟,大志就不耐烦了。更何况,大志好像看到,拖拉机上面的人总是在交头接耳,还神神秘秘地往他这边看,该不会是在商量怎么对付他吧。

还是离远一点吧。大志一踩油门超过了拖拉机。

走了一段路程,遇见一个十字路口。该不该向左拐呢?大志心里一团迷雾。想再找个人问问,可是夜深了,路上难找着个人影。他只好把车子停下来,硬着头皮等拖拉机过来。

他点了一根烟,烟抽完了,拖拉机终于过来了。大志摇下玻璃窗。他还没有说话,拖拉机上的孩子倒说话了:“哈哈哈,不让我们给他带路,自己找不到吧,笨蛋?”

尽管“笨蛋”两个字声音很小,大志还是听见了。他刚想生气,但是忽然眉头一皱,计上心来:何不让这个孩子坐进车来给他带路呢?谅他一个七八岁的孩子,能把他怎么着?

想到此,大志对拖拉机上面的人喊道:“让孩子坐我的车,给我带路吧!”

孩子听了,跃跃欲试地说:“好哇,我知道路,这个路我经常走。”

孩子身边的一个民工,看样子是孩子的父亲,照孩子脑袋上拍了一巴掌,说:“小孩子家别乱说话。”

孩子撅起嘴看着那个民工,不再说话了。

大志急不可耐地说:“没什么啊,就让你的孩子过来吧。你看外面天气这么冷,会把孩子冻坏的,我的车里有空调。”

像是配合大志的话，孩子裹了裹身上的棉衣，又把脖子往回缩了缩，然后眼巴巴地看着父亲。父亲又把孩子的头拍了一下。

几个民工又开始交头接耳。借着车灯的光线，大志越看越觉得他们看他的目光不怀好意。大志正欲加速逃跑，却听见那孩子的父亲对他说："还是各走各的路吧！让孩子坐进你的车里，还怕你把俺孩子给拐跑了呢！"

第三部分　戏剧故事写作元素——情节

一、冲突

1. 动作与反动作

冲突产生于人物与其戏剧性需求之间的距离和障碍。一个戏剧故事可以归纳为人物实现其戏剧性需求的过程。在这个过程中，人物碰到了障碍，便产生了冲突。此时，人物的戏剧性动作就是不断克服这些障碍，而这些障碍（对立的人、事件或者是自然力量）同时会产生一个反动作来阻止他前进。

2. 戏剧冲突与生活矛盾

希区柯克说："电影是将平淡无奇的片段切去以后的人生。"戏剧的冲突有别于一般的生活冲突。首先，它必须在情节发展框架的局限内迅速形成、发展和解决，不可能像一般生活矛盾那样分散和"正常"。它必须要把"平淡无奇"的片段切去，将各种生活矛盾集中展现，同时还要将其"浓缩"加强。其次，相较于一般生活矛盾的零散、孤立，戏剧的冲突更注重冲突之间的因果和递进关系。每一次冲突都起因于上一次冲突并将导致以后新的冲突，同时每一次冲突都比上一次冲突更激烈。冲突之间的联系和递进保证了情节结构的完整统一。

戏剧故事写作的一个难题是不清楚冲突与非冲突的区别。老婆称呼你是一个感觉迟钝的懒汉；在上班路上你被别人超了车；你的老板告诉你，你的工作能力低于平均水准；你的母亲剥夺了你的财产继承权。包括我们生活中的意见分歧、吵架辩论、侮辱诋毁、大喊大叫的对垒以及拳脚相向，这些都不是所谓的戏剧性冲突。当然，它们可以转化为戏剧冲突。"所有冲突都是麻烦事，但并非所有的麻烦事都是冲突。"

3. 冲突与情境

形成冲突的情境是一种困境，它的功能是加强反动作的强度，最大限度地激发人物的潜能去做出克服障碍的动作，由此产生对抗和冲突。它包含：(1)动作的客观环境;(2)人物关系;(3)事件的情势:“把人物逼近绝境。”

4. 冲突的种类

(1)人与人的冲突:由人物的敌对关系引发的冲突;由人物的虚假对抗引发的冲突;由人物之间的性格矛盾引发的冲突。

(2)人物与某个社会集团的冲突。

(3)社会集团之间的冲突(如《罗密欧与朱丽叶》)。

(4)人或社会集团与自然因素或超自然因素之间的冲突。

5. 紧张节奏的控制

(1)悬置与延宕;(2)叙事节奏。

二、情节结构

1. 戏剧性结构

可以被规定为“一系列互为关联的事情、情节和事件按线性安排最后导致一个戏剧性的结局”。例如:

开端	中段	结尾		
建置	对抗	结局		
介绍	上升	高潮	回复/下落	结局

(1)开端

“让读者明白谁是你的主要人物,什么是故事的前提,故事的情境是什么。”开端应该交代清楚剧情的基本前提,但还有更为重要的任务,即“建置”的任务,也就是说,要为叙事设置一个“总悬念”,即人物的戏剧性要求,它是叙事的发动机。装好了发动机,就可以全速推进了。

(2)进展

情节的展开⇒对抗的上升⇒人物性格的展现和刻画。

(3)高潮

高潮的三个功能是:冲突和对抗的最后爆发和化解;人物戏剧性需求的最终实现;“总悬念”的解决。

(4)结局

随着高潮的完成,叙事踩下了刹车,但还会因为惯性滑行一段才会最终停住。这段“刹车距离”就是剧作的结局部分。结局的主要功能是在高潮的爆发之后形成一段节奏和情绪上的缓冲地带，同时补充交代一些剧情的结果。

2. 情节点

“一个事变或事件，它紧紧织入故事之中，并把故事转向另一方面。”情节点的作用并不都是使故事“转向另一方面”，它的功能是为叙事提供新的戏剧冲突动因，以推动其前进。故事的开端为叙事装上了发动机并为其提供了最初的推动力，随着叙事的进展，这种推动力会逐渐减弱，如果没有新的动力，它便会减速甚至停滞不前。而情节点正是叙事过程中的“加油站”，它的出现会为叙事添加新的动力，使其得以保持推进。另外，情节点可以是事件或事变的发生，也可以是某一(或某些)人物的出现，它们同样可以带来新的戏剧动机(亚里士多德的“突转”与“发现”)。事实上，情节点为叙事增添的戏剧冲突并非是因为这一情节点而凭空出现的，情节点通常是导火索而不是地雷。被“引爆”的冲突早已潜藏在此前的人物关系和剧情之中，它不过是提供“引爆”冲突的契机而已。

三、悬念

1. 什么是悬念？

悬念是最重要的叙事元素，它是指叙事(剧情)中“悬而未决”的戏剧性因素，能使接受者因好奇、焦虑、不安或同情而产生对以后部分叙事的期待心理(预知后事如何，且听下回分解)。这种期待心理又分为对剧中人物命运的关注和解开谜底的欲望。

2. 悬念的分类

悬念可分为：总悬念和分悬念；突发式悬念和期待式悬念。

第四部分 戏剧故事与叙事散文(小说)的区别

一、故事

叙事散文里叙述的故事和戏剧故事存在一定的区别。叙事散文由于其形散神不散的特性，并不要求故事有那么精确的头尾、严谨而又环环相扣的情节，它没有必要把故事的整个过程都一五一十地讲完，它可以根据自己主题的需要，节选故事中那些对说明自己观点有用的事件，只要跟主题有关，只要能准确地表达出自己要说明的意思即可。甚至是故事环节上毫无联系的一件事或者几件事都可拿来说说，而其上一件事和下一件事的过渡也完全可以用抒情替代，或者用议论和大体的描述交代过去。没有必要在环环相扣上纠缠不休。

由于戏剧故事的客观性，作者只能借助故事中的人物和情节展现自己想要表达的意思和主题,也就是说,故事成了作者表达意思、抒发情感的唯一载体,那么这个故事是不是吸引人就显得至关重要。当然这件事可大可小,最终目的只有一个,就是利用观众和读者的猎奇心理,令其对一件事情的前因后果产生关注。而这件事情必须要有一个充满悬念、前途未知的开头,把观众和读者紧紧抓住,然后再加上跌宕起伏的矛盾冲突和环环相扣的故事情节,令人疑点丛生,悬念迭起,从而诱使人们步步深入,让人们欲罢不能,欲弃不忍,直到故事结束为止。

二、人称

叙事散文一定是以第一人称来写的,而戏剧故事则既可以选择第一人称,也可以选择第三人称。但在初期学习的时候,可以更多地考虑采用第三人称。以下是不同人称对同一件事的叙述。

1.第一人称叙述

看着哈里大大咧咧地一头扎进报上的体育新闻里,我明白解脱自己的时刻已经到了。我必须说出来,我必须跟他说"再见"。他让我把果酱递给他,我机械地递了过去。他注意到了我的手在颤抖吗?他看到了我放在门厅里的箱子在向我招手吗?我猛地把椅子往后一推,一边吃着最后一口烤面包,一边从喉头里挤出了微弱的几个字:"哈里,再见。"我跌跌撞撞地奔过去,拿起我的箱子出了大门。当我开车离开围栏时,最后看了房子一眼——恰好看到突如其来的一阵风把仍开着的门猛地给关上了。

2.有限全知叙述

哈里很快地瞥了一眼幼兽棒球队的得分,却失望地发现他们又输了。报上已经写着:"等到明年再说。"他本就为麦克威合同一事焦虑不安,这下真是雪上加霜。他想告诉艾丽斯自己有可能失去工作,但只有气无力地说了句:"把果酱给我。"他没有注意到艾丽斯的手在颤抖,也没有听到她用微弱的声音说出的话。当门突然"砰"的一声关上时,他纳闷地抬起了头,不知道谁会早上七点就来串门。但空虚已随风闯了进来,不知不觉地飘过了他的身旁,进到了内屋深处。

3.客观叙述

一个男人和一个女人面对面地坐在一张铬黄塑料餐桌旁。桌子中间摆着一壶咖啡、一盘烤面包以及一点黄油和果酱。靠近门的地方放着一个箱子。晨报的新闻栏将男人的脸遮去了一半。女人忐忑不安地坐在那里，凝视着丈夫露出来的半张脸。他说："把果酱递过来。"她把果酱递了过去，手在颤颤发抖。突然间，她把椅子往后一推，用微弱的声音说了一声："哈里，再见。"然后快步过去拿起箱子，走了出去，把门敞在那里。一阵突如其来的风猛地把门给刮闭了，这时哈里抬起了头，脸上露出疑惑不解的神情。

4.编辑性质的全知视角

有时候，在一个看着不起眼的时刻，我们日常生活中累积起来的各种矛盾会突然爆发。对于哈里和艾丽斯来说，那天早晨他们坐在餐桌旁喝咖啡、吃烤面包时，就出现了这样的情形。这对夫妇看上去十分相配，但实际上，他们只是通过回避一切不愉快的事，才维持了表面上的和谐。哈里没有告诉艾丽斯他面临被解雇的危险，艾丽斯也没跟哈里说，她觉得有必要独自离开一段时间，以寻求真正的自我。当哈里看到报上登的幼兽棒球队的得分时，心想："该死！连棒球也让人心里不痛快，他们又输了。我真希望能够告诉艾丽斯自己失去了麦克威合同——也许还会丢了饭碗！"然而，他仅仅说了句"把果酱递过来"。艾丽斯递果酱时，看到自己的手在颤抖。她不知哈里是否也注意到了。"不管怎样，"她心想，"跟他说再见的时候到了，该自由了。"她站起来，低声说了句："哈里，再见。"然后过去拿起箱子，走了出去，把门敞在那里。当风刮闭门时，两人都不知道，倘若那天早晨稍向对方敞开一点心房，他们的生活道路就会大不相同。

三、语言

写戏剧故事一定要注意区分叙述与描写。一般来说，我们写一篇文章有几种常用的表现手法：叙述（记叙）、描写、抒情、议论、说明。其中，后三种在戏剧故事中都不能出现，在叙事散文中抒情和议论可以少量出现（作为点题之笔）。

叙述是"直陈其事"，比如"吃完晚饭，老张出门去了"。上小学写作文时，老师会说把作文写成了"流水账"，其实就是只有叙述，没有其他的东西。戏剧故事写作的语言，在一定程度上有点类似"流水账"，它是用"流水账"的语言来讲一个故事。

描写则是在记叙的基础上加入细节的描写。"吃完最后一个饺子，老张把饭碗一推，叼着根牙签，美滋滋地出去了。"描写分为形象描写、语言描写、动作描写、心理描写，等等。戏剧故事不是不可以描写，但一定要减少描写。它更多的是用质朴的语言来叙述一个故事（描写多了，就很像散文或小说）。

> 一大早,石膏矿大门前等着拉货的车就排成了长龙。等着拉货的人们围着调度员,嚷嚷着希望能尽早装上货。张俊芳也心急火燎地挤在人群里。
>
> 好不容易装上货,张俊芳坐着装满石膏矿石的拖拉机,匆匆忙忙赶回水泥厂,卸了货。会计却告诉人们,今天厂里还是没有钱给大家结账。货主们都失望地散去。张俊芳却不肯走,坚持要见厂长。她抱着破挎包蹲在厂门口,过往的人们见她这个"拥军模范"居然像叫花子一样守在门口,都围过来看热闹。厂长赶忙出来将她请进厂里,但一时实在是没钱付给她,两人吵了一架,张俊芳也只好作罢。

这段文字就是典型的戏剧故事的语言特点。首先,不使用对话,将可能对话的地方都用叙述语言表现。

> 会计却告诉人们,今天厂里还是没有钱给大家结账。货主们都失望地散去。

> 没想到会计却出来,冲着大家嚷道:"大家注意了,今天厂里没钱,没法给大家结账,大家都回去吧。"货主们一听就炸了锅:"怎么能这样,太不讲信用了。""也不知道什么时候给,给个说法也好啊。"大家发了一顿牢骚,却只能失望地回去了。

其次,减少直接的心理描写,更不要说大段的心理描写。心理描写可以通过定语、状语等直接描写出来。即使是与情节有关的心理描写,也尽量处理成一种动作性的情节。

> 张俊芳也心急火燎地挤在人群里。

> 张俊芳也挤在人群里,非常着急,心想要是这样的话什么时候才能装上货啊。

最后,从更严格的层面说,戏剧故事的语言强调每句话都包含一个具体的场景或动作,是一种"干巴巴"又"活生生"的东西。

> 她抱着破挎包蹲在厂门口,过往的人们见她这个"拥军模范"居然像叫花子一样守在门口。

"破挎包"是一处描写,有明显的功能,能够表述出人物的身份,而且是在一句话中以状语的成分出现的,不进行单独的细节描写。"拥军模范"的身份也是这样处理的,而不是单独进行交代说明。这都属于比较严格的戏剧故事语言。

所以戏剧故事写作，就是要把与故事无关的东西都尽量过滤掉。如果写雨天，那么故事里就要有和雨有关的事情；如果没有，那就不用写天气。如果写人物穿一件什么样的衣服，这件衣服就应该符合这个人物的身份，如经济状况、性格特点等。

原文

良心的价值

王老头这几天成为镇上的新闻人物，他家出现了许多慕名而来的记者，到底是怎么回事呢？这还要从三天前说起。

王老头靠收废品为生，儿子在城里打工，日子过得不富裕，但王老头对这份安定的生活感到满足。

这一天，王老头像往常一样蹬着那破旧的三轮车挨个街道收废品。到了一个小区，碰见了孔老师的妻子，由于王老头老实憨厚，这里的人都愿意把废品卖给他。孔老师的妻子喊住了王老头："大爷，我这有很多废资料。""哎，好嘞，我这就过去。"王老头快乐地回答，像二十岁刚出头的小伙子一样蹬三轮车。"大爷，您歇会吧。""不用了闺女，你大娘还催我赶紧回去呢。"说着从孔老师妻子手里接过那满满的一箱废资料。"谢谢你，闺女，这样我可以提早回家了，免得你大娘说我磨蹭。"王老头蹬上了三轮车，渐渐远去。夕阳的黄晕映照着王老头的背影，格外地美。

王老头回到家，妻子招呼他吃饭，饭桌上是一小碟自制的香椿芽咸菜、一碟花生米、几个裂了口子的馒头。王老头美滋滋地吃着，对他妻子讲述今天收获了什么。王老头的妻子收拾着车上的废品，一件一件叠得很整齐。"对子，孔老师卖给我好多废品，他们真是好人家。"王老头对他妻子说，妻子会心地笑了。"老王，你看这是什么！"妻子大喊，王老头走过去定睛一看，是张彩票。"不就是彩票嘛，至于这么大惊小怪吗？"妻子又说："老王，你看这本书里平整地夹着张彩票，不觉得奇怪吗？""这有什么奇怪的，人家孔老师说不定是把它作为书签呢。"王老头摇了摇头，他妻子不信，把彩票上的号码记了下来。妻子说："老王，你去隔壁刘老头家查查这期彩票的号码。""查号码？我说你这个老太婆想钱想疯了吗，咱这样的日子过得不是挺好吗？"刘老头低头吃饭。"去查查嘛，反正也不损失什么。"妻子恳求王老头，王老头不耐烦地答应了。吃完饭，王老头溜达着进了刘老头的福彩站，门上贴着这一期的中奖号码，王老头低头看写在手背上的中奖号码，完全吻合。王老头赶紧把手缩了回去，缓慢地抬起头，颤抖着注视着门上的中奖金额——30 万。刘老头见状忙问："怎么了老王,身体不舒服吗?""没有。"王老头扶着门走出了刘老头的小店。从福彩站到家的距离最多也不过5分钟,但是今天王老头足足走了20分钟。到了家,妻子赶忙上前:"怎么样了?"王老头一脸的凝重,伸出了3个手指头,妻子说:"300?"王老头还是呆呆地站着。"1000? 20 000?"王老头还是一脸的凝重。"30万。"王老头颤颤地从嘴里蹦出这几个字,此时的妻子竟然跳了起来。"难道这是玉皇大帝显灵吗?"说着狠狠地拧了自己的脸一把。王老头回到饭桌旁,仰望着天,天渐渐黑了,王老头的心被揪得生疼。

孔老师下班回到家,连拖鞋也没换,直奔书房。推开房门,孔老师惊呆了,乱糟糟的书房一下子变得井井有条,孔老师四处寻找那装满废资料的纸箱,找了半天也没找到。孔老师疯一般地冲出书房,到处寻找妻子的身影。"书桌下面那箱废资料放哪里了?"孔老师惊慌失措地喊妻子。"卖给王大爷了。"从厨房传来妻子的声音。"卖了?"孔老师全身冷汗。"今天给你整理书房,把没用的资料都卖了。"妻子无意地回答,孔老师听罢,瘫坐在了沙发上。妻子走到孔老师身边,问他是怎么了,是不是生病了。孔老师用力地摇头,哽咽着说:"咱们中了30万。""什么? 30万? 那彩票呢?"妻子反问。"扔了。"孔老师双手捂着脸。"为什么把它扔了?""彩票夹在一本书里,那本书就在你卖的那些废品里。"孔老师泣不成声,妻子抱住了孔老师,哭了起来。

王老头一大清早起来,破旧的三轮车仍停在院里。

王老头点燃了一根自卷的香烟,坐在自家大门口,望着孔老师小区的方向,手里攥着彩票。烟一圈一圈地盘旋着上升。

王老头起身蹬上了三轮车,三轮车里放着夹着彩票的书。

王老头上了楼。

孔老师要去上班了,推开门,一本书放在门口。

孔老师的眼睛湿润了。

修改

良心的价值

王老头成了这几天镇上的新闻人物,原因是他家出现了许多慕名而来的记者,到底是怎么回事呢,这还要从三天前说起。

王老头靠收废品为生，儿子在城里打工，日子过得不富裕，但王老头对这份安定的生活感到满足。这一天，王老头像往常一样蹬着那破旧的三轮车挨个街道收废品，碰见了孔老师的妻子，从他家里收了满满的一箱废资料。回到家，王老头的妻子收拾着车上的废品，意外地发现一本书里平整地夹着张彩票。王老头想起来这是从孔老师家收来的。在妻子的一再催促下，虽然不太情愿，王老头还是到福彩站去查中奖号码。

王老头溜达着进了刘老头的福彩站，门上贴着这一期的中奖号码，王老头低头看写在手背上的中奖号码，完全吻合。王老头赶紧把手缩了回去，缓慢地抬起头，颤抖着注视着门上的中奖金额——30万。从彩票店到家的距离最多也不过5分钟，但是今天王老头足足走了20分钟。回到家，王老头把中了30万大奖的消息告诉妻子，妻子惊呆了。王老头回到饭桌旁，仰望着天，天渐渐黑了，王老头的心被揪得生疼。

孔老师知道了中奖信息，急匆匆地回到家寻找彩票，意外地发现夹着彩票的书被妻子卖掉了。孔老师瘫坐在了沙发上，泣不成声，妻子抱住了孔老师，哭了起来。他们决定第二天一早去找王老头，看能不能要回彩票。第二天大清早，孔老师推开家门，一本书放在门口，里面夹着中奖的彩票。孔老师的眼睛湿润了。

问题在于，如果把这些水分都去掉，初学者的文章基本上就只有一半甚至更少的篇幅了，作为考试时写的文章，连基本字数都不够了。这是因为作者在编写故事的时候出了问题，或者是故事过于简单，没有展开的空间；或者是故事写了开头就想到结尾，没有注意过程的曲折性。所以根本上还是要把故事编写得充分、曲折。

第五部分　戏剧故事编写过程中的问题

一、把“故事”写成了“事件”

“事件”是结果性的，有头有尾就可以。“故事”是过程性的，除了头尾之外，一定还要有环环相扣、循序渐进、愈演愈烈的行进过程。所谓环环相扣，是指上一件事和下一件事之间存在必然联系，上一件事直接引起下一件事，下一件事是上一件事导致的结果。

学生作业《良心的价值》从记叙文的角度看还是比较生动的，但从戏剧故事写作的角度看就显得简单。它写的是一个事件，把描写性的文字删去之后，就是开头和结尾，没有过程。

这里面存在一个普遍的对戏剧冲突理解不到位的问题。冲突应该是由一个具体的动作引发的事件,而不是一个简单细微的心理变化。像《良心的价值》里,王老头的妻子让他去查彩票,他不去,后来在妻子的坚持下他才去。这是一个生活中的冲突,但不是戏剧故事中的冲突。这个动作就是王老头去福彩站查了彩票,情愿不情愿、老婆的怂恿都是这个动作过程中的附加成分,不影响事件的发展,所以这不是戏剧冲突。

其他的作业也普遍存在这个问题。比如,《新来的插班生》的故事是一个男孩来到班上,与一个女孩互相有好感,但都没有表达出来,就这样毕业了。那么这个故事就太简单了,都没有表达出来,也没有引入其他人物,怎么会有冲突?只能靠描写或者心理的变化来丰富内容,但这就不是戏剧故事了。

回到《良心的价值》的开头,王老头是个拾破烂的,而且他意外获得了一张彩票,最简单的冲突就是他"还"还是"不还"。至少这个冲突要有,但原文只把它处理成王老头看着天的凝想和最后的结尾。假如设定的故事结尾是王老头把彩票还回去了,那么他为什么会还回去这个部分就不能处理成心理描写。他想自己不能要这个,这属于不义之财,或者他和妻子讨论认为应该还回去,这都不是冲突,因为没有障碍。最简单的设定是,他想还回去,但他的妻子不让还,这就是冲突了。这样故事就变成了"拾破烂的王老头意外得到一张彩票(开头)——发现中奖了——他想还回去,妻子不让还(冲突)——最后他还了回去(结尾)"。

二、设定的故事架构本身缺乏展开的空间或者展开的过程比较"低级"

我们继续分析《良心的价值》,按照刚才说的架构有了,但冲突还是比较简单,缺少情节点。那就需要继续丰富,并且把整个过程前后联系起来。比如,他的妻子为什么不让还回去?仅仅是因为妻子比较贪财的话,意义不大。或者家里需要钱?为什么需要?正好开头有一句"儿子在城里打工",大龄青年需要结婚,但买不起房子。于是他写信回来向家里要钱,王老头夫妇靠收废品攒了一些钱,但还不够,这时候留下这30万的理由就有了。于是可以变成:王老头一开始要还,妻子不让他还,他想起了孩子买房的事情,也犹豫了。但如果直接就决定不还了也有问题,可以考虑两个人商量:孔老师如果来找,就还给他;不找,就算了。现在这个线索就更丰富了。

这个过程可以再发展:他们忐忑不安地过了一晚上,第二天孔老师找来了,还没等王老头说话,孔老师就说,他妻子把他的资料误卖了,想再买回去。没有提彩票的事。王老头懵懵懂懂,问那彩票你还要吗?孔老师却想不起来彩票的事了,顺口问了一句"中奖了吗"。王老头到嘴边的"中了"又咽了回去,改成"不知道"。孔老师也没在意,急匆匆地就走了。这个情节点还可以再设计一下,但这又是一个波折,也就是王老头又改变了他之前做的决定。这个过程还可以继续发展,比如干脆不是儿子来信要钱,而是儿子要带未婚妻回来。那么他的儿子也可以参与到这个过程中来。在这个过程中，王老头的性格设定应该是比较善良的，他一直想还，但别人阻碍着他。比如，儿子回来了，知道了这件事，认为根本就不用还，还提出正好可以用这笔钱来买房子、娶媳妇，让王老头早日抱上孙子。或者，他未来的儿媳妇回来了，把他家的穷都看在眼里，这让王老头坐立不安，所以他继续煎熬。到这里，总的来说，整个故事的线索就比较完整了，要接近故事结尾了，一开始的设定就是他还是还了回去。既然有这么多障碍，他为什么还要还回去？这个理由仍然不能写心理斗争，还是要有一个具体的动作性事件。从比较理想化的角度可以这样写：他未来的儿媳妇知道了这个事情，反而主张把钱还回去。这样的话就比较理想化了，也算是对王老头的补偿。30 万没了，但有了一个好儿媳妇。或者干脆就让王老头去兑换彩票，在即将拿到钱的最后时刻，他还是痛下决心，把钱还了回去。

最后是结尾。当对故事设想到这里，结尾其实也可能有变化。如果不是续写，开头不是王老头成了新闻人物，那么这个故事可以用一个开放式的结尾，也就是还或者不还干脆不说。或者是一个《项链》式的结局，还回去了，但其实那张彩票不是当天的，这是个戏剧性的结尾。但既然是续写，这两个结尾都不能用。

故事的发展线索定了，在写之前就要想得再细一些。开头王老头去收废品的时候，可以让他经过福彩站，这里可以先提一下，但为了避免过于直白，可以安排成福彩站里的许多人正在谈论房价的事情，说城里的房价又涨了。王老头心里一惊。这个时候可以补充交代他儿子的事情。类似这样的细节，在写之前都应该定下来，这样才能真正做到写什么，不写什么。

一位到美国定居的男子功成名就之后，将自己在国内的女儿接去了美国。他的想法不错，以为较早地让女儿接触西方文化，就可以避免他刚来美国时由于文化不通导致的尴尬。女儿来了，兴高采烈。但时隔不久他就发现不对了，女儿并没有像他期望的那样，恪守家训，认真学习，而是还没几天，就和一个美国小伙子谈起了恋爱。如果女儿已经成人倒还罢了，糟糕的是女儿只有十几岁，而恋爱也完全没有国内来得朦胧，短短时间里就已经走到了这个年龄不该走的地步。男人一怒之下，将女儿训了个体无完肤，但不训则已，一训却把女儿激到了宣布结婚的地步。男人执拗，却拗不过自己的女儿，男人最后只好无奈地认了。他把女儿找来，提出一个要求，让女儿把未婚夫领来看看，他要当面跟那个混蛋男孩聊聊，此生此世，一定得善待自己的女儿。女儿把人领来，男人一看几乎气昏，原来女儿带来的并不是原来的男友，而是男友的父亲，一个完全可以给女儿当爷爷的人。她告诉父亲，这就是她现在的未婚夫！于是，父女之间的矛盾冲突彻底爆发，最后甚至达到了水火不容的地步。这是电视剧《北京人在纽约》里的一个情节。你看，事情一旦发生便不受控制，又由于父女二人各不相让，致使矛盾冲突不断上升,直到女儿离家出走,男子不再管女儿的事情为止。

三、没有注意故事展开的逻辑的合理性

从生活逻辑上说,一件事只要有了一个充满悬念和戏剧性的开头,就会按照自身的逻辑和节奏,愈演愈烈地往下发展。曾经看到过生活里的真实一幕:一个男生去餐厅买饭,队排得很长,排在前边的一个一直对男生有好感的女生回头看了他一眼,然后买完饭走过来,将男生拉出队伍,悄声对男生说:“别排了,我已经给你买好了。”男生万分感激,女生飘然而去。这时男生低头一看,才发现女生仅仅给他买了一个馒头,而男生正是长身体的时候,两个馒头都不太富余,一个馒头如何能够吃饱?男生哭笑不得,只好从头再排,去买第二个馒头,并嘟嘟哝哝地把这件事告诉了排在自己后边的好友。好友不知深浅,凑热闹般地大喊一声公之于众,而那个女孩那天恰恰在餐厅吃饭没走,羞愧之下,女生忍无可忍,将手中的碗用力往桌上一摔,伏桌痛哭。不知道这两个同学是不是同在一班,如果这两个人同在一班,而且还要同学四年,事态肯定还会继续扩展,甚至女孩会与男孩反目成仇,誓不两立。你看,在现实生活中,只要有了一个戏剧性的开头,事情就会无法扼制地往下发展,这不以谁的意志为转移,是由事情本身具有的发展性质所决定的。

艺术作品中的真实是以生活中的真实为基础的,因而它的逻辑也应该服从于生活逻辑。

第六部分　戏剧故事写作的元素——人物

一、动作与人物性格

人物是戏剧故事的重要因素,因为故事基本上都是写人的。戏剧故事的人物可以分为两种:一是构成冲突的双方、参与事件并做出了某种推动剧情发展的行动的人物;二是不参与事件,但其出场提供了某种使剧情有所进展的信息的人物。

但要注意,人物是与情节发展密切联系的。人物始终处于情节的发展之中,他的性格、情感、特点都要通过动作性的情节表现出来。所以在戏剧故事写作里,谈到某一个人物,不是去归纳和“提炼”他的性格,而是将他描述为做了某件(些)事情的人——人物的实质是他的动作,就是他干了什么。

动作分为外部动作和内部动作。所谓内部动作,指的是人物的情感、意志等心理活动;外部动作则是指人物外在的形体动作或是语言动作。在小说中,人物的外部动作与内部动作是并列的两种动作,而在戏剧故事中,重要的是将内心活动“外在化”,使其变为直观的外部动作。

二、人物分析

在写一个戏剧故事之前，关于中心人物应该有一个基本的设定。许多故事无法展开，就是因为只写了一个人物，没有为这个人物提供具体的背景，所以就不可能有更多的空间。如《良心的价值》，设定老王头的儿子，增加的信息量就很大，哪怕他不出场。悉德·菲尔德说："你的人物是男性还是女性？如果是个男性，那么在故事开始时，他有多大年纪？他住在什么地方？住在城市还是农村？然后——他出生在哪儿？他是个独生子或是还有兄弟姐妹？他经历了一个什么样的童年生涯，是幸福的呢，还是不幸的？他与父母之间的关系如何？他又是个什么样的儿童，是个开朗的、性格外向的孩子呢，还是个认真的、性格内向的孩子？接下去，要追溯他的学生生活，直到进入大学后。然后问一下，他是结婚了，还是单身、丧偶、分居或离婚呢？如果他已经结了婚，那么他结婚有多久并且和谁结婚？是青梅竹马的恋人，还是萍水相逢的呢？是经过长时间恋爱的呢，还是没有恋爱过的？"

初学者的故事之所以无法展开，思路之所以简单，很大程度上就是因为没有为人物设定一个具体而翔实的背景。

三、揭示人物

完成了对人物内在的探究，我们便可以对剧情开始之后的人物进行塑造了。首先应该明确人物的状态。

1.起始状态

人物初次出场时，处于什么样的状态？如果你写的是一个运动员，那么在他进入剧情时，他是刚刚开始自己通往冠军领奖台的漫长历程，还是正经历着自己运动生涯中的一次惨痛失败，或者是正躺在病床上被伤病所困扰？如《良心的价值》，也可以不写王老头还彩票，而是从他还了彩票，成了"新闻人物"之后写起。此时的王老头肯定也有很多困扰，比如他儿子看到了这个事情肯定会埋怨他，周围的人可能会讥讽他，孔老师拿回了彩票却没怎么表达谢意，等等。后来怎么样了？可能连他自己都怀疑真的不该把彩票还回去。这又是一种写法。

2.最终状态

人物完成了自己的戏剧任务时的状态。是历尽艰辛终于战胜对手，举起了冠军奖杯？是被伤病或其他挫折中途击倒，潦倒一生，只是偶尔在酒吧里从电视上看到别人比赛时回想自己的冠军梦？或者终其运动生涯也没有获得成功，但却从自己的学生身上实现了梦想？

3.进展状态

明确了人物的起始状态和最终状态后,就会找到人物的戏剧性需求,下一步就是设计人物在故事的各个阶段的不同状态了。

初始状态⇒挫折⇒消沉⇒意外⇒努力⇒挫折⇒最终状态。

四、塑造人物

(1)始终让人物处于困境之中(不要太仁慈)。

(2)让读者同情你的人物。

(3)保持人物的主动性。

五、塑造人物应注意的问题

1.人物出场要有特点

心理学有个名词叫作“首次效应”,意思是说,一件事情,一个人物,在第一次出现时给人的印象最深。用于戏剧故事写作是同样的道理,一个人物的出场,一件事情的出现,一定要以别具一格的方式引起受众的注意。比如《茶馆》中的刘麻子,本来就是个贩卖人口的纤手,但为了掩盖自己的不耻,一上场就拿着鼻烟壶四处张扬,还要告诉大家这是地道的英国货,一个可悲可怜又可憎的小人物形象立即跃然台上。千万不要人物出现了,他的面目却模糊一片,让人看不出他的个性,看不出他与别人的不同之处。

2.人物不要程式化

我们说过,人物是不可替代的“这一个”,因此在人物的塑造过程中,应该在共性的基础上,以塑造人物的个性为主。所谓个性,就是指这个人物跟别人不一样的地方。这种不一样的地方,要明显,要突出,不能用一种共性的东西、一种类型的东西将人物的个性掩盖掉。

有一份作业讲的是这样一个故事:有一名医院护士,四十多岁,由于离异,独自带着女儿生活。后来她的女儿突然患上了角膜炎,需要做手术,做手术当然需要花费一笔钱,更重要的是还需要找到一个能捐献角膜的人。就在中年护士万般无奈的时候,有一个好心的中年男人自告奋勇为其女儿捐献角膜。中年护士接受了,手术做得很成功,中年护士对捐献者感激不尽。当她找到这位好心人时,才发现他竟是自己的前夫。原来她的前夫一直爱着她,最后中年护士终于原谅了这个男人,并与之相拥而泣。

戏剧故事中人物不少,有四个。有一个年轻护士虽然出场不多,但也算一个。通观这四个人物,总让人感觉有些似曾相识,不知道在哪儿见过,但肯定见过!但是看罢整个故事,却一个人物也没有记住。这是为什么呢?因为作者所设计的几个人物,都是按照一般人物的概念去设置的。你看,一个是离婚了还在关心妻子的丈夫,一个是疼爱女儿的母亲,一个是懂事且乖巧的女儿。就连那个年轻护士,都显得那么和蔼,一直带着职业的微笑。这些人物好不好?当然好,都是好人。但是认真一看,我们就会发现这些人物都没有鲜活的生命,他们是按照作者心中的母亲、父亲、女儿的模式复制出来的,甚至还算不上人物,只是一些完成编剧所给予任务的符号。这当然不行,虽然戏剧人物都是假定的,但情节必须赋予其鲜活的生命,他们不仅要有人的共性,还要有别人不可替代的个性,是独特的"这一个"。我们可以到生活里看看,每一位母亲虽然都有母亲的共性,但在某一件具体的事上,却有着不同的个性和脾气。如果夫妻两个这么和谐,都没脾气、没个性,能离婚吗?再到医院去看看,也不是每一个护士都操着规范的语言,态度冷漠的有,口气生硬的也不在少数。为什么非要带着微笑?即便是她们都带着微笑,但有的说话可能慢声细语,有的可能就是个急性子。

3.人物要归位

什么是归位?归位就是一个人物在背景中的个性定位,也就是说,一个人物所做的事既要符合他的职业、年龄、身份,同时又要符合他的性格和个性,面对事物的表达必须是只有他才能有的态度和处理方式,不能游离太远。如果作者不考虑人物的共性和个性,给予这个人物不能做、做不到甚至是另外一个人物才能做的事,那么人物形象就会从人物身上游离开来,人物就会变成一个完全看不清面目的怪物。

也是一位学生的作业:一家公司的女经理的丈夫是个大学教师,为了弥补妻子犯下的错误(妻子开车撞了一个女孩),他租了一所房子将女孩接来照顾。女经理发现自己的丈夫形迹可疑,跟踪丈夫来到这儿。当发现丈夫跟被撞伤的女孩在一起的时候,女经理勃然大怒,语言尖刻甚至对二人破口大骂。丈夫忍无可忍,不得以将女经理撞伤女孩的真相和盘托出,女经理这才发现自己错怪了丈夫。当她要求两人一块照顾被撞伤的女孩时,却遭到了女孩和丈夫的严词拒绝。

对于一个初学者来说,应该说这个故事的基础还是不错的:一个虚荣心极强的女人,为了让家里的日子过得好一些,风餐露宿地在外奔波,而将一个被自己撞伤的女孩弃之不顾;面对为自己承担责任的丈夫,极尽指责,终于失去了自己的家庭。说的是人想要在乎一样东西,如果方法不当,一味地去保护、去监视,效果可能适得其反。

但问题却出在人物上,一个是大学教师,一个是公司经理,他们还是大学的同学,又都是知识分子,以他们的身份和地位,好像说不出过分难听的话。女经理可以蛮横,可以不讲理,但是鉴于她的身份和职业,有些过于低俗的话可能说不出口。就像两个教授争执,绝不可能跟大街上两个卖菜的菜农打架一样。

另外,女经理在不了解丈夫照顾女孩的原因时,急躁的个性还有一些,但后来知道这是自己撞的人后,一改往日的凌厉,完全成了一个温柔的女人,马上道歉并承认错误。在此之前,她一直是一个很强悍、刁蛮的女性,要不她就不会撞了人不敢承担责任。因而当她知道这就是被她撞的女孩后,首先想到的应该是洗清自己;当事情无可辩驳之后,又想拿钱息事宁人。这才符合这个人物的个性逻辑。性格马上发生转变,显得不妥。

悔 亲

二蔓爹和东旭爹是小时候的同学,二人多年未见。一次偶然的机会,二人不期而遇,东旭爹不由分说,将二蔓爹拉回家里喝酒。席间,二人谈起毕业后各自的境遇,感慨不已。正在此时,在地里干活的东旭回家取东西,二蔓爹见东旭长得面皮白净,高高大大,心里便生出几分喜欢。待东旭走后,二蔓爹得知东旭还没有定亲,便提出要将自己一直待字闺中的女儿二蔓许配给东旭。正为儿子婚事犯愁的东旭爹一听,自然十分乐意,遂答应让二人见面。

回来之后,二蔓爹跟二蔓说起东旭,让二蔓去见见。二蔓开始极不情愿,但经不住父亲摔盘子砸碗地发脾气,无奈之下,只好很不情愿地和东旭见了一面。刚见面时,二蔓还没觉出什么,但当她得知东旭是小学毕业,而且人也有些傻乎乎的之后,便死活不同意这门婚事。二蔓爹呵斥女儿说:"你娘大字不识一个,我这不也跟她过得好好的?"

二蔓爹铁心要让二蔓嫁东旭,所以,不经二蔓的同意,他便收下了东旭爹托人送来的彩礼。二蔓见拗不过爹爹,决定约几个小姐妹外出打工,以避开这桩婚事。但消息不知怎么让父亲知道了,他随即拿把大锁将二蔓反锁在了屋里。二蔓气得又哭又闹,但父亲根本不为所动。后来还是母亲看不下去了,趁丈夫熟睡悄悄给二蔓打开了门锁。趁着天黑,二蔓悄悄约上村里的几个姑娘,到南方打工去了。二蔓天真地认为,自己到外边躲一阵子,事情也许就过去了。

二蔓在外边打工,一去一年。第二年的深秋,二蔓悄然回来了。她以为事情已经拖了这么久,爹让她嫁东旭的心思也许早就淡了,东旭也肯定不会等她这么久,说不定早就退亲另娶了。可没料到的是,事隔这么久,亲事依然,一切如故。二蔓刚进家门,就被怒火未熄的爹爹关了起来,并传话给东旭的爹,让他选择吉日,早日让东旭迎娶二蔓。

二蔓被爹关在厢房里,如热锅蚂蚁,几次试图逃走都被父亲发现,少不得又是一顿摔碟子砸碗。最后一次，二蔓爹当着妻子和二蔓的面警告说，如果她再逃走，他就和她们断绝一切关系。二蔓犹豫了，她毕竟不想和父亲断绝父女关系。再说父亲一直有病，二蔓不想因为自己的事，让父亲病情加重。此时胆小的母亲也来劝她，说两口子就是搭伙过日子，文化不文化的，根本无所谓。丈夫有病，让女儿看在自己的面上，别再惹父亲生气。几次以泪洗面之后，二蔓为了不再让父亲生气，决定嫁给东旭。

因为东旭还不到法定结婚年龄，东旭爹跟二蔓爹商量着先举行婚礼再说，二蔓爹也怕女儿有变，满口答应。迎娶二蔓那天，婚事办得极为隆重，双方都来了好些亲戚朋友，人们一边吃着酒席一边交口称赞东旭和二蔓，说他们俩一个金童、一个玉女，简直就是天造一对、地设一双。待人去夜深，东旭乐滋滋地走进洞房，二蔓却突然板着面孔提出要分居几天再说。东旭知道二蔓还是嫌他文化低，心里的疙瘩还没有解开，吭哧了半天，还是答应了。

东旭抱着被子又回到了自己原先住的房子，但一连几天过去了，二蔓仍没有和东旭合房的意思，东旭有些沉不住气了。一天晚上，他灌了半斤白酒，趁着酒劲硬是闯进二蔓的屋里，但倔强的二蔓死活不从，连踢带咬，将东旭撵出了房子。被二蔓撵出来的东旭气鼓鼓地回到厢房，不料东旭爹早已等在房中，见到东旭一副窝囊的样子，便拍着桌子指着东旭的鼻子一通数落，说他连自己的女人都治不了，简直没出息！说得东旭一时性起，将手里的酒瓶“咣”地摔到地上对爹说，爹你等着，我要治不了她，我就不是你的儿子！说罢一头冲了出去，然后撞开二蔓的门，疯了一样地猛扑上去把二蔓抱住。二蔓大惊失色，连声呼救，但无济于事，东旭既没住手，门外也无人来管。二蔓厮打半天，毕竟力气有限，没过多久，就让东旭得逞了。事毕之后，东旭躺在床上睡去，二蔓却嘤嘤地哭了一夜。第二天一早，二蔓便径自去了镇上派出所，将东旭告了。

镇派出所以涉嫌强奸的罪名将东旭拘留，此事在村里传开，引出轩然大波。人们不理解，东旭和二蔓已经结婚，在自己家里和自己的老婆睡觉，居然也会犯强奸罪？于是，村里的人们自发地组织起来，到镇上去上访，理由是既然二蔓是东旭的老婆，那强奸的罪名就不能成立。在他们心里，只要举行了婚礼，两个人就是合法的夫妻。然而得到的答复出乎他们的意料，派出所的人告诉他们，东旭和二蔓虽然举行了婚礼，但由于二人没有登记，就不算合法的夫妻；别说不是合法的夫妻，就算是合法夫妻，有一方不同意，一方强迫另一方行房，也属强奸。法律就是法律，法律是不会以村里人们的意志为转移的。东旭因犯强奸罪被判刑三年。消息传来，人们在同情东旭的同时，纷纷指责二蔓，说她既然不想和人家做夫妻，为何同意结婚，又为何收人家的彩礼。一夜之间，二蔓成了全村千夫所指的女人。

二蔓回到娘家之后，二蔓爹经不住人们的说三道四，终于还是病倒了。一日，二蔓爹将二蔓叫到床前,喘着粗气告诉女儿,让她收拾东西,离开这个家,并告诉二蔓,她这一告,把这个家毁了,从今以后,他在别人面前再也抬不起头了,所以他思来想去,决定和二蔓断绝父女关系。二蔓声泪俱下,乞求父亲不要赶她出门。二蔓爹脸上一阵抽搐,眼里滚出两滴混浊的泪水,说他和二蔓的缘分已经尽了,这个家再也不能养二蔓,然后就不再言语。二蔓再三恳请,无济于事。

二蔓背着简陋的行李从大街上走过,大街上所遇到的人没有一个跟她说话,蔑视的目光像一把把刀子直刺在二蔓的心里。甚至还有孩子冲她吐吐沫。二蔓心里哀叹自己和这个生她养她的村子缘分真是尽了。她恋恋不舍地回身再看看自家门前的那棵老槐树,很快,她回转过身,大步向村外走去……

一盒茶叶

办公室要提拔一位副主任,参加工作已有10年的小王自认论资排辈也应该轮到他了,就主动去找郝处长谈心。郝处长微微一笑,拍了拍他的肩膀,"放心吧,我已经把你的资料报上去了,一般没有问题,你就等着请客吧。"小王异常兴奋。

回家后,小王的爱人说:"这回可千万别大意了,说是一般没有问题,真有了问题就晚了。依我看,咱该送还得送,稳着点儿。"

小王想想也是,就打电话托朋友在南方买了一盒大红袍茶叶,花了3600块钱。不巧的是,郝处长出差了,要一个月后才能回来。

这一天郝处长总算回来了,小王赶紧回家拿了那盒茶叶送过去。郝处长说:"你看你,这是何必呢,花这么多钱。你的事出差前我都跟高局长说了,他老人家已经点头,任命文件很快就会下来,放心吧。"

送走了小王,郝处长提着那盒茶叶就来到局长办公室。郝处长说:"出差刚回来,带了一盒茶给您,据说这茶不错,您尝尝。"高局长说:"哎哟,这茶不便宜,我给你钱吧。"说完就佯装掏衣兜,郝处长赶紧制止,"看您说的,不就是一盒茶嘛,只要您爱喝就行,给钱那不是打我的耳光?"高局长哈哈一笑:"那就谢谢了。哦,对了,竞选副局长一事我会替你考虑的,不用着急。"刚好今天是老岳父的八十大寿,高局长正为礼物犯难呢,这盒茶叶正好解决了困难。高局长就把它送给老岳父做了寿礼。

第二天一上班,高局长就把郝处长叫到了办公室,劈头就道:"你怎么搞的?最近有人反映你工作上马马虎虎,办事也缺乏认真,回去后好好反省反省!"郝处长本来满心欢喜而来,冷不防被局长的几句话道懵了,不知所措,刚要往外走,就听局长说:"等等,这茶叶我喝不惯,你拿回去自己慢慢喝吧。"说着就把那盒大红袍硬塞到了郝处长的手里。

郝处长回来后打开，仔细一看，心一下子凉了半截，马上又把小王叫来。一进门，小王就面带欣喜地问："文件下来了吗，处长？"

郝处长愤怒地说："下来了，你自己看吧！"说完就把那盒茶叶扔给了他。小王莫名其妙，打开了那个红木盒子，又打开里面的两个瓷罐，这才发现，原来里面是空的！

"这……不可能呀，怎么会呢……"

回到家里，小王的爱人就问："你把茶叶送出去了吗？"

小王沮丧地说："送了，又给退回来了。莫名其妙，里面的茶叶不见了。"他爱人急了："是我把茶叶倒出来放在冰箱里保存了，昨天你拿的时候我也不知道啊。"

"什么？你……"小王气得再也说不出话来。

一百元钱的故事

赵坤夺门而出，拦了一辆出租车，绝尘而去。此时，坐在车里的赵坤内心是非常忐忑不安的，因为这是他第一次偷钱。

赵坤原本住在一个小山村，由于他不甘贫困，于是他告别了家乡来到了大城市——南京。但是，因为没有文凭，赵坤连一个像样的工作都很难找到。眼看着自己身上快没有钱了，自己的生计都很难维持，赵坤决定在街头卖唱，先赚一点维持生活，工作以后再慢慢找。

在赵坤卖唱的这几个月里，他的日子依然过得很贫穷。刚开始几天还有人听他唱歌，给他钱，可是到后来，别人对他根本不理不睬。尽管他唱得很好，但每天的收入却少得可怜。

有一天，赵坤实在是饿得没有力气唱歌了，于是，他就准备找个地方歇一会儿。就在这时，有几个同样流浪街头的男人闲着无聊，正好看见赵坤一副无精打采的样子，于是他们就决定逗一下赵坤。他们几个跟在赵坤的后面，当赵坤走到一个偏僻的小巷子里时，他们立马出来恐吓赵坤。但由于赵坤已经没有反抗的力气了，于是就答应了他们。他们最终决定用"石头、剪刀、布"的方式来处理这件事情。毫无疑问，输的那个人就是赵坤。于是他就按照那三个小混混的计划闯进了一户人家，家中正好没人，赵坤慌张地打开了家中所有的抽屉，发现一个抽屉里放着一张男生的照片，照片下面压着唯一一张百元大钞。但是，盗窃这件事却令他十分愧疚。为了表达他的歉意，他对着男生的照片说："对不起，我也是被逼的，我已经记住你的样子了，我将来一定会把钱还给你的！"赵坤出门以后才发现那三个小混混早已走掉了，于是,他也万分紧张地拿着偷来的一百元走了。

在后来的几天里,赵坤就用这仅有的偷来的一百元钱吃了几顿饱饭。幸运的是,赵坤终于找到了一份工作,虽然是公司打杂的,但他早已下定决心:一定要干出一番大事业!

几年之后,赵坤经过努力,终于成了某公司的总经理,并且过上了十分富裕的生活。一天,赵坤去一个叫张阳的同事家里做客,他忽然看见一张很熟悉的照片,他愣了很久,因为那张照片就是他当年偷一百元钱的人家里的那张男生照。张阳看见赵坤在照片面前愣了很久,于是就开玩笑地说:"那是我小时候的照片,怎么样,长得难看吧!"然而,赵坤只是笑而不答。

从张阳家回来的赵坤像丢了魂似的,终于,他再也忍受不了自己良心的谴责,决定实现自己当年对张阳的承诺。

张阳收到一封信。他打开信封,里面静静地躺着一张百元大钞……

扩展阅读

1. 麦基.故事[M].周铁东,译.天津:天津人民出版社,2014.

2. 麦基.对白——文字、舞台、银幕的言语行为艺术[M].焦雄屏,译.天津:天津人民出版社,2017.

3. 沃尔特.剧本:影视写作的艺术、技巧和商业运作[M].杨劲桦,译.天津:天津人民出版社,2017.

4. 埃德森.故事策略:电影剧本必备的23个故事段落[M].徐晶晶,译.北京:人民邮电出版社,2013.

5. 齐特里克.好剧本是改出来的[M].周舟,译.北京:北京联合出版公司,2016.

6. 埃克斯.你的剧本逊毙了[M].周舟,译.北京:北京联合出版公司,2016.

7. 金.21天搞定电影剧本[M].周舟,译.北京:世界图书出版公司,2010.

8. 菲尔德.电影剧本写作基础[M].钟大丰,鲍玉珩,译.北京:北京联合出版公司,2016.

9. 菲尔德.电影剧作问题攻略[M].钟大丰,鲍玉珩,译.北京:北京联合出版公司,2016.

10. 菲尔德.电影编剧创作指南[M].魏枫,译.北京:北京联合出版公司,2016.

11. 希克思.编剧的核心技巧[M].廖澺苍,译.北京:北京联合出版公司,2016.

12. 汉森.编剧:步步为营[M].郝哲,柳青,译.北京:北京联合出版公司,2016.

第六节 影视作品评论写作解析

一、考情分析

1. 考试内容:现场播放一部影视作品或一档电视节目(30 分钟以内),考生观摩后,根据试卷要求写出一篇评析性文章。

2. 考查要点:作品的题材、主题、人物、情节、细节、叙事手法和结构等,以及作品的视听语言。

3. 考试要求:评析性文章属于议论文范畴,要求观点明确、论据充分、论证有力、文通意顺,不可写成感想式的读后感、随笔、散文之类的文章。全文不少于 800 字。

4. 题型和题量:作品分析题,共 1 题。

5. 分值和时间:卷面满分 100 分,考试时间为 90 分钟(含视频播放时间)。

二、考情解析

1. 播放 30 分钟以内的短片、影视片段或电视节目,然后给考生约 60 分钟的时间写一篇评论文章。

2. 考试时间为 90 分钟(包含不超过 30 分钟的视频播放时间),写 800 字以上的评论文章,需要写到第 1 100—1 200 个方格内。

3. 建议将文章分为 5 个段落:首段、尾段和中间 3 个论述段落。

4. 中间论述段落建议:

(1)第一个论述段落:评论主题,15 分钟需写约 300 字。

(2)第二个论述段落:可从人物、细节、情节、叙事结构、类型等方面任选一方面进行评论,15 分钟需写出 300 字左右。

(3)第三个论述段落:可从视频所表现出来的艺术特色(也就是有特点的视听语言)方面进行论述,15 分钟需写出 300 字左右。

5. 首段和尾段,大约各需要 10 分钟,写出 120—130 字。

6. 文章一定要有主副标题,分值为 5 分。

7. 注意试卷的版面整洁和字迹的工整程度,卷面分数为 3—5 分。

三、影视评论关键词

1. 关于电影主题的形容词

(1)表彰　表征　张力　昭显　彰显　凸示　昭示　互动　生成　衍生　浮躁　自律

(2)他律　客体　律动　体味　把玩　追问　探究　理念　感念　意象　意境　意蕴

(3)理路　再现　表现　演绎　共鸣　韵致　迸发　暴烈　宣泄　饕餮　稳忍　叩击

(4)糅合　厚重　更迭　写意　延展　异化　诠释　汇聚　质素　主体　自在　受众

(5)昭示　突变　碰撞　神化　澎湃　灵动　构架　互渗　渲染　凝练　恣情　感言

2. 关于电影风格的形容词

(1)文化暴力　感情捆绑　道德滑坡　道德沦丧　悲剧意识　现实表意

(2)思想深邃　感悟刺激　生活写实　艺术张力　宏大叙事　深沉隽永

(3)严肃凝重　视觉冲击　个人传奇　影像体系　舒缓悠长　时代情绪

(4)情感酝酿　差强人意　相得益彰　深化主题　诗话风格　视觉盛宴

(5)哀婉凄美　气势恢宏　跌宕起伏　黑色幽默　精神溃烂　毋庸置疑

(6)抑扬顿挫　扣人心弦　人文关怀　艺术真实　华美精致　影以载道

(7)匠心精神　人性蒸发　人格升华　颠覆失衡

四、影视作品评论写作思路及注意事项讲义

第一部分　剧情片评论写作基础

评论文章的写作有一定的程式。或许你会说，给定的框架和形式限制了你的思维，但是我想告诉你的是，其实不然！因为小学一二年级的时候我们写字用的是田字方格本，三四年级的时候我们开始用方格本，五六年级的时候开始用横线本，再到后来我们用虚线本(暗线本)，现在我们开始用空白 A4 纸。可是为什么开始是一样的练字，但现在大家写的字都不一样呢？影视评论的写作亦是如此。首先我们需要一种思路和框架，当我们吸收消化好以后才能突破这种思路和框架，最终形成自己的写作风格。当然，议论文无论你怎么写，写作的逻辑以及论点、论据是必不可少的。

影评的写作套路包括两个方面：一方面是确定写作的角度，一方面是明白文章的写作结构。写作的角度部分讲述的是人物形象、道具运用、艺术特色、细节刻画，以及

之后形成的主题意蕴；文章的写作结构部分主要讲述如何写首段、尾段、标题、中间论述段落。每一方面都有相对应的例文来进行说明，需要大家学习、掌握写作的技巧和方法。

当你明白了写作的逻辑，理解了写作的思路，懂得了写作的技巧，学会了文章的写作格局后，接下来便是语言的组织和表达了。而这个过程才是最艰难的，需要我们日常积累、记忆。只要持之以恒，相信大家肯定会有所收获。

1. 关于标题

标题部分分为主标题和副标题。

(1)出现问题最多的是主标题。我们说过主标题来源于主论点，是对主论点的进一步提炼和提升，而大家的主标题大多数都没有经过认真思考。一定要使主标题、副标题、主论点的逻辑保持一致，否则论述就有问题。做到逻辑严密，也就是说，当别人读你的主标题的时候，就能知道你在评论的是什么(评论的是主题、人物还是其他方面)。

(2)对于副标题，请考生一定要写好评论角度，并且这个评论角度一定要细，评论什么就写什么(如评主题意蕴、人物形象、符号设置【道具运用】、影像风格【艺术特色】等)。特别是写人物形象的时候，大家需要写清楚是评论谁的人物形象。例如：

①从风格说起

* 别样的阳光，迥异的灿烂——浅评电影《阳光灿烂的日子》的影像风格

* 流溢的婉转暗影，袭地的撩拨情殇——浅评《花样年华》的艺术特色

* 错位的情，失语的爱——评影片《雏菊》的主题意蕴

②从道具说起

* 坚守：只为那一纸承诺——评电影《斗牛》的主题意蕴

* 单车：梦想的承载者——评电影《十七岁的单车》的道具运用

* 墨镜下掩藏的怯懦——评短片《调音师》的主题意蕴

* 醇醇墨香，笔笔深情——评影片《归来》的道具

③从细节说起

* 翘起的嘴角，深意的笑——评影片《红高粱》中“我奶奶”的笑

④从人物说起

* 双重性格：无处逃逸的矛盾——评影片《朗朗星空》中孙凯的人物形象

* 迷失在懦弱迷宫中的灵魂——浅评电影《调音师》中阿德里安的人物形象

* 禁锢中的呐喊——评影片《卧虎藏龙》中玉娇龙的人物形象

* 戏中的虞姬，俗世的蝶衣——评《霸王别姬》中程蝶衣的人物形象

* 被文化遗弃的悲者——评短片《百花深处》中冯先生的人物形象

⑤从主题说起

* 唯美残酷皆成空洞,祭奠“青春”的野魂——评影片《芳华》的主题意蕴
* 悸动灵魂的史诗,感人至深的亲情——评影片《唐山大地震》的主题意蕴
* 人间无凤凰,空费穿云笛——评电影《百鸟朝凤》的主题意蕴
* 昆山玉碎唢呐鸣,凤去尽留是悲歌——评电影《百鸟朝凤》的主题意蕴
* 行不至一蓑烟雨,逃不脱乱世沉浮——浅评《绣春刀 2》主题意蕴
* 辗转反侧旧梦,回眸忘却佳人——浅评电影《归来》的主题意蕴
* 别时痛心的呐喊,归时无望的泪目——评影片《归来》的主题意蕴
* 久别重逢宛如瑜,长路归来焉能识——浅评电影《归来》的主题意蕴
* 悲鸣的乐章,懦弱的逃避——评短片《调音师》的主题意蕴
* 一场自觉的救赎仪式——浅析电影《天下无贼》的主题意蕴

2. 关于首段

首段是最重要的部分,是阅卷老师最先看到的部分,更是得高分的点,但同时也是大家的弱项。

(1)首段的写作分为三个部分:小引子,引入电影,抛出主论点

①小引子

这是首段最难写的地方,也是最能展现考生文学功底和影视素养的地方。一个好的开头是非常重要的,我们可以从电影的题材、类型、导演、演职人员、剧情(更为准确的是细节拼凑)、影像风格、人物、自我感受等方面入手。当然一定要注意的是,这个小引子不是“瞎扯淡”,而是应该与电影有着或多或少的联系;不是为了铺垫而铺垫,而是能够较为自然顺畅地引入电影。

②引入电影

这部分是告诉阅卷老师所要评论的电影是什么,但根本目的是抛出主论点。在具体引入电影的时候,我们可以用“而”“可是”“但是”“却”等相关的转折性词汇予以说明。

③抛出主论点

这是议论文的首段中最重要的部分,也是阅卷老师首先要看的部分。因为阅卷老师若能够较为清晰地知道考生的中心论点(主论点),那么基本上就可以了解考生的理解力和表达能力了。需要注意的是,我们的主论点一定要与主标题、副标题在逻辑上保持高度一致,如此文章才不会写得很乱。当然,也要注意语言的凝练性。

(2)范例

①与影片题材有关

无论在东方还是西方,人与妖的争斗、妖与人的纠葛都是人类文学艺术之林不可或缺的题材。在对吸血鬼的描摹与对阴曹地府的杜撰中,我们可以看到人类对妖孽的恐惧与憎恶;从《聊斋志异》的狐妖与欧洲中世纪阴森古堡的影像中,我们又可以看到人类对妖的敬畏。作为神话传说与文学艺术中的重要角色,妖已经被人类赋予了多种多样的性格特征与神奇的能力,即使这一切都建立在妖的可怕与魔性上,我们也津津乐道于妖魔的奇幻与神秘。似乎只要谈到“妖”,受众必定为之色变,可爱、纯真这些词语更是与妖这一形象毫无干系【小引子】。火爆暑期档的《捉妖记》却反其道而行之【引入电影】,对“妖”的角色进行了重塑,对人与妖的关系进行了重构,将萌妖与人类并置,在奇幻的捉妖过程中,为我们展示了人性的善恶与魔性的蜕变【抛出论点】。

②与影片剧情有关

路灯疲惫散漫的黄晕已经被狂啸的雪雾融化模糊,湿淋淋的琴键在轻声地呢喃,凝聚理想之光的纤长手指在88个黑白方形间跌宕,荒诞的生活闹剧像戏谑的马戏,嬉笑中自有苦涩从音符中汩汩流淌,仿佛寒冷被燃烧【小引子】。在冰凉的夜风中,伴随着幽暗的《钢的琴》音【引入电影】,唱起这支哀悼的奏鸣,诉说着一个时代的逝去,一种信仰与理想的坚持【抛出论点】。

③与影片风格有关

导演运用现实主义的风格讲述非戏剧冲突式的故事,使用双条线索的分段方式诉说着底层人物的生活世界,通过平淡无奇的镜头运用表达着“寻找”路上的真挚情感。也正是这种体现人文情怀的质朴视角深深地打动了每一位观众的灵魂,从而在影片的光影之间讲述着那真诚质朴的人文情怀【小引子】。在《三峡好人》的世界里【引入电影】,人们一如既往地感受到贾樟柯坚守着对底层人物的注视,触摸到多棱角的现实,感受到苦涩的底层世界,而底层在现实维度中的失落与边缘现状,一次次地引起了人们的思考与悲悯情怀【抛出论点】。

④与自我感受有关

当我们被迫突然斩断与过去千丝万缕的联系时,当我们感觉被熟悉的过去放弃时,当我们过去的理想在不停召唤时,我们该如何超越现实困境进入梦想新天地?【小引子】电影《钢的琴》就是用诙谐幽默的手法述说生活的琐事【引入电影】,以闹剧的形式演绎时代的悲歌,并通过巧妙的人物设置,让观众读到了一个身处边缘的小人物用心吟唱的诗篇,懂得了埋藏在一段不堪历史中的隐喻,体味到一群活在当下的理想主义者对过往时代的反思和告白,从而理解了在生活困顿和现实暗淡的压力之下对梦想不断捍卫的影片主题【抛出论点】。

⑤与电影中的人物有关系

电影中的反派,仿佛是为了惩罚与死亡而生的。他们无恶不作,心肠歹毒,当正义战胜邪恶时,观众拍手称快。可有一个反派,她阴险狡诈,但性情真实;她出场寥寥,但掀起血海深仇;她与正义为敌,但悲苦一生,死时令人叹惋【小引子】。她在《卧虎藏龙》中引起龙争虎斗【引入电影】,却有着与众不同的华丽雅号,她就是由郑佩佩饰演的碧眼狐狸——一个悲惨孤独的反派【抛出论点】。

⑥用"如果,那么,对比形式"

如果说《神探亨特》是一部轻松幽默、具有浪漫主义气息的警匪题材商业剧,那么《神探亨特张》则更像是一部披着"警匪片"外衣的社会伦理纪录片;如果说《民警故事》在讲述"人"与"体制"之间关系的基本主题,那么《神探亨特张》则更多地把亨特张表现为一个"行侠仗义"的侠客【小引子,引入电影】。其用影像颠覆了我们对繁华北京的认识,将反叛的镜头对准浮华北京中的"草根"群像,展现出"@达人"们的忧郁情感,勾画出中国底层的众生世相,折射出当下社会的种种病症,反映了导演强烈的批判现实主义精神【抛出论点】。

3. 关于中间论述段落

其实中间论述段落最能够体现考生对文章影片的分析能力和论述表达能力,但因为应考时间问题,我们都不是特别重视这一点。在这里需要给大家讲的是,如何对一个观点(在这里指分论点)进行详细阐述和说明。

(1)论述逻辑

中间论述段落分为两个最重要的部分:分论点的写作和论述部分的写作。无论怎么写,考生都应该注意写作的逻辑。关于分论点应该注意两点:一是分论点之间的逻辑，是递进还是并列；二是分论点都应该统一指向(论述)主论点，否则这篇文章的逻辑就有问题。这个请考生一定要注意！

如此，我们文章的主标题、副标题、主论点、分论点才能够保持一致，我们文章的逻辑才是严密的，写作的思路才是清晰的，接下来的论述才能做到充分。

(2)分论点的写作

这是非常重要的，大家一定要好好地推敲分论点。一般而言，分论点的写作可以分为三个步骤：一句话概括；改变句式；加工润色。无论如何，大家都应该在每一个论述段落中将论点较为清晰地展现给阅卷老师，让阅卷老师对你要表达的意思一目了然。

①一句话概括(简单句、万能句)

这是我们在具体写作之前，形成分论点的基础。只有通过一句话概括出我们的分论点，才能在具体的写作过程中不会"乱"。这是分论段落最基础的部分。例如：

> 在评论主题的时候，我们应该学会人物设置表达主题、道具运用表达主题、细节刻画表达主题等。

这就是一句话概括。很显然，这个有点太简单、太小儿科、太呆板了。所以我们才有了第二点——改变句式。

②改变句式

其实就像上小学的时候将"把"字句改成"被"字句一样，如果能够稍微改变一下"一句话概括"(万能句)的"呆板"，将使阅卷老师在评分的时候感觉文章生动活泼。例如，我们将上面的句子改为：

> 人物设置表达主题，主题的表达可以从道具运用的角度来阐释，细节刻画也是影片主旨表达形式的一方面。

这样的句子，让人读起来感觉生动活泼了许多，并且也让人感觉更舒服了。

③加工润色

其实就是对上文中那种干巴巴的句子(语言)进行修饰。这样可以让人感觉耳目一新，并且论述点也变得更加明确。例如：

> 剧情片中的人物是影片故事讲述的核心，是影片主旨表达的命脉。成功的人物塑造可以使影片的主旨于无声中传递给观众。电影××中的人物便是如此。

(3)论述部分的写作

论述部分的写作实际上是最能体现考生的分析能力和表达能力的一个考核点,因为其需要考生在较短的时间里完成对“论点”的阐释和说明。具体而言就是,根据论点找出论据,并且对论据进行分析和阐释,以达到论述论点的效果。在具体的写作过程中,考生一定要注意所找的每一个论据都必须是指向分论点的;如不能论证分论点,那就说明逻辑是有问题的。

由此便形成了我们在课上所讲的 what、why、how。

①what(电影本身体现)

也就是你看到了什么。具体而言就是你通过什么样的视听语言看到了哪些内容。

影片/创作者/导演通过对×××镜头/场景/道具等的运用……【what】

②why(创作者的表达)

指为什么要用此视听语言来表现。具体而言就是创作者运用此视听语言的功能和作用。

……以此表达/表现/体现/寄托/给予/揭示/反映/呈现/寄予×××的情感。【why】

③how(对观众的影响)

也就是如此拍摄所要达成的效果是什么。具体而言指对观众的影响是什么。

……进而使得观众在×××(情感)方面予以关注,引起观众在××情感(角度)上的共鸣,从而促使他们对 xxx 的思考/终极思考。【how】

▲在此需要说明的是,我们的 why 和 how 并非必须区分开来写,很多情况下,论述部分的 why 和 how 是可以一起说明的,并且 what、why 和 how 的顺序也是可以改变的。大家需要做到活学活用。

(4)注意事项

①分论点的提炼还有很大的问题,大多数考生不会提炼和总结,并且在具体表达的过程中过于“死板”、模式化,不能够做到活学活用,也不能够做到智慧地模仿。

②语句中充满病句,读起来拗口,甚至还有很多错别字。这些错误若出现在首段或者每段的首句话中是很危险的。

③叙述的部分很多,评论的话语却很少。应该多一些评论,少一些复述,这是评论文章,不是叙述故事的文章。

④具体论述部分的语言还有很大的提高空间,大多数语言读起来像一篇读后感——主观话语太多。尽量把“我”“我们”“如”“首先,其次”这样的话语转化一下。语言应是一种客观的表达。

⑤对视听语言的理解不透彻，或者说压根就没有记住，更别说要较为熟练地掌握和运用了。有很多考生在生搬硬套视听语言。对于视听语言应该要做到活学活用，而不是简单罗列。

⑥当然最严重的是，有很多考生在论述的过程中慢慢地“迷失”了，写着写着都不知道自己在论述什么。这是最可怕的，说明这些考生并没有真正理解何为论点、论据，以及论点与论据之间的关系。

(5)范例

①从叙事方式论述

尽管有这样或那样的瑕疵，但瑕不掩瑜，从整体来看【段落之间的连接词】，影片《一九四二》已经具备了宏大历史叙事的规模，让人在这种叙事中体味悲天悯人的情感【此段落的分论点】。其设置了两条主线(一个村庄的饥饿与逃荒、国民政府的行为方式)与三条副线(日本侵略者的侵略、对信仰的建立与绝望以及记者白修德的采访和拯救行动)【论据部分，即 what】。这几条线索，最终因为几百万灾民共同的悲惨命运，凝而为一，使影片显示了与众不同的戏剧张力。虽然错综复杂的叙事线索使影片看上去有些零散，但恰恰是这种散点式的结构，比较好地解决了线性叙事和历史时空构成的矛盾，不仅展开了宏观的视野，预设了更多的角度，而且使我们真切感觉到虚幻的光影之中历史真相质感的存在。同时，它虽从大处着眼，但却从小处落笔，电影中只是些很细微的场面，却能给予我们丰富的联想或强烈的震撼，让我们感受到灾难中人们对生存的渴望【论述部分，即 why＋how】。

——《评冯小刚的电影〈一九四二〉》

②从人物入手评论

影片摘掉了萦绕在警察身上的光环，让观众重新认识普通民警的生活真相，有利于影片忧郁情感的表达【论点】。昔日带着光环的警察们在影片中的表现却并不是如此，他们吃方便面和路边摊，不分昼夜地跟踪巡逻，面临着被百姓误解谩骂、恐吓跟踪甚至殴打的窘境【what】。作为警察，张惠领并没有自居于道德的制高点，而总是试图以对等的身份来面对罪犯，在坚守原则的同时，对那些既可怜又可恨的小人物给予最大限度的理解和同情。他一面不遗余力地抓捕、严惩罪犯，一面又对罪犯的亲人慷慨相助，在职业道德与个人良知的天平上不断摇摆游移【why】。在这部影片中，导演转变了对英雄的诠释方式:张惠领已经不再是令人高山仰止、难以企及的对象,而更像是我们日常生活中的邻家大哥。他有着硬汉般的刚强品格,也有着压抑、苦闷、无助等普通人在日常生活中所具有的心理特征。也正是由此,我们从警官张惠领的身上看到了那份责任的沉重和那份忧郁情感的表达【how】。

——《评电影〈神探亨特张〉》

③从道具入手评论

钢琴作为线索式的道具,在影片中成为推动情节发展与加剧戏剧冲突的矛盾关键,创作者利用无生命的乐器将故事说得活色生香,从而向观众传达了影片主题【how】。影片开篇就扎扎实实地铺垫了女儿喜好钢琴且琴艺优异的伏笔,也使得女儿"谁给我钢琴我就跟谁"的童稚的理由水到渠成。接下来展示陈桂林寻觅钢琴的过程则更加层次分明,极富张力——起初是最稀松平常的"买",于是他四处借钱,奔波劳碌,但毕竟大家都是下岗的闲人,手头不阔绰;金钱短缺的压力促成了第二招——"偷",一帮哥们儿借着酒胆甘愿触碰法律底线,但却未能如意,而是被人发现;正当大家被追得四处"逃窜"时,陈桂林却雷打不动地依偎着钢琴,在一种超现实主义的背景下弹奏一首五味杂陈的凄怆心曲。屡战屡败的打击下,故事产生了强大的向心凝聚力,陈桂林选择靠自己来"造"一架钢琴【what,不仅仅是复述故事】——父亲的角色以天职之爱立于女儿面前,竟是一种叫人心疼的温吞卑微甚至唯唯诺诺,而毫无功利掺杂的血缘亲伦造就的超现实浪漫主义行径也让陈桂林坚毅执着的奋不顾身有了感人的说服力。所以,当那架笨重朴拙的"钢的琴"终于被锻造成可以发出声响的优雅金属时,观众听到的不仅仅是父爱如山的最强音,还有影片所要表达的那份对于青春梦想的追求,电影主题随着琴声如雷贯耳般深深地嵌入观众的心田。【why+how】

——《评张猛的电影〈钢的琴〉》

④从细节入手评论

当然,电影在细节的刻画上也流露出创作者面对现实的仓皇失措,以此来表达对充满理想与美好的青春时光的依依不舍【论点】。影片末尾,"马小军"终于鼓足勇气,穿着米兰(不可触及的理想)所给的泳衣,表现出一股英雄赴战场时的霸气,升格镜头的运用更是将此渲染得淋漓尽致。登上跳台的"马小军"以优雅的姿势开始起跳,给观众营造出最美不过的期盼,可是落水时的“马小军”却显得如此仓皇失措【what】。至此影片颠覆了观众的期盼，形成审美受挫。如此，观众开始重新思考电影所要表达的意义：登台、起跳时的“马小军”所处的是一种理想的“青春”，而落水则标志着此时的“马小军”已面临残酷的现实【why】。于是，我们看到了“马小军”一次次被“踩下水”时的无力、无助与无奈。这也正诉说着“马小军”面对现实的无可奈何，而只能在青春年少时才能感受到那份美好与优雅【how】。

——《评姜文电影〈阳光灿烂的日子〉》

⑤从台词入手评论

从一句充满鄙视意味的国骂“××”中，我们看到了“马小军”们对现在的“我”的自嘲与讽刺，而这一切只为追忆那已逝的青春年华【论点】。影片的最后，昔日的“马小军”们已成为现实中的“大款”，他们乘坐着加长版的凯迪拉克，品尝着珍藏版的人头马，阔步行走在令人景仰的长安大街，而此时的“古轮木”依旧傻傻地拖着他那标志性的木桩，憨憨地迈着悠闲的步伐【what】。我们看到了一别二十年的“老朋友”们再次相聚，可令人震撼的是：原本应是“马小军”们嘲弄的“古轮木”却朝着“成功者马小军们”喊出了最不可思议的“××”，我们为此惊呆了。可仔细想来，却也合情合理。这不过是创作者（现实版的“马小军”们）对现实生活的无奈与否定。因为“古轮木”是幸福的，他与二十年前的他（青春时期的“古轮木”）相比没有什么变化，换句话说，此时的“古轮木”依旧正值“青春”，而“马小军”们却变得世故，变得成熟。可以说，“马小军”们是用“青春”的逝去换来今天的“成功”【why】。可是，“成功”对于“青春”来讲，显得那么微不足道。于是，创作者们通过“青春永驻”的“古轮木”之口，道出了现实中“马小军”们的无奈，进而让我们体会到已逝青春的美好【how】。

——《评姜文电影〈阳光灿烂的日子〉》

⑥从艺术特色——长镜头入手评论

长镜头的运用不仅能够真实记录人物整体的行为动作，展现人物内心的情绪变化，而且还能增强电影艺术的真实感，有利于影片主旨的表达【论点】。片中就是通过一个长达5分钟的长镜头的运用记录了小武被临时有事的警察暂时锁铐在电线杆上的过程【what】。其不仅记录了他们行走的过程，也对街边的场景及路人予以真实的展现，而且体现了小武在失去友情、亲情和爱情后的失落与痛心的内心世界和情绪。此时长镜头所形成的主客观镜头的转换也将人物内心的情绪予以外化和表露【why】。同时,此长镜头的运用,不仅减缓了影片的节奏,而且拉伸了观众观看电影时的心理时间,使得观众最终跳出剧情,形成观影过程中的“间离效果”,进而引发观众对小武失去“所有”的悲苦命运的关注,形成情感上的共鸣。此外,也正是此镜头的运用,形成了本片三个不同层次上的“看”:第一个层次是我们观众观看电影中的主人公以及街头的群众;第二个层次是小武在看路人,路人在看小武;第三个层次是我们在看小武和路人,以及小武和路人在看我们,最终形成我们的“自看”——自我的反思与内省【how】。

——《评贾樟柯电影〈小武〉》

4. 关于尾段

尾段的写作也是非常重要的,大家更需要用心去写。因为尾段能体现整篇文章的布局形式,要做到首尾呼应。

(1)尾段的内容

尾段可以分为三个部分进行阐释:总结上文、有所升华和有所外延

①总结上文

这是重点。其实就是将首段的主论点或者各个分论点重新说一遍,只不过需要注意的是,要学会换一种表达方式。但是,表达的核心和目的应该与首段的主论点保持一致,这样才能做到首尾呼应。

②有所升华

即对影片进行拔高,站在一定的高度上去阐释和说明。一般而言,当我们评论的角度是人物的时候,将其升华到一类人的代表或真善美的化身;当我们评论的角度为主题的时候,基本上无须再升华;其他的写作角度,我们最后可以往电影的主题方面靠拢。

③有所外延

这是难点。一般而言,我们的尾段写到升华部分就可以了,但是如果我们能够有所外延,那便是锦上添花。这一方面可以增加文章字数,另一方面也能够让阅卷老师感觉到你的阅片量和对电影的理解能力。但这是比较难的,因为这需要一定的视野和阅片量,需要一定的时间。在我们看到的北京电影学院考试的前两名的文章中,我们能够感受到视野的重要性。此外,尾段入手的角度和首段小引子的入手角度其实差不多。

④注意事项

需要说明的是，尾段并不是必须按照这个结构来写，大家可以根据各自的实际情况进行写作，量力而行。切勿随意“外延”。

(2)如何写外延部分

我们一般可以试着从以下几个方面入手：

①与道具使用有关

影片对“剑”这一道具的巧妙运用，使得电影的主旨犹如蒙上了一层迷离的雾气，在表达意义上更加曲折有致，富有传统含蓄的美感，拓展了可以回味的空间【总结上文】。在完成了“剑”的使命的同时，影片的意蕴也在某种程度上得到了升华【有所升华】。由此观之，影片中的“剑”要比《疯狂的石头》中的“石头”和《两杆大烟枪》中的“枪”更富戏剧效果，可谓是道具运用的典范【有所外延】。

——《霸王剑下复杂隐喻的呈现——浅评电影〈霸王别姬〉中“剑”的运用》

②与同期电影有关

影片正是通过诙谐幽默但不乏机智的台词、风格化的视听语言以及“钢琴”这一精巧设置的道具，将小人物追逐梦想的主题体现到了极致【总结上文】。《钢的琴》叙事简洁，却不像张艺谋的《山楂树之恋》那样简洁到浅显；它思想厚实，却不像顾长卫的《最爱》那样厚实到沉重；它台词幽默，却不像冯小刚的《非诚勿扰》那样幽默到轻佻；它情绪饱满，却不像陈凯歌的《赵氏孤儿》那样饱满到滥情。总而言之，《钢的琴》恰到好处地将执着于梦想的主题展现到极致【有所外延】。

——《诙谐幽默背后的理想执念——评〈钢的琴〉主题意蕴》

③与电影感受有关

也许导演想要传达给观众的信息是，繁华背后总是暗含着难以言说的创痛，正如光鲜亮丽的袍子上总是藏着种种恼人的褶子一样。于是，我们观众看到了不再是“高大全”形象的人民警察，也不再是“浮华的北京外表”，更不是偶像与帅气的“明星大腕”，有的是在这些“反叛影像”中所表露出来的“北京忧郁”与内心深处对当下生活的终极思考【外延与总结的综合运用】。

——《评高群书的〈神探亨特张〉》

第二部分 纪录片评论写作基础

纪录片评论和电影评论从本质上讲是一样的,都是一篇议论文章,但双方还是多少有些区别的。一般而言,电影是指剧情片(包含文艺片),其大都是讲述一个情节发展、剧情曲折、人物性格鲜明的故事,即使再真实的剧情片,也会被打上"本故事纯属虚构,如有雷同实属巧合"的印迹。而纪录片则不同,其本质而言就是一个真实的"故事"(冲突性并不强),主要讲述的是真人、真事,所表达出来的是真情实感。

也因此,在故事讲述和人物处理上,纪录片与电影有所不同。电影营造故事性和剧情的一波三折,人物形象塑造更加鲜明;而纪录片中的剧情,基本上都是生活片段的截取,并且其中的人物也是生活中真实存在的人物。故此,我们在评论纪录片的时候,应该学会把握其评论的重点(也就是区别):解说词(有无解说词都可以评论)、长镜头(真实的营造手段)、人物选择的典型性(人物符号化、代表性)、采访者声音的加入。这几点是非常重要的。此外,纪录片评论基本上与电影评论差不多:叙事方式、细节刻画、视听语言等。

以下,我们将以张以庆的纪录片《幼儿园》为例,通过列举不同版本的论述语言来讲述如何评论纪录片。

1. 无解说词的影视作品的评论写作

《幼儿园》在解说词的运用上,颠覆了以往我们对纪录片解说词运用的认识,形成了其独特的"缺席的在场"。片中,张以庆导演打破了一般纪录片使用大段解说词这种过于强烈的主观形式,形成了不干涉被拍摄主体的拍摄方式,从而保持了幼儿园孩童们生活的原生态,强调取材的客观性。纪录片舍去了一切外部的声音,让孩子们的声音去诠释一切,解释一切,说明一切,让观看者去明白一切,进而形成了所谓的"缺席的在场"。说他"缺席",是因为他没有直接进入到观众所看到的片子本身,没有用画外音的形式表明他想说的话,因此在表现形态上显现出的依然是一种客观风格,使观众感到真实、亲切;说他仍然"在场",是因为他的主观思索仍深埋于对题材、镜头、拍摄角度、剪辑手法等一系列的选择之中,每一个镜头的选择、镜头与镜头之间的组接方式等,都是根据导演的主观意图完成的。如此,它更好地还原了孩子们的世界,给这部纪录片以真实的灵魂。

纪录片反对使用大段解说词这种过于强烈的主观形式,主张不干涉拍摄对象,保持生活的原生态,强调取材的客观性。从创作观念上讲,这种叙事方式的选题一般从小处入手，注重的是个性化的事件和人物，讲究叙事情节化，创作者往往把节目好看当作创作的第一要素，结果片子就有了吸引人的因素——好看、耐看。

在以往的纪录片中，解说词往往成为不可缺少甚至至关重要的一部分，起到结构整部片子的作用。然而，张以庆却用大胆的创新，舍去了一切外部的声音，让孩子们的声音去诠释一切，解释一切，说明一切，让观看者去明白一切。也正因为是这样，它更好地还原了孩子们的世界，给这部纪录片以真实的灵魂。只要有外人的参与，都会让大家认为这带上了主观色彩，《幼儿园》让大家知道所有的声音和画面都来自孩子们的心底。

这种认同不是导演强加给观众的，而是观众自然而然地感受到的。尽管纪录片中的形象并非我们自己或亲朋好友，但由于“他们”与“我们”类似，作为成人的我们还是在儿童世界里产生了某种相似认同，并为这种类似而感到惊讶。它颠覆了我们对于孩子的概念化的读解，让我们看到一个真实的、无异于成人世界的幼儿园，这里面有爱、有关怀，也有纷争、有暴力，有我们身边能看到的一切，于是幼儿园成了社会的缩影。

放弃了解说词，转而使用简洁的字幕。由于充满表现力的影像被置于一个开放的框架中具有多义性，因此每个人在观看时都可以根据自己的经验和感受去判断、想象与再创作。张以庆说：“当画面的表现力不够时，才要靠文字和解说来补充。虽然《幼儿园》也可以做点解说，可是一解说，就会损失同期声的东西。我重视那种情感和情绪的东西，实际上它就像作诗一样，情绪到了那个地步，啊！一声叹息，什么都不用说了。”

综合来看，《幼儿园》这部纪录片的思想内涵十分深刻，它深刻的价值在于它所传达的社会意义。它的成功不仅得益于导演敏锐的观察社会、审视社会的眼光，也来自影片中镜头语言的细腻运用。

《幼儿园》是创作者通过选择、摄取具有“承载力”的现实生活场景、人物的生存状态，依靠主观的心绪超越直接记录到的纪实影像，在充分运用影像“表意功能”的前提下，经过重新建构，组合出流淌着创作者个人心绪的、记录着创作者独到认识空间的、无故事化的纪录片作品。这种“主观的重构”便成为真实影像下的“虚构的表意”，以呈现创作者的“情绪真实”。

2. 有解说词的评论写作

解说词的加入可以说是纪录片的一大特点，其不仅仅能够向观众解说内容,而且能够较为明确地告知我们片子的主题。解说词的加入,是创作者对纪录片主题的主观参与性表达,形成强烈的代入感,使观众跟随创作者一同感受纪录片的真实性和人文情怀。优秀的解说词的运用不仅仅形成语言上的优美性,更有利于纪录片主旨的表达。解说词声音的加入与画面在作品中相互配合、相互作用,形成一种综合性的声画效果。解说词不仅可以作为画面语言的有效补充,还可以成为一种能够传达信息、表达思想的独立因素。

纪录片作为一种直观的视听形象系统,其声音和画面之间的关系显得尤为重要,两者之间相辅相成、缺一不可。它们之间的结合能够最大限度地发挥各自的功能,是明确表达创作者思想意图的重要手段。主要有"画内音"与画面的结合和"画外音"与画面的结合两种方式。

解说词从特定的画面的具象出发,运用解说性言语,作为审美的中介,建构出一个生动的意象,由此便沟通了具象和意象两个层面,使具象美过渡到意象美。

纪录片不仅要表现出真实的画面,还要传达出升华的主题、丰富的情感。但是,这些方面仅仅用精美绝伦的画面是难以展现出来的,因为深层次的思想感情往往是内心感受,这种感受,镜头是无法捕捉到画面的。所以解说词不仅要解释画面内容,更重要的是对情感和意境进行渲染,从而感染观众。

解说词弥补了纪录片画面零散的、非连续的,在表意上有时因为没有指示关系而缺乏逻辑性的缺陷。同时,一部片子又往往是由若干个相对独立的场景构成的,所以,影片内容难以清晰流畅地传递给观众。解说词能够加以整合与协调。

3. 采访者声音加入的评论写作

此外,片中加入的采访者声音也很好地形成了纪录片的另一种风格特点。片中加入的采访者声音,不仅减少"缺席的在场"给观众带来的困惑,而且在一定程度上增强了片子的主观介入程度,如此也更有利于创作者主观情感的表达。这种访谈与"客观记录"的交替出现,无形中给片子带来一种节奏因素,因而更加适合观众的观影习惯。这种访谈语言的加入在一定意义上讲,与"缺席的在场"的客观记录,相互配合、相互作用,形成一种综合性的声音效果,其不仅可以作为画面语言的有效补充,还可以成为一种能够传达信息、表达思想的独立因素。

影片的第二条线索是对孩子们的采访。这样不仅在记录过程中起到了间隔的作用，而且也是揭示孩子们内心活动的一种手段，在某种程度上反映了幼儿教育中存在的问题。比如，关于怎样处理和上级的关系；关于快乐和金钱的问题；关于有没有喜欢的女孩子的问题；再有就是对国际局势的看法，比如怎么看待伊拉克战争、对日本人的仇恨、人口问题以及“9·11”事件……当孩子们被问到这些成人化的问题时，得到的竟然是很成人化的答案。正如导演所言，“其实和孩子是可以用成人的方式去对话的，他所接受的都是成人的东西”。

4. 长镜头的运用

大量长镜头的运用再现了幼儿园的日常生活原貌。但同时，当拍摄者在一些场景中长时间地停滞，会让观众产生一种间离感。这种间离感并非是不真实的虚幻感，而是提供了一个让观众静下来细细思考的空间——孩子的世界已经无异于成人的世界了。

长镜头的运用不仅能够真实记录人物整体的行为动作，展现人物内心的情绪变化，而且还能增强电影艺术的真实感，有利于影片主旨的表达。片中就是通过一个长达5分钟的长镜头，表现了小武被因有事的警察暂时锁铐电线杆上的全过程。其不仅记录了他们行走的过程，也描写了街边的场景及路人的真实表现，而且将小武在失去友情、亲情和爱情后的失落与痛心的内心世界和情绪予以展现。同时，长镜头的运用不仅减缓了影片的节奏，而且拉伸了观众观看电影时的心理时间，使得观众最终跳出剧情，形成观影过程中的“间离效果”，进而引发观众对小武失去“所有”的悲苦命运的关注，形成情感上的共鸣。此外，也正是此长镜头的运用，形成了本片三个不同层次上的“看”：第一个层次是观众观看电影中的主人公以及街头群众；第二个层次是小武在看路人，路人在看小武；第三个层次是我们在看小武和路人，以及小武和路人在看我们，最终形成我们的“自看”——自我的反思与内省。

注：由于在长镜头的讲述上，《小武》中的这个长镜头更具有代表性，所以我们就选取了该片进行讲述。不过，大家要注意的是，无论是评论纪录片中的长镜头还是剧情片中的长镜头，基本的评论思路和方法都是相通的。大家需要灵活掌握。

长镜头看似平淡，实则意蕴无穷。长镜头不对现实进行过多包装与加工，其实是一种尊重观众的态度，让观众自己去观察，去深思，得出结论。

5. 平视视角(低角度机位,模拟孩子的视角)

在室内,作者主要运用了大特写的手法,机位也采用了较低的、与孩子们平视的机位,这样就可以实打实地拍摄出孩子们的真实状态,而不像普通居高临下的拍摄方式,那是用“成人的视角看孩子”。这样一种平等的拍摄方式,使影片具有了一种更加真实的艺术效果。

同时,该片的多数镜头采用低位机拍摄,选取孩子们的视角,从而展示了孩子们眼中的世界,保持与孩子们的平等交流,拉近了镜头与孩子们之间的距离。

6. 人物选择的符号化、个性化、折射性

影片的拍摄对象是幼儿园这一群体,导演不可能对每一个孩子都进行深入的观察和记录,而是选取了一些颇有个性、有代表性的孩子,作为自己思想表达的符号。高阳、马玉兰、贾哲毅、陈志鹏等孩子是作为行为个体予以记录的,但这些孩子不可避免地成为当代幼儿群体的代表:高阳表面上具有攻击性,实则内心脆弱;马玉兰因为个性化的行为方式屡受指责而陷入尴尬、迷惘的境地;陈志鹏等待母亲时在受冷落状态下的孤独与焦躁;孩子们穿衣服系鞋带摞椅子屡屡失败后体现出的沉重的挫败感。在人类社会,个体与社会群体之间从来都呈现一种无法剥离的辩证关系,而孩子们成长过程中的行为特征,无一不具有鲜明的社会群体性印记。或者说,孩子们的行为就是人的某种社会行为、社会心理在特定环境中的真实再现。

7. 细节刻画

细节刻画是电影的重要组成部分,其往往能够较为细致地表现人物的行为动作,展现人物的内心活动。细节的刻画在影片中往往都是通过近景或者特写来表现的。影片中××就是通过对细节的刻画,使观众感到有较强的主观带入性,拉近了与观众的距离,使观众真切感受到被拍摄主体的情感变化,进而产生情感上的交流/共鸣,引发观众对××问题的思考/反思。

8. 首段尾段

格里尔逊说,纪录片要“创造性地处理现实”,俄罗斯纪录片大师维尔托夫也曾提到纪录片要“将现实的片段组合成有意义的震撼”。可以说,张以庆的《幼儿园》正是这样一部通过对真实记录画面的重构,恰如其分地渗透创作者主观倾向的纪录片。

安东尼奥尼曾说过:“每一种真实后面都还有一种真实,循环往复,以至无穷。”我想,纪录片所追求的真实或许只是一种创作手段,深层表意才是创作目的,才是我们看到另一种真实的途径。《幼儿园》就是这样一部作品,它用张以庆所洞悉到的“真实”画面讲述了他眼中的孩子,于是我们被震撼了,便自然而然地去接受这种全新的“真实”。

9. 名人名言

巴赞说:“唯有这冷眼旁观的镜头能还世界以纯真的原貌”,“清除我们的感觉蒙在客体上的精神锈斑。”

巴赞说:“电影是生活的渐近线。”

爱森斯坦说:“两个蒙太奇镜头的对列,不是二数之和,而是二数之积。”

戈达尔说:“电影就是每秒24格的真实。”

谢尔盖·帕拉杰诺夫(亚美尼亚)说:“最好的电影是拍给聋者和哑者看的。人类喋喋不休,话语泛滥,都快淹死在其中了。只有看芭蕾舞,我们才能发现纯粹的美和纯粹的姿态,而这正是我的电影努力要去表现的。”

说明:

其实纪录片的评论写作和剧情片的评论写作方法是差不多的,相对比而言,纪录片的评论还要简单一些,因为其可以评论的点基本上就是上面所论述的部分了。相对剧情片而言,纪录片的侧重点在于“真实”,而这种真实的营造需要通过长镜头的运用和同期声的使用。此外,我们随时要关注纪录片的特点——解说词(如果没有解说词,那更是评论的切入点了)。当然,我们也应注意纪录片中人物的选取,毕竟其人物相对剧情片而言更具有代表性和符号化。

第四章　基础范例

第一节　戏剧故事范例

在这里,我们将选取四篇不同侧重点的故事进行分析,使大家更好地了解不同类型故事的写作方式,尽量为大家的故事写作起到穿针引线的作用。在此我们选取了一篇描写人物的《陈小手》,一篇注重对话的《打火机》,一篇学生习作《赌锁》以及一篇多线叙述的《守望》。这些文章不一定是最优秀的故事,但绝对是最具有代表性的,希望大家能够在我们对文章赏析的过程中学习到一些方法和技巧。

总之,戏剧故事的写作注重的是我们对生活的体悟和观察能力,需要我们用心去看、用心体悟,然后用技巧将我们的所看、所想串联起来,写成故事。当然,这是一个非常艰难的过程,需要不间断的历练。只要大家认真学习、借鉴下面的例文,用心思考其技巧方法,相信大家很快就会掌握故事写作的技巧。

例文赏析1　陈小手(《故里三陈》节选)

汪曾祺

我们那地方,过去极少有产科医生。一般人家生孩子,都是请老娘。什么人家请哪位老娘,差不多都是固定的。一家宅门的大少奶奶、二少奶奶、三少奶奶,生的少爷、小姐,差不多都是一个老娘接生的。老娘要穿房入户,生人怎么行?老娘也熟知各家的情况,哪个年长的女佣人可以当她的助手,当"抱腰的",不需临时现找。而且,一般人家都迷信哪个老娘"吉祥",接生顺当——老娘家都供着送子娘娘,天天烧香。谁家会请一个男性的医生来接生呢?我们那里学医的都是男人,只有李花脸的女儿传其父业,成了全城仅有的一位女医人。她也不会接生,只会看内科,是个老姑娘。男人学医,谁会去学产科呢?都觉得这是一桩丢人没出息的事,不屑为之。但也不是绝对没有。陈小手就是一位出名的男性的产科医生。

【赏析：首段用近300字只给大家介绍故事背景，看似简单的三言两语，但其实包含着当地的很多习俗和风气。让我们不得不佩服汪曾祺老先生对生活极强的观察力和总结能力。当然，这些背景介绍，只为了引出最后一句："陈小手就是一位出名的男性的产科医生。"重要人物的出场都是需要烘托的，陈小手也不例外，也正是这种烘托，才为接下来故事讲述的合理性奠定基础。说简单点，这个段落就是为故事的讲述奠定基础的，犹如我们民间经典故事"从前有座山，山里有个庙"，点明故事的空背景。当然，对于我们初学者而言，不必要有这么长的铺垫，可以更加简练一些。】

陈小手的得名是因为他的手特别小，比女人的手还小，比一般女人的手还更柔软、细嫩。他专能治难产，横生、倒生都能接下来(他当然也要借助于药物和器械)。据说因为他的手小，动作细腻，可以减少产妇很多痛苦。大户人家，非到万不得已则不会请他的。中小户人家，忌讳较少，遇到产妇胎位不正，老娘束手，老娘就会建议："去请陈小手吧。"

【赏析：人物正式出场，自带流量和粉丝，也进一步衬托出人物的非凡之处，为故事的悲剧性转折做好铺垫。】

陈小手当然是有大名的，但是都叫他陈小手。

接生，耽误不得，这是两条人命的事。陈小手喂着一匹马。这匹马浑身雪白，无一根杂毛，是一匹走马。据懂马的行家说，这马走的脚步是"野鸡柳子"，又快又细又匀。我们那里是水乡，很少人家养马。每逢有军队的骑兵过境，大家就争着跑到运河堤上去看"马队"，觉得非常好看。陈小手常常骑着白马赶着到各处去接生，大家就把白马和他的名字联系起来，称之为"白马陈小手"。

【赏析：即使人物出场了，但作者对其侧面的描述还在继续，此时已不再是人们的正面称赞，而是转笔开始描绘他的座驾——白马，用马的与众不同来衬托出陈小手的厉害。】

同行的医生，看内科的、外科的，都看不起陈小手，认为他不是医生，只是一个男性的老娘。陈小手不在乎这些，只要有人来请，立刻跨上他的白走马，飞奔而去。正在呻吟惨叫的产妇听到他的马脖子上的銮铃的声音，立刻就安定了一些。他下了马，即刻进了产房。过了一会儿(有时时间颇长)，听到"哇"的一声，孩子落地了。陈小手满头大汗，走了出来，对这家的男主人拱拱手："恭喜恭喜！母子平安！"男主人满面笑容，把封在红纸里的酬金递过去。陈小手接过来，看也不看，装进口袋里，洗洗手,喝一杯热茶,道一声"得罪",出门上马,只听见他的马的銮铃声"哗棱哗棱"……走远了。

陈小手活人多矣。

【赏析:其实同行的看不起,更是让我们读者感受到陈小手的不易,因为他不被人理解,从而更好地塑造出陈小手的与众不同,而这也正是作者所努力的方向。也正是到此,关于主人公的真正故事才刚刚开始,类似于我们观看美国大片时,前面3~5分钟的激烈场景——这一切只为主人公的出场打好基础、做好铺垫。】

有一年,来了联军。我们那里那几年打来打去的,是两支军队。一支是国民革命军,当地称之为"党军";相对的一支是孙传芳的军队。孙传芳自称"五省联军总司令",他的部队就被称为"联军"。联军驻扎在天王庙,有一团人。团长的太太(谁知道是正太太还是姨太太)要生了,生不下来。叫来几个老娘,还是弄不出来。这太太杀猪也似的乱叫。团长派人去叫陈小手。

陈小手进了天王庙。团长正在产房外面不停地"走柳",见了陈小手,说:

"大人,孩子,都得给我保住!保不住要你的脑袋!进去吧!"

这女人身上的脂油太多了,陈小手费了九牛二虎之力,总算把孩子掏出来了。和这个胖女人较了半天劲,累得他筋疲力尽。他迤里歪斜走出来,对团长拱拱手:

"团长!恭喜您,是个男伢子,少爷!"

团长龇牙笑了一下,说:"难为你了!——请!"

外边已经摆好了一桌酒席。副官陪着。陈小手喝了两盅。团长拿出20块现大洋,往陈小手面前一送:

"这是给你的!——别嫌少哇!"

"太重了!太重了!"

喝了酒,揣上20块现大洋,陈小手告辞了:"得罪!得罪!"

"不送你了!"

陈小手出了天王庙,跨上马。团长掏出手枪来,从后面,一枪就把他打下来了。

团长说:"我的女人,怎么能让他摸来摸去!她身上,除了我,任何男人都不许碰!这小子,太欺负人了!日他奶奶!"

团长觉得怪委屈。

【赏析:从"有一年"开始才算是真正地进入故事。我们可从这简短的故事中感受到陈小手的高超技艺,一切看似简单合理和平常,可是我们却怎么也没有想到,就是这个救人性命的陈小手竟然被他施救的团长一枪毙命,他死得那么突然、那么冤。

这其实是一个非常巧妙的转折。意料之外，却又在情理之中。让我们读后有一种意犹未尽之感。】

【全文赏析：汪曾祺先生确实是写人物的高手，在他看似随意的言语中，我们可以感受到的是简单背后的不简单。他前期对人物做了那么多的刻画和铺垫，都只为了后面“几分钟”的故事，让读者因陈小手突然的死显得那么难以接受又不得不接受。在这个审美期待和受挫的过程中，我们读者能够体味到大师的语言魅力，更让我们记住了那个技艺高超的陈小手。】

例文赏析2 打火机

半夜在书房赶稿。老婆又来了。

【赏析：开篇第一句就将故事背景展现给读者，时间为“半夜”，地点为“书房”，人物为“老婆和我”，一看就有故事发生。一个“又”字，一方面可以展现出老婆大人对我的关心，另一方面也展现出老婆对我的控制，为接下来我与老婆的斗智斗勇做好铺垫。】

鉴于前几次深夜卧谈，我的智商被屡次吊打，于是我开门见山：“夫妻一场，这些年，我没有功劳也有苦劳，您有事直说。”

老婆微笑：“没事就不能给你按按肩？”她开始给我按肩。

“我的手艺，跟水疗会所的小妹比，哪个好？”(这个坑太简单，我会跳?)

“不知道，我没按过肩。”

“不按肩，那按哪里？”

“我是说我没去过那种地方。”

“那你打火机上的怎么印着什么什么休闲会所？”她迅速把桌上的打火机捏在手里问我。这个问题，我防不胜防。

我估计她早就看到了打火机，但她不直接问，而是从按肩开始切入话题。温水煮青蛙，察言观色。

女人，可怕。

“打火机应该是李建军的，上次跟他吃饭顺手拿他的。没想到他是这种经常去会所的人。”

我也算是老江湖，凡是说不清的问题，我都把脏水泼在李建军身上。

老婆：“你跟李建军也算朋友吧？”

“当然。”

"李建军知道你这么坑他吗?"老婆伸出右手,亮出打火机,"这就是个普通火机,上面根本没写什么休闲会所。怎么变成李建军从会所拿的了?"

【赏析:故事的第一个转折点,充满智慧,可是在老婆大人面前,所有的聪明与机智都只是小儿科。同时此处第一回合的较量结束,很显然我处于被动的局面。更为强悍的是,简单的对话中将人物的形象淋漓尽致地表现出来。】

原来是诈我。她根本就没看到那个打火机。

"这个……"我一时反应不过来。

"你长进了,撒谎不眨眼。"

"我也就随口说了一种可能性。"

"那你也不能坑人家李建军。他真的经常去那种会所?我告诉他老婆去。"

"没有,开玩笑的,他从来不去。"

"那就好,如果你身边有去这种地方的朋友,建议不要来往。"

我松了一口气:"当然。我就说嘛,咱们家怎么可能会出现这种打火机。"

"是吗?那,这个打火机又是哪里来的呢?"她伸出左手,亮出一个打火机,上面赫然写着"××休闲会所。"

我彻底懵逼。我先把朋友当挡箭牌,随后发现虚惊一场,接着又把朋友洗白。当我以为危机已经结束,没想到才刚开始。这局牌还没打,我已经扔掉了王炸。有些坑,越填越深。那我只能不填。还剩最后一招:死不承认。

【赏析:故事的第二次转折。第二回合的较量结束,已经宣告我的失败。不过我还在负隅顽抗,可是这也预示我被狠狠吊打。对话加心理陈述,更能够将人物形象生动地刻画出来,使人物更加饱满、立体,有活力。】

"我不知道。"

"不知道?"老婆这句话带着杀气。

"你相信我会去那种地方吗?我花 35 块钱在咖啡店坐 1 个小时都觉得贵,又怎么舍得花几千块去做那 5 分钟的事?"我自黑。

"过分了啊,夸自己也得有个限度,你哪有 5 分钟啊?"她补刀。

我点烟。沉默。

"你无权保持沉默。"

这时电话响了,是李建军。

"外放。"老婆说。

电话接通,李建军在电话里说:"我有个打火机不见了,上面写着××休闲会所的,是不是在你那儿?”

我:“是是是。在我这里!”

李建军:“太好了,我还以为丢在我家里,如果被我老婆发现就惨了。”

我得意地看着老婆,我的眼神在说:看到了吧,这个打火机真的是李建军的!

【赏析:故事的第三次转折。看似有了回旋的余地,但实际上已经离彻底失败不远了。此时两个人物形象已令人印象深刻。】

李建军又说了一句:“咱们下次再去,千万别再拿店里的打火机。”

啪,电话挂了。

我知道,我也快挂了。

这个故事告诉我们,吸烟有害健康!

祝大家新年快乐,家庭幸福,万事如意!

【赏析:一波三折的故事,让人处处发笑,但又时时紧张。发笑的是那诙谐幽默又不乏机智的语言,紧张的是不知道“老婆”到底有“我”多少把柄。而这才是我们需要学习的地方:典型环境下的典型人物。这是一篇非常特别的故事,因为对话非常多,不是特别好把控,需要较强的语言功底,不过我们可以从中学习其故事的转折方式。】

例文赏析3 赌锁

杭州的一个小镇上曾经有个开锁师傅名叫陈三开,十五岁就跟着师父学开锁的本领,三十年来,开锁无数。

陈三开开锁确实厉害。别的开锁师傅都有一个工具箱,里面装着各种开锁的工具:小手电、铁钩、细麻绳、扭力扳手……陈师傅这些东西都没有。他开锁横竖就凭一根铁丝,而且他开锁速度极快,普通的锁,他只要把铁丝伸进锁孔一拨就能打开,再难开的锁也绝不超过三下,定能打开,“陈三开”的绰号就是这么来的。

但是后来他神秘失踪了,不知道去了哪里。

陈三开浓眉大眼,厚厚的嘴唇,鹰钩鼻,整天脸上都挂着一副笑呵呵的表情。陈师傅在镇子的生意非常红火,但凡谁家把锁不小心锁上了,不管路远路近都跑来找陈师傅开锁。更有好事者,拿一些稀奇古怪的锁,故意让陈师傅来开,不图什么,就想看陈师傅露一手。但是不管什么样的锁,到了陈师傅这儿,立马就开,一准儿的麻麻利利,真叫一个绝。

【赏析:这是一个非常棒的开头,三言两语中将人物带出来,并且介绍了要讲

述人物的神奇之处。可是第二段笔锋一转,人物失踪了,让人摸不着头脑,充满疑惑。其实我们要写的人物也需要如此,犹如对陈小手的简要介绍一样,充满神奇色彩,为故事的发展做好铺垫。】

直到七月份的一天,镇上的大街上走来一个妙龄女子,一袭白丝裙,V字的领口,丰满的胸部若隐若现,面似芙蓉,眉如柳,肌肤如雪,一顶红得耀眼的长发,浑身上下透着精气神儿。这人来到陈师傅的铺子前,抬眼一瞧,只见陈师傅这铺子不大,但招牌敞亮,门脸上一副对联,上联写:“铁丝一根”;下联写:“妙手三开”。正中一块匾额,上书四个大字:“天下无锁”。这人冷笑一声,走进铺子,说道:“你就是陈三开陈师傅吗?”陈师傅正在低头摆弄一把锁,瞧也没正眼瞧她,只淡淡地应了一句:“您有事?”那女子说:“天下无锁,口气不小啊,只怕我包里的这把锁,你就打不开。”陈师傅“呵呵”一笑:“是吗?这么多年了,我陈三开还没见过打不开的锁。”“对,陈师傅打不开的锁,还没造出来呢!”门口不知道什么时候已经聚了几个看热闹的人。女子说:“好,既然如此,那我就和你赌一把。今天你要是把这锁打开,我输你五万块。”说着从包里拿出一把锁,又从包里拿出厚厚一叠百元大钞,“啪”的一声,拍在桌子上。

【赏析:此处和《陈小手》的故事讲述如出一辙,“直到……”故事从此正式进入开挂模式,以印证其“三开”的能力。为了增加戏剧性,作者又着重描述了另一个主人公——妙龄女子,当然还有闲来无事的吃瓜群众,让他们来见证奇迹时刻,也正因此增加了悬念感和紧张感。】

这可惊坏了那几个看热闹的人,那年头五万块可不是小数目。陈师傅也是一惊,在这一行里,自己虽然名头响亮,但实惠并不多,开一把锁赚不了几块钱,现在一下子能赚这么多,五万块哪,抵自己开多少把锁啊。但要是不堵的话,自己的名声岂不是……陈师傅打了一个小冷战,不行!万一赢了,不仅五万块属于我,而且那以后的名声也就更大了。女子接着说:“可你要是打不开,我就把你门口的那块招牌给拆了当柴烧,怎么样,敢赌吗?”

这时门口的人越来越多,大家知道陈师傅今天碰到了硬茬儿,都想看看他怎么收场。陈师傅看了一眼那把锁,这种锁市面上没有,他没见过,但他仍不动声色地说道:“好,我和你赌。”只见陈师傅左手拿锁,右手把铁丝探入锁孔,左手微微转动,右手轻轻一拨,要在平时准是“啪嗒”一声脆响,可今天这锁却毫无动静。陈师傅眉头轻皱,额头上豆大的汗珠随着鼻梁滴落在手掌上,将铁丝抽出,又重新伸入锁芯,稍稍调整了一下角度,又是轻轻一拨,但锁仍然毫无反应。门口围观的人有点急了，老少街坊们看惯了陈师傅麻麻利利地开锁，啥时候见他这么磨蹭过，大家都暗中为他捏把汗。

那女子笑道："陈师傅，怎么样，我看你这'三开'的名号，今天要栽在这把锁上啊！"陈师傅无话，只把那根铁丝用手捋了捋，又重新伸入锁孔，只是比前两次慢了些，他双目微闭，屏息凝神，一点点地将铁丝探入锁孔。整个世界都静了下来，仿佛能听到锁芯里弹子和锁簧挤压跳动的声音。那女子也瞪大眼睛，紧张地看着陈师傅手里的铁丝。

【赏析：为了进一步增加故事的紧张感和情绪，作者便给故事增加了困难的砝码，步步紧逼故事的主人公，让阻碍越来越大。这种阻碍越大就越具有可欣赏性和故事性。需要我们认真研究和学习。】

"啪嗒——"大家听到了熟悉的声音，锁开了。满屋子一片掌声，大呼小叫，像看了一场大戏。他们哪里知道，陈师傅这时已经湿了一身冷汗。女子满脸通红，说了一句："愿赌服输，这钱是你的了，陈三开果然名不虚传。"说完拿起锁，转身走了。五天后，陈师傅正在哼着小曲，躺在院子里晒太阳的时候，几名警察敲开了陈师傅家的大门，向陈师傅询问了那几天前来镇上赌锁的女子。陈师傅从警察那里得知那女子跟最近一个极大的偷窃案件有关后，一个人去了师傅的坟前，直到家人来找才回去。

之后陈师傅没有再给人开锁了，一家子都从小镇的生活中消失了，镇上的人没有一个知道他去了哪里，只知道再也没有陈三开这人。

【赏析：至此故事结束。虽然故事没一波三折，但是其能够在较短的时间内塑造出"三开"这个鲜明的人物形象已经实属不易。此外，对于故事的戏剧性描绘也很有力度，是一篇非常不错的故事。我们大家需要有这种会学习、会模仿的能力。重新翻看前一篇的《陈小手》，是不是感觉有几分相似？对于好的故事，我们要不断地学习和借鉴，然后一遍遍打磨。】

例文赏析 4　你是属猴的吗

"妈妈，妈妈，我属什么呀？"

"你属猴啊。"

【赏析：开篇即点题，突出"属猴"的客观性，使得主人公"属猴"变得正当，更不会让人觉得突兀。】

"那爸爸属什么呀？"

“爸爸也属猴啊。”半年来,小树一直问妈妈有关爸爸的事,每一次回答完儿子的天真稚语,李梅都扭头抹去眼角的泪水。才3岁的小树哪懂什么叫阴阳两隔,只是在孩子面前,为母则刚不容她掉泪。

【赏析:很顺畅地衔接对话和叙事,并且交代人物关系和家庭背景,加深了读者对于“属猴”的印象。】

丈夫因公殉职后,每逢节假日就会有他生前的战友来看望他们母子。常去的有赵明诚,他的愧疚无以言表,毕竟小树爸爸的牺牲多半也是为了救他。李梅丝毫没有怪他的意思,越这样赵明诚心里越是赎罪感满满。每次来都带大量的零食,每次来都买玩具,每次来都把小树举高高。

小树对这个赵叔叔也不陌生,每次都会问他:“叔叔,叔叔,你是属猴的吗?”赵明诚逗他:“不啊。你是属猴的吗?”小树很骄傲地回答道:“我属猴,我爸爸也属猴。”赵明诚和李梅听在耳里,泪淌在心里。

【赏析:第三次“属猴”的出现是对小树牺牲了的爸爸的一次强调,在小树这一人物塑造上初步打下“属猴”的烙印,从侧面突出他以自己的爸爸为榜样,由内而外地感到骄傲。同时,为小树和赵明诚的特殊关系埋下一个伏笔。】

小树长到六岁了,赵叔叔不来家里看望他们了,每次只来电话。孩子不懂,李梅明白:赵明诚工作积极,表现优越,领导提拔他进省城工作了。至此,小树对赵叔叔有些淡忘,也不再问“你是属猴的吗?”年龄大了,也就懂得了爸爸在哪了。

【赏析:故事的前半部分一直在交代背景和人物关系,看似冗杂,其实每一笔都不可或缺,因为这一切的描写都是在为下文蓄势。小树已经不再问“你是属猴的吗?”因为成长带给他的不仅仅是懂事,更是要像爸爸那样去奉献自己,甚至活成第二个爸爸。】

时间过得很快,赵明诚正在办公室审阅案子卷宗,就听得有人敲门。“报告,公安大学2019届毕业生——徐树博向您报道!”赵明诚赶紧放下手中的卷宗,快步向前,握着年轻人的胳膊感慨万千,久久才说:“太像了,你和你爸简直就是活脱呀!”年轻人憨笑着,叫了声“赵叔叔——”接着两人异口同声地问道:“你是属猴的吗?”随即哈哈大笑。

【赏析:形容父子长得像,不用突出五官中的任何一点,“活脱”两字既表现了外形的像,又暗含着父子俩内在的一致。这里的“你是属猴的吗?”一下子拉近了两个人的距离,也使上下级关系中融入了叔侄亲情。】

两人尚未来得及寒暄,更不及说清彼此18年的生活经历,就听得有人报告,寻觅已久的犯罪嫌疑人露身了。赵明诚赶紧出警，徐树博也要一同去。赵明诚看了看他，只说了句“有你爸爸当年的样儿！走！”那是，小树已然长成了大树，不变的当然还是属猴。

【赏析：故事开始了转折，小树到大树有了担当的变化，但是属猴却是不会变的，象征着小树延续爸爸的足迹。】

在现场，所有人眼睁睁地看着犯罪嫌疑人用枪劫持一个女孩，都手足无措。“换我，我去把那个女孩调换下来！”赵明诚当即反对，把徐树博拉到一旁，俨然忘了公安领导纪律，苦口婆心地说道：“你要是出了事，我对不起你妈！”

徐树博并没有理会，笔挺身姿，敬礼道：“保证完成任务，请领导放心！”

赵明诚被这个举动惊呆了，还没反过神来，徐树博就已经走到自己身后，还不忘说一句：“叔叔，我是属猴的。”

【赏析：矛盾出现得很快，高潮也很快来临，故事结束得很及时。这里有个问题需要注意，赵叔叔说出那句“你要是出了事，我对不起你妈！”后面如果描写小树如何据理力争，那么故事将进入俗套。所以，小树把领导小声劝告机智地转化成了“命令”，减少了笔墨，却升华了人物形象。最后那句“叔叔，我是属猴的。”不仅回答了题目“你是属猴的吗？”更是最后点了题，升华了文章的主题。】

例文1　守　望

1. 白领

一个洪亮而厚重的男声将她惊醒。

“那个小姑娘，给老人让个座吧！”

朦胧的光影中，一个中年男子的身影格外突出，那微胖的身体正是声音的来源。

她几乎没有力气站起来了，她太困了。九小时前，她还在招待上级领导的酒席上；六小时前，刚到家的她一头便扎到了床上；一小时前，她被震耳欲聋的闹铃声惊醒。当她坐上这辆车，就立马找个座位，倒头就睡，脑海里却仍是昨晚酒席上一张张可怖的笑脸。

车上的人们都向她望来，她伸开手掌揉了揉眼睛和脸颊，还是撑起了身体，踉跄地走向了车门。她低垂着疲惫的头颅，却仍能感觉到身后无数束灼人而冰冷的目光。

她有些想哭，她盼望着一天足够的睡眠，盼望着再次回到离开已久的父母身边,盼望有一天自己的年轻不会成为别人眼中的义务。

车到站了,临下车时,耳边又是那个厚重的男声,不过声音却轻了许多。

“对不起。”

2. 老人

老太太今天取了不少钱,今天是女儿打钱来的日子。

她与老伴一起在这座城市生活。他们的女儿到了外地工作,几个月才能回来一次。女儿工作很忙,却也十分孝顺,不但每月定期打来钱,还时常打电话问候老人,只可惜不能时常回来。

两位老人没有告诉女儿,怕她回来看望会影响工作。生个小病不要紧,耽误工作就是大事了。老太太今天去取了钱,去医院看望老伴。她上了车已经有了不少人,于是她在一个女孩旁站定。

她看着那女孩,头倚在椅背上,手臂扭曲着挡在眼前,满面疲惫。她怔住了,想到了自己的女儿,她也许正在千里之外的公交车上,可能也是这样的疲惫。

清晨有些刺眼的阳光照进了窗户,打在女孩的脸上,老人下意识地向前一步,用自己的身体挡住了阳光。看着女孩缓缓舒展的眉头,老人笑了笑,眼睛却是热热的。这时,身后传来一个洪亮而厚重的男声。

3. 中年男人

今天这个微微发福的男人要做两件事:看望自己的母亲和儿子。

母亲的阿尔茨海默病已经越来越严重了,起初还能叫得出自己的名字,现在对自己已不太认识了,只能保留一些生活的意识。而每次见到自己,却总会问:“我孙子呢?孙子来看我了吗?”

她还不知道,自己的孙子因为打架进了少管所,第三次。

男人每次想到自己的儿子,都又悔又恨,他恨儿子不争气,却更恨自己若能多抽些时间陪他,或许他也不至于走到今天这个地步。

去往医院的路异常漫长,中年人一直心情沉重,直到他看到一只手,一只伸向一位老人钱包的、带着伤却十分稚嫩的手,是一个小伙子。

中年男人心里那种悔恨又涌上来,他想上前教训这个小伙子一顿,让他认识到自己是错的,而不会像自己的儿子那样自毁前程。但他却迟疑了。他不想就这样揭发他,或许当众宣布他的罪行只会毁了他。他想做的只是提醒小伙子。

他看到老人面前那个年轻的姑娘,大声让她起来为老人让座,而他的双眼却盯在那只手上，看到那手迅速地从包中抽出，中年人才算是松了口气。转头一看，那疲惫的姑娘已踉跄着挪到了车门前，中年人内心充满了愧疚。

女孩下车了，那个小伙子也匆匆离开了。

4. 小伙子

他从家里逃出来三天多了，身上带着伤。

父亲失业后，就像变了个人，终日酗酒，甚至对母亲和自己拳脚相加。母亲终于忍受不了，离开了家，但他却并没有随母亲离开，而是决定留下照顾父亲。

母亲走后，父亲反而变本加厉，将所有的脾气都发到自己身上，甚至还到自己打工的地方大闹，导致自己被辞退。终于，在三天前的那顿毒打后，小伙子也终于忍受不了，带着自己仅剩的一点工资离开了家。

三天下来，他已身无分文，只能坐车去投奔自己的朋友。

小伙子已经饿得不行了，随着公交车摇晃着。在他两眼昏花时，他瞟到了一个开口的包。而正当他即将够到一张钞票时，一个响亮的男声将他吓得立刻收回了手。

他没有听清话的内容，但他却感受到一束目光，一束饱含愤怒悔恨，又有一些歉意的目光。

这并不是小伙子要到的站，但他还是匆忙下了车。

阳光已逐渐被弥漫的雾霾掩盖，他看着那辆公交车走向雾中，从自己的视野中消失。

他不知道该往哪里走。

【赏析：本文是从形式到内容都非常棒的学员习作。形式上，作者运用分段讲述的方式来呈现整个故事，每个人物的故事相互穿插，做到了“你中有我、我中有你”，类似美国鬼才导演昆汀·塔伦蒂诺的电影故事。不过，这样写作要求学员具备一定的功底：心中要做到有非常清晰的故事发展线索和较为清晰的人物形象，每个人物之间的故事要紧密相连。不过这也从侧面增加了难度：因为一般的故事只要有两三个人物即可，而这样的故事至少需要 3 人。如果篇幅有限，真的很难实施。内容上，主题鲜明，并且将每一个人物刻画得很到位，每个人都有不同的境遇和故事，大家都很艰难，这也就从侧面增加了文章的故事性和人情味，值得大家认真学习。】

例文 2 女巫的面包

欧·亨利

玛莎·米查姆小姐是街角上那家小面包店的老板娘(那种店铺门口有三级台阶,你推门进去时,门上的小铃就会响起来)。

玛莎小姐今年四十岁了,她有两千元的银行存款,两枚假牙和一颗多情的心。错过婚姻的女人真不少,但同玛莎小姐一比,她们的条件可差得远啦。

有一个顾客每星期来两三次,玛莎小姐逐渐对他产生了好感。他是个中年人,戴眼镜,棕色的胡子修剪得整整齐齐的。

他说英语时带很重的德国口音。他的衣服有的地方磨破了,经过织补,有的地方皱得不成样子。但他的外表仍旧很整饬,礼貌又十分周全。

这个顾客老是买两个陈面包。新鲜面包是五分钱一个,陈面包五分钱却可以买两个。除了陈面包以外,他从来没有买过别的东西。

有一次,玛莎小姐注意到他手指上有一块红褐色的污迹。她立刻断定这位顾客是艺术家,并且非常穷困。毫无疑问,他准是住阁楼的人物,他在那里画画,啃啃陈面包,呆想着玛莎小姐面包店里各式各样好吃的东西。

玛莎小姐坐下来吃肉排、面包卷、果酱和喝红茶的时候,常常会好端端地叹起气来,希望那个斯文的艺术家能够分享她的美味的饭菜,不必待在阁楼里啃硬面包。玛莎小姐的心,我早就告诉过你们了,是多情的。

为了证实她对这个顾客的职业猜测得是否正确,她把以前拍买来的一幅绘画从房间里搬到外面,搁在柜台后面的架子上。

那是一幅威尼斯风景。一座壮丽的大理石宫殿(画上这样标明)矗立在画面的前景——或者不如说,前面的水景上。此外,还有几条小平底船(船上有位大力把手伸到水面,带出了一道浪迹),有云彩、苍穹和许多明暗烘托的笔触。艺术家是不可能不注意到的。

两天后,那个顾客来了。

“两个陈面包,劳驾。”

“夫人,你这幅画不坏。”她用纸把面包包起来的时候,顾客说道。

“是吗?”玛莎小姐说,她看到自己的计谋得逞了,便大为高兴。“我最爱好艺术和——”(不,这么早就说“艺术家”是不妥的)“和绘画。”她改口说。“你认为这幅画不坏吗?”

“宫殿，”顾客说，“画得不太好。透视法用得不真实。再见，夫人。”

他拿起面包，欠了欠身，匆匆走了。

是啊，他准是一个艺术家。玛莎小姐把画搬回房间里。

他眼镜后面的目光是多么温柔和善啊！他的前额有多么宽阔！一眼就可以判断透视法——却靠陈面包过活！不过天才在成名之前，往往要经过一番奋斗。

假如天才有两千元银行存款、一家面包店和一颗多情的心作为后盾，艺术和透视法将能达到多么辉煌的成就啊——但这只是白日梦罢了，玛莎小姐。

最近一个时间他来的时候往往隔着货柜聊一会儿。他似乎渴望着同玛莎小姐的愉快的谈话。

他一直买陈面包，从没有买过蛋糕、馅饼，或是她店里的可口的甜茶点。

她觉得他仿佛瘦了一点，精神也有点颓唐。她很想在他买的寒酸的食物里加上一些好吃的东西，只是鼓不起勇气来。她不敢冒失。她了解艺术家高傲的心理。

玛莎小姐在店堂里的时候，也穿起那件蓝点子的绸背心来了。她在后房熬了一种神秘的榅桲子和硼砂的混合物。有许多人用这种汁水美容。

那个顾客又像平时那样来了，把五分镍币往柜台上一搁，买他的陈面包。玛莎小姐去拿面包的当儿，外面响起一阵嘈杂的喇叭声和警钟声，一辆救火车隆隆驶过。

顾客跑到门口去张望，遇到这种情况，谁都会这样做的。玛莎小姐突然灵机一动，抓住了这个机会。

柜台后面最低的一格架子里放着一磅新鲜黄油，送牛奶的人拿来还不到十分钟。玛莎小姐用切面包的刀子把两个陈面包都拉了一条深深的口子，各塞进一大片黄油，再把面包按紧。

顾客再进来时，她已经把面包用纸包好了。

他们分外愉快地扯了几句。顾客走了，玛莎小姐情不自禁地微笑起来，可是心头不免有点着慌。

她是不是太大胆了呢？他会不高兴吗？绝对不会的。食物并不代表语言。黄油并不象征有失闺秀身份的冒失行为。

那天，她的心思老是在这件事上打转。她揣摩着他发现这场小骗局时的情景。

他会放下画笔和调色板。画架上支着他正在画的图画，那幅画的透视法一定是无可指摘的。

他会拿起干面包和清水当午饭。他会切开一个面包——啊!

想到这里,玛莎小姐的脸上泛起了红晕。他吃面包的时候;会不会想到那只把黄油塞在里面的手呢?他会不会——

前门上的铃铛恼人地响了。有人闹闹嚷嚷地走进来。

玛莎小姐赶到店堂里去。那儿有两个男人。一个是叼着烟斗的年轻人——她以前从没见过,另一个就是她的艺术家。

他的脸涨得通红,帽子推到后脑勺上,头发揉得乱蓬蓬的。他捏紧拳头,狠狠地朝玛莎小姐摇晃——竟然向玛莎小姐摇晃。

"Dummkop!(笨蛋!)"他拉开嗓子嚷道,接着又喊了一声"Tausendonfer!(五雷轰顶的!)"或者类似的德国话。

年轻的那个竭力想把他拖开。

"我不走,"他怒气冲冲地说,"我非跟她讲个明白不可。"

他擂鼓似的敲着玛莎小姐的柜台。

"你把我给毁啦。"他嚷道,他的蓝眼睛几乎要在镜片后面闪出火来。"我对你说吧,你是个惹人厌的老猫!"

玛莎小姐虚弱无力地倚在货架上,一手按着那件蓝点子的绸背心。年轻人抓住同伴的衣领。

"走吧,"他说,"你也骂够啦。"他把那个暴跳如雷的人拖到门外,自己又回来了。

"夫人,我认为应当把这场吵闹的原因告诉你,"他说,"那个人姓布卢姆伯格,他是建筑图样设计师。我和他在一个事务所里工作。他在绘制一份新市政厅的平面图,辛辛苦苦地干了三个月,准备参加有奖竞赛。他昨天刚上完墨。你明白,制图员总是先用铅笔打底稿的。上好墨之后,就用面包屑擦去铅笔印。陈面包比擦字橡皮好得多。布卢姆伯格一向在你这里买面包。嗯,今天——嗯,你明白,夫人,里面的黄油可不——嗯,布卢姆伯格的图样成了废纸。只能裁开来包三明治啦。"

玛莎小姐走进后房。她脱下蓝点子的绸背心,换上那件穿旧了的棕色哔叽衣服。接着,她把榅桲子和硼砂煎汁倒在窗外的垃圾箱里。

例文3 二十年后

欧·亨利

纽约的一条大街上，一位值勤的警察正沿街走着。一阵冷飕飕的风向他迎面吹来。已近夜间10点，街上的行人寥寥无几了。

在一家小店铺的门口，昏暗的灯光下站着一个男子。他的嘴里叼着一支没有点燃的雪茄烟。警察放慢了脚步，认真地看了他一眼，然后，向那个男子走了过去。

“这儿没有出什么事，警官先生。”看见警察向自己走来，那个男子很快地说，“我只是在这儿等一位朋友罢了。这是20年前定下的一个约会。你听了觉得稀奇，是吗？好吧，如果有兴致听的话，我来给你讲讲。大约20年前，这儿，这个店铺现在所占的地方，原来是一家餐馆……”

“那餐馆5年前就被拆除了。”警察接上去说。

男子划了根火柴，点燃了叼在嘴上的雪茄。借着火柴的亮光，警察发现这个男子脸色苍白，右眼角附近有一块小小的白色的伤疤。

“20年前的今天晚上，”男子继续说，“我和吉米·维尔斯在这儿的餐馆共进晚餐。哦，吉米是我最要好的朋友。我们俩都是在纽约这个城市里长大的。从孩提时候起，我们就亲密无间，情同手足。当时，我正准备第二天早上就动身到西部去谋生。那天夜晚临分手的时候，我们俩约定：20年后的同一日期、同一时间，我们俩将来到这里再次相会。”

“这听起来倒挺有意思的。”警察说，“你们分手以后，你就没有收到过你那位朋友的信吗？”

“哦，收到过他的信。有一段时间我们曾相互通信。”那男子说，“可是一两年之后，我们就失去了联系。你知道，西部是个很大的地方。而我呢，又总是不断地东奔西跑。可我相信，吉米只要还活着，就一定会来这儿和我相会的。他是我最信得过的朋友啦。”

说完，男子从口袋里掏出一块小巧玲珑的金表。表上的宝石在黑暗中闪闪发光。“九点五十七分了。”

他说，“我们上一次是十点整在这儿的餐馆分手的。”

“你在西部混得不错吧？”警察问道。

“当然啰！吉米的光景要是能赶上我的一半就好了。啊，实在不容易啊！这些年来,我一直不得不东奔西跑……”

又是一阵冷赠飕的风穿街而过。接着,一片沉寂。他们俩谁也没有说话。过了一会儿,警察准备离开这里。

“我得走了,”他对那个男子说,“我希望你的朋友很快就会到来。假如他不准时赶来,你会离开这儿吗?”

“不会的。我起码要再等他半个小时。如果吉米他还活在人间,他到时候一定会来到这儿的。就说这些吧,再见,警官先生。”

“再见,先生。”警察一边说着,一边沿街走去,街上已经没有行人了,空荡荡的。

男子又在这店铺的门前等了大约二十分钟的光景,这时候,一个身材高大的人急匆匆地径直走来。他穿着一件黑色的大衣,衣领向上翻着,盖住了耳朵。

“你是鲍勃吗?”来人问道。

“你是吉米·维尔斯?”站在门口的男子大声地说,显然,他很激动。

来人握住了男子的双手。“不错,你是鲍勃。我早就确信我会在这儿见到你的。啧,啧,啧!20年是个不短的时间啊!你看,鲍勃!原来的那个饭馆已经不在啦!要是它没有被拆除,我们再一块儿在这里面共进晚餐该多好啊!鲍勃,你在西部的情况怎么样?”

“哦,我已经设法获得了我所需要的一切东西。你的变化不小啊,吉米。我原来根本没有想到你会长这么高的个子。”

“哦,你走了以后,我是长高了一点儿。”

“吉米,你在纽约混得不错吧?”

“一般,一般。我在市政府的一个部门里上班,坐办公室。来,鲍勃,咱们去转转,找个地方好好叙叙往事。”

这条街的街角处有一家大商店。尽管时间已经不早了,商店里的灯还在亮着。来到亮处以后,这两个人都不约而同地转过身来看了看对方的脸。

突然间,那个从西部来的男子停住了脚步。

“你不是吉米·维尔斯。”他说,“20年的时间虽然不短,但它不足以使一个人变得容貌全非。”从他说话的声调中可以听出,他在怀疑对方。

“然而,20年的时间却有可能使一个好人变成坏人。”高个子说,“你被捕了,鲍勃。芝加哥的警方猜到你会到这个城市来的,于是他们通知我们说,他们想跟你‘聊聊’。好吧,在我们还没有去警察局之前,先给你看一张条子,是你的朋友写给你的。”

鲍勃接过便条。读着读着,他微微地颤抖起来。便条上写着:

鲍勃:刚才我准时赶到了我们的约会地点。当你划着火柴点烟时,我发现你正是那个芝加哥警方所通缉的人。不知怎么的,我不忍自己亲自逮捕你,只得找了个便衣警察来做这件事。

例文4 午 餐

毛 姆

我是在剧场看戏时见到她的。她向我招了招手,我趁幕间休息的时候走了过去,在她旁边坐下。我最后一次见到她还是很久以前的事了,如果不是有人提过她的名字,我想我这次就认不出来她了。她满面春风地和我拉扯起来:

“哦,好多年没见了,时间过得真快!我们也都老了。你还记得咱们第一次见面的情况吗?你邀请我去吃了一次中饭。”

我怎么能不记得。

那是二十年之前的事了,当时我住在巴黎。我在拉丁区有一间小小的公寓,从窗里可以俯瞰教堂的墓地。我的收入刚好够维持住我的灵魂和躯壳不分家。她读了一本我写的书,给我写了封信谈论这本书。我回信表示感谢。过了没多久我就又收到她一封信,说她要路经巴黎,想同我谈谈;不过她的时间有限,只能在下星期四抽出点空来,早上她要去卢森堡公园,问我是否愿意中午请她在福约特餐厅随便吃点什么。福约特是法国议员们经常光顾的一座餐厅。它远远超出我的经济能力,所以我从来不敢问津。但是她信中的恭维话说得我心头发痒,而且那时我太年轻,还没能学会对一位女士说“不”(我不妨加一句,没有几个男人学会拒绝女人。等到他们学会对女人们所说的话认为无足轻重时,年纪已经太老了)。我还有八十个法郎(金法郎)可以维持月底之前的开销。一顿便餐不会超过十五个法郎。如果我后半月不喝咖啡的话,我没准可以对付过去。

我回信和我这位朋友约好星期四中午十二点半在福约特餐厅见面。她没有我想象的那样年轻。她的外表与其说风姿动人毋宁说富态魁梧。实际上她已经有四十岁了(一个颇能迷惑人的年纪,但不是一眼就可以使你激动和产生强烈情感的年龄)。她给我的印象是她的牙齿比实际需要多了一些,整齐、洁白,比较大。她很善谈,但因为她好像倾向于谈论关于我的事,所以我准备好做一名专心致志的听众。

菜单拿上来的时候我吓了一跳,价钱比我预料的要贵得多。但她说的话叫我放了心。

"我中午从来不吃什么,"她说。

"哦,可不要这么说!"我慷慨大方地回答。

"我只吃一道菜。我觉得现在人们吃得太多了。也许我可以来点鱼,我不知道有没有鲑鱼。"

吃鲑鱼的季节还略嫌早了一点,菜单上也没有写着这道菜。但是我还是问了一下侍者。有,刚刚进了一条头等鲑鱼,这是他们今年第一次进这种货。我为我的客人叫了一份。侍者问她在等着烹制鲑鱼的时候是否吃点别的。

"不,"她回答,"我中饭只吃一道菜。除非你们有鱼子酱。吃点鱼子酱我倒不反对。"

我的心微微一沉,我知道我吃不起鱼子酱,但我无法对她讲明这点,结果我还是吩咐侍者拿了份鱼子酱。我为自己挑了一份菜单上价格最便宜的菜——一份肉排。

"我认为你吃肉可并不明智,"她说,"我不知道你在吃完像肉排这类油腻的东西以后还怎么能工作。我可不能叫我的胃负担过重。"

这以后出现了饮料问题。

"我中饭从来不喝什么酒,"她说。

"我也如此,"我迫不及待地补了一句。

"除了白葡萄酒,"她继续说道,仿佛没听到我刚才的话。"法国白葡萄酒一点儿也不厉害,对消化很有帮助。"

"你想喝点什么?"我依然殷勤地问道,但已不那么曲意逢迎了。

她的一口洁白的牙齿一闪,对我殷勤地笑了笑。

"除了香槟我的医生绝对禁止我喝其他的酒。"

我想我的脸当时一定变得有些苍白。我叫了半瓶。我用随便的语气提到我的医生不允许我喝香槟。

"那么你喝什么?"

"水。"

她吃掉鱼子酱。她吃掉鲑鱼。她谈笑风生地谈论艺术、文学和音乐。可我却一直琢磨账单加起来会要我多少钱。当我那份羊排端上来时,她非常严肃地教训我。

"我看得出来你习惯中饭吃得很多。我认为这肯定不好。为什么你不学学我只吃一道菜？我肯定这对你会大有好处的。"

"我是只吃一道菜。"我说道，这时侍者又带着菜单来了。

她手一挥把他打发到一边去。

"我可不这样，我中饭从来不吃什么，吃也只吃一点，吃这点也是为了聊天方便。我可再也吃不下什么了——除非那种大龙须菜。如果不尝尝的话，这次到巴黎来可是件憾事。"

我的心沉了下去。我在橱窗里见到过龙须菜，我知道这东西贵得要命。我的嘴巴也常常因为看到它们而垂涎欲滴。

"夫人想知道你们有没有龙须菜，"我问侍者。

我捏着把汗真希望他说没有，一个快乐的笑容掠过了侍者的神父似的大脑。他对我说他们有一些那么大、那么好、那么嫩的龙须菜，简直绝无仅有。

我叫了一份。

"你不要吗？"

"不要，我从来不吃龙须菜。"

"我知道有人不喜欢龙须菜。事实是你吃的那些肉把你的胃口破坏了。"

我们等着龙须菜上来。我吓得心惊胆战。现在已经不是我可以剩下几个钱过日子的问题了，而是我是否有足够的钱拿出来付账。如果发现自己缺十个法郎不得不向客人张口的话，那就太叫人丢脸了。说什么我也不能丢这个丑。我清楚地知道我有多少钱，如果不够付账的话我下决心把手往兜里一伸，然后戏剧性地大喊一声，跳起来说我被扒手扒了。当然了，那将是一个极其尴尬的场面，如果她也没有足够的钱付账的话。要是那样，唯一可行的办法就是留下我的表作抵押，过后再来赎了。

龙须菜上来了，又大又粗，一咬一汪水，真吊人胃口。它那嗞嗞作响的奶油香味一阵阵地往我鼻孔里钻，就像耶和华嗅到虔诚的希伯来人奉献上烤得香喷喷的供品时一个滋味。我一边望着这位纵情大嚼的女人一大口一大口地往嗓子眼里塞，一边客客气气地谈论着巴尔干半岛的戏剧界现状。她终于吃完了。

"咖啡？"我问道。

"好吧，一客冰激凌加咖啡，"她回答。

我现在已经把一切置之度外了，我给自己也叫了咖啡，给她要了冰激凌加咖啡。

"你知道,我是相信这个真理的,"她边吃冰激凌加咖啡边说,"一个人吃饭时一定要只吃八成饱。"

"你还饿吗?"我有气无力地问道。

"哦,不饿了;你看,我中午不吃饭。早上我喝一杯咖啡,之后就吃晚饭了。中饭我至多只吃一道菜。我这也是在劝你。"

"说得是,我一定听从你的劝告。"

之后一件可怕的事发生了。当我们等着咖啡的时候,领班侍者摆着一副讨好的笑容向我们走来,胳膊上挎着一满篮子大桃,红得好像纯洁的姑娘的脸蛋,色调有如意大利绚丽的风景画。桃子肯定还没有到上市的季节。只有上帝知道多少钱一个。我也知道了——那是在过了一会儿以后,因为我的客人一边继续谈话,一边心不在焉地随手拿了一个。

"你看,你用肉塞满了肠胃,"——她指的是我那一块可怜的肉排——"你什么也吃不下去了。而我只随便像吃点心一样地吃了点,我还可以享受个桃子。"

账单来了,付完账后我发现剩下的钱不够一次像样的小费。她的目光在我留给侍者的三个法郎上停留了片刻,我知道她一定想我很吝啬。但是我在走出饭馆后,带着一张嘴和一个肚子,但口袋里却一文不名。

"学我的样子,"在我们握手道别时她说道,"中饭千万只吃一道菜。"

"我会比这做得还好,"我大声回答,"今天晚饭我就什么也不吃了。"

"幽默家!"她快乐地喊着,跳上了一辆马车,"你真是一个十足的幽默家!"

但我终于复了仇。我不认为我是个睚眦必报的人,可是当不朽的大神插手这件事时,你暗自得意地看到这个结果也还是可以原谅的。今天她体重三百磅。

例文5　窗

泰格特

在一家医院的病房里,曾住过两位病人,他们的病情都很严重。这间病房十分窄小,仅能容下他们两人。病房设有一扇门和一个窗户,门通向走廊,透过窗户可以看到外面的世界。其中一位病人经允许,可以分别在每天上午和下午起身坐上一个小时。这位病人的病床靠近窗口。而另一位病人则不得不日夜躺在床上。当然,两位病人都需要静养治疗。使他们感到痛苦的是,两人的病情不允许他们做任何事情借以消遣,只有静静地躺着。而且只有他们两个人。两人经常谈天,一谈就是几个小时。他们谈起各自的家庭,各自的工作,各自在战争中做过什么,等等。

每天上午和下午，时间一到，靠近窗的病人就被扶起身来，开始一小时的仰坐。每当这时，他就开始为同伴描述起他所见到的窗外的一切。渐渐地，每天的这两个小时，几乎就成了他和同伴生活中的全部内容了。

很显然，这个窗户俯瞰着一座公园，公园里面有一泓湖水，湖面上照例漫游着一群群野鸭、天鹅。公园里的孩子们有的在扔面包喂这些水禽，有的在摆弄游艇模型。一对对年轻的情侣手挽着手在树荫下散步。公园里鲜花盛开，主要有玫瑰花，但四周还有五彩斑斓、争相斗艳的牡丹花和金盏草。在公园那端的一角，有一块网球场，有时那儿进行的比赛确实精彩，不时也有几场板球赛，虽然球艺够不上正式决赛的水平，但有的看总比没有强。那边还有一块用于玩滚木球的草坪。公园的尽头是一排商店，在这些商店的后边闹市区隐约可见。

躺着的病人津津有味地听着这一切。这个时刻的每一分钟对他来说都是一种享受。描述仍在继续：一个孩童怎样差一点跌入湖中，身着夏装的姑娘是多么美丽、动人。接着又是一场扣人心弦的网球赛。他听着这栩栩如生的描述，仿佛亲眼看到了窗外所发生的一切。

一天下午，当他听到靠窗的病人说到一名板球队员正慢悠悠地把球击得四处皆是时，不靠窗的病人突然产生了一个想法：为什么偏是他有幸能观赏到窗外的一切？为什么自己不应得到这种机会？他为自己会有这种想法而感到惭愧，竭力不再这么想。可是，他愈加克制，这种想法却变得愈加强烈，直至几天以后，这个想法已经进一步变为紧挨着窗口的为什么不该是我呢？

他白昼无时不为这一想法所困扰，晚上，又彻夜难眠。结果，病情一天天加重了，医生们对其病因不得而知。

一天晚上，他照例睁着双眼盯着天花板。这时，他的同伴突然醒来，开始大声咳嗽，呼吸急促，时断时续，液体已经充塞了他的肺腔，他两手摸索着，在找电铃的按钮，只要电铃一响，值班的护士就立即赶来。

但是，另一位病人却纹丝不动地看着。心想，他凭什么要占据窗口那张床位呢？

痛苦的咳嗽声打破了黑夜的沉静。一声又一声……卡住了……停止了……直至最后呼吸声也停止了。

另一位病人仍然继续盯着天花板。

第二天早晨，医护人员送来了漱洗水，发现那个病人早已咽气了，他们静悄悄地将尸体抬了出去,丝毫没有大惊小怪。

稍过几天,似乎这时开口已经正当得体。剩下的这位病人就立刻提出是否能让他挪到窗口的那张床上去。医护人员把他抬了过去,将他舒舒服服地安顿在那张病床上。接着他们离开了病房,剩下他一个静静地躺在那儿。

医生刚一离开,这位病人就十分痛苦地挣扎着,用一只胳膊支起了身子,口中气喘吁吁。他探头朝窗口望去。

他看到的只是光秃秃的一堵墙。

例文6 替　聘[①]

李桂芳

母亲陪着儿子来人才市场应聘。看那儿人山人海的,母亲就有了许多焦虑。无论如何她都得帮儿子找到工作。

儿子大学毕业已经在家待了半年,眼看着他的同学陆陆续续都已经走上了工作岗位,找到了称心如意的工作,可儿子老是不慌不忙的,说工作迟早会有的。为这,母亲真有些生气了,所以今天非得亲自陪着儿子来应聘不可。

终于看到一份待遇不错的推销工作,儿子的条件也挺适合的。母亲便努力地挤进密密匝匝的人群里去,好不容易帮儿子要到了一张应聘报名表。儿子接过表格,三两下就填完了。母亲接过一看,字迹很潦草,就生气地说,“你怎么这样,不能把字写好点儿吗?”儿子不耐烦地说,“我就那水平。”

母亲无奈地再次挤到了前台,又要了一张表格,看看拥挤的人流,害怕挤出去难以再挤进来交表,便就着工作台,拿笔填起来。念中学时母亲的书法作品就曾得过奖,所以她的字写得很漂亮。一个工作人员见她正专心地填表,凑过来,看了看说,“不是你应聘吧?”母亲被身后的人流推得歪来倒去的,好不容易站稳了连忙说,“不是的,我是给我儿子填的”。那人说,“你儿子本人呢?”母亲不好意思地笑了笑说,“他力气小,挤不进来。”工作人员看过母亲写的字说,“你的字写得不错呢。”母亲赶紧说,“我儿子写得还要好呢。”

因为表格交在前面,不多时就叫到了儿子的名字,母亲赶紧大着嗓门儿朝后面叫着儿子的名字。儿子好半天才挤进来,还边挤边抱怨说,“让你别忙,你忙什么嘛!”母亲朝他使使眼色,意思是在工作人员面前别乱说。

母亲和儿子被叫到另外一间小屋进行面试。工作人员问儿子,“你为什么要

---

① 选自《中国小小说精选》,有删改。

来应聘这份工作?”刚才还和母亲顶嘴的儿子,此时突然有些紧张起来,好半天才挤出一句话说,“我需要找份工作。”母亲赶忙帮他圆场说,“我儿子从小就伶牙俐齿的,这会儿是紧张点儿。他适合做这个推销工作的。你别看这孩子长得瘦,可能吃苦了。小时候吧,家里的一切家务活儿都让他承包了,街坊四邻一个劲儿夸他能干呢。”

工作人员又问了下一个问题:“你觉得做推销工作需要具备怎样的素质?”儿子想了半天,大冷的天,额上冷汗直冒,半天才张嘴说,“我觉得只要能吃苦就行。”母亲连忙接过他的话头,嗔怪地看了儿子一眼说,“这孩子,刚才在路上还给我说得头头是道呢,这会儿怎么就忘了?”母亲对工作人员说,“搞推销,一直是我儿子的梦想。所以,一直以来他都有意识地在培养这方面的能力。他平时就跟我说,推销人员应该有以下素质:一是一副好口才,能为产品做详细生动的口头广告;二是有吃苦精神,能走街串巷,不怕麻烦地上门服务;三是有良好的交际能力,能和各式各样、三教九流的人打交道,广泛地推销产品……”母亲毫不停歇地一口气说了十点,好多竟是工作人员没听过的有价值的新观点。

听过母亲的介绍,在场的人都面露微笑。母亲一看他们的微笑,心里就跟喝了蜜似的甜,她知道儿子的工作终于有希望了,于是欢天喜地地领着儿子回家等候通知。

三天后,母亲终于高兴地接到了那家公司的电话,儿子也兴奋地等在一旁。然而,听过电话,母亲却呆在了那里——公司录取的不是儿子,而是她。

例文 7　被砍伤的学校

周　彤

已近黄昏。夕阳慷慨地将最后的光洒在天边,燃烧了的云把远处的天空映得通红。这种小城通常都是容易安静的。因为人们在闲暇之余并没有多少娱乐场所可以去。小城唯一的学校也早早放了学,黄昏中的学校没有了白天的生机,一片寂静。

阿瑞很喜欢在这种时间去学校散步,他今天也在吃完饭后趁老婆没注意溜了出来,叼着根牙签晃悠悠地朝学校走。一路上行人并不多,看见阿瑞都往旁边避。哼!我不就是又没工作,脾气又差了点嘛!老婆也真是,干什么到处去说!阿瑞如此想着,加快脚步拐了两个弯,朝学校走去了。

阿瑞正惬意地买了包烟在学校操场上吞云吐雾,眼角的余光瞥到一个人影。

他定睛细看,确定了那个进来学校的男人手里拿着把斧头。拿把斧头来学校?在阿瑞眼里那个男人陡然危险起来。阿瑞猫着腰躲在一棵树后面,远远看见那个男人进了教学楼,他也轻手轻脚跟了上去。

昏暗的楼梯间在逐渐消失的光线下显得越发诡异,阿瑞丢下烟蒂踩了两脚,放慢呼吸一步一步走上楼梯,那个拎着斧头的男人很危险,阿瑞心里不断重复这句话,手心里不由渗出了汗。在走上顶层三楼时,阿瑞听到走廊尽头的那间教室里传来砍东西的声音,他爆了句粗,冲进那间教室,就看到教室里桌椅散架,一地狼藉,而那个男人还在不断地挥舞手中的斧头。阿瑞心想这哪来的神经病啊,冲上去要制止他,搏斗越来越激烈,阿瑞也急红了眼。最终阿瑞的手被划伤了,他跌跌撞撞跑出来,报了警。

小城被冲天的警车和救护车的鸣笛声惊醒,人群涌向学校,在门口围了一大圈。在小城开间超市的梁姨看到阿瑞的妻子急匆匆跑向警察,用手肘动了动旁边站着的人:"哎,阿瑞又出啥事儿了?""又发病了呗。自从他儿子在学校被那些黑社会砍死以后,他就时好时不好的。今天学校请了个木工,人家手里拿的是斧头,那叫阿瑞瞧了可不刺激他了么,这不,打起来了,都受伤了。""造孽哟,这么危险也不看着点,不过阿瑞也真可怜。"梁姨叹了叹气,抬头看了看眼前的学校,天已黑了,夜幕下的校园似乎悲悯地看着被带上救护车的阿瑞。

例文8 傻 子

佚名

村里发生了一件意外,那就是傻子死了。可全村人都说傻子的一条命换俐子的一条命,值了。

傻子是俐子的姐姐,她们的父母在她们还小的时候就死了。傻子原本不是傻子,她是10岁那年发了一场高烧,而那时候的俐子才4岁,不懂事,没个照应的她便给烧坏了脑袋,成了傻子。傻子原本有个好听的名字,叫伶子。

自从伶子变傻了以后,村里人都开始叫她傻子,她听了之后笑呵呵的,不吵也不闹。从此,就再也没有人喊她的伶子了。村里还有些过分的小孩,每次看到伶子总会往她身上扔石头,然后再迅速跑开。有时候伶子会模仿小孩往他们身上扔石头,可她往往会扔回双倍的石头,弄得满身淤青。

可俐子从来不会心疼姐姐身上的淤青,打她懂事那会儿,她看到的姐姐就是满身伤痕的。况且,俐子不喜欢傻子。因为傻子是俐子的跟屁虫。俐子上山捡柴，傻子跟着；俐子下地种菜，傻子跟着。无论俐子走到哪里，傻子都会寸步不离地跟着。但傻子从不会闹事，只是安安静静地走在俐子后头，时不时傻傻地摇晃一下身体。可傻子每次看到俐子除去菜里的杂草野花，她都会哇哇地大喊，拼命阻止俐子拔去这些乱糟糟的植物。而俐子从来不理会傻子的大喊大叫。傻子喊得越激烈，她拔得越是决然。俐子无时无刻不想甩了傻子这块狗皮膏药。

俐子现在已经到了谈婚论嫁的年龄了。俐子的样貌在村里数一数二的，又十分能干，村长说一定能给俐子寻个好人家。很快，事情有了眉目。隔壁村王家的儿子太原说是十分中意俐子，如果俐子愿意的话先处一段日子，随时都可以操办婚礼。

村里人都说俐子终于可以享福了，因为隔壁村王太原可不简单。王太原打小就跟着村里的包工头在外头混，结果混着混着自己倒也成了一个包工头。俐子自然也是欢喜的，要是能嫁给王太原，那她下半辈子都不用下地干活了。可她也是忧愁的，因为她还有一张不能甩掉的狗皮膏药——傻子。

这天，俐子在家打扫卫生，傻子照着俐子的步伐在后面一步一步地跟着。突然，一个壮硕的阴影落在了俐子身上，挡住了门口的光亮。俐子抬头一看，是王太原。他正满头大汗地站在门口，手里提着一些俐子见都没见过的糕点，见到俐子的他笑得眼睛眯成一条缝。俐子赶紧放下扫帚，招呼王太原坐下。而傻子丝毫没察觉一个男人的闯入，依旧紧紧地跟着俐子的步伐。俐子去倒水，傻子就走到水壶面前；俐子坐下，傻子也跟着坐下。王太原奇怪地看着跟在俐子后头的女人，问俐子："俐子，这是……"俐子感到异常窘迫，她就知道王太原会问起傻子："哦……这是我姐。小时候给烧坏了脑子。""哎哟，你看我这脑子！我咋忘了你有个姐姐呢。"俐子听到王太原的回答无奈地笑了笑，就没再说下去了。一番沉默之后，俐子看着坐在旁边的傻子，终于纠结地开了口："要是我嫁了过去，我姐能跟着我去吗……"王太原听到俐子的问题后支支吾吾地回答："我倒是没什么的……只是村里人恐怕会说三道四，我爹又是出了名的要面子……"

王太原的回答是俐子意料之中的，谁又愿意家里莫名其妙多个傻子呢！王太原走后，俐子是又高兴又犯愁的。因为呀，王太原竟比自己记忆中的要高，也要俊朗。以前她见王太原从来都是远远地看，哪敢凑那么近去观察呢。可是傻子怎么办呢？再怎样傻子也是自己的亲姐姐呀。俐子思前想后了一晚上，也想不出来个法子。

第二天，俐子皱着眉站在家门口，她依旧在想着办法。傻子蹲在家门口的篱笆前,看着篱笆脚下一簇杂乱的野花,嘴里不停地嘀咕着什么。突然,村长急匆匆地从俐子面前走过,手里抱着一大箱东西。俐子奇怪地叫住村长问:"村长,你这是去哪儿呢?"村长也不停下脚步,回头喊着:"家里的猫去外头野了杂种,我这赶紧去把杂种们拿到后面山头丢了去,不然母猫等会儿就又回来了!"

这是村里不成文的习俗,就是村民家里有新生的狗或猫,不想养或者养不了的便会带到后头深山丢了。而附近村子里有些想养的便会去后面山头搜罗。俐子想到这眼睛突然一亮,她突然想到了什么。可她立刻皱了眉,纠结了起来。

可是还没等俐子想好,王家的定礼就来了。俐子看着这丰厚的定礼,心里也开始变得着急。这天晚上,俐子没有睡。她等到村里人都关了灯的时候从床上爬了起来,一旁的傻子听到了俐子的动静,也赶紧爬了起来跟着俐子。

俐子就这样带着傻子摸着黑来到了村子后面的深山山脚。傻子看到了一山头的花花草草,开心得发出了"嘻嘻"的声音。俐子看着傻子这傻样,叹了口气,但还是带着傻子往深山里走着。山里头有一条小河,小河不深,但水流得特别急。加上晚上的山里一点光都没有,俐子带着傻子小心翼翼地想趟过小河。可没想到俐子脚下一滑,整个人都掉进了水里。俐子不会游泳,她拼命地挣扎着,可她就是怎么挣扎也站不起来。傻子看见俐子在水里不停地扑腾,她毫不犹豫地跳了下去,拼命地把俐子往岸上推。

俐子上了岸,等她把水吐了出来,才发现傻子不见了。她慌张地往水里看,可水里没有傻子。她开始大喊:"傻子!傻子!"可是有的只是空荡荡的回音。她急忙跟跟跄跄地跑下山,叫醒了村民。可一切都已经于事无补,傻子早就给河水冲去了。俐子在河里一连找了好几天的傻子都没找到,这块狗皮膏药终于走了。

村里人都没问俐子为什么会深夜和傻子进了山,他们只说傻子换了俐子一条命,值了。傻子走了以后,王太原来俐子家提了好几次亲。俐子再也没有答应了,她也再没跟村长提过寻人家的事。村里人都说俐子变得和傻子一样傻,俐子听了也不反驳,就扯着嘴角回个笑容。

俐子后来在那条河边种了一片田地的野花。傻子死了,她想起来了小时候,那时傻子还是伶子。伶子带俐子去采花,小小的俐子扯着伶子说:"不给摘,不给摘,花儿们会死掉的。"

例文9 偷鸡贼

佚名

林小锐所在的村子里发生了一起失窃案。

张二牛家前天白天刚买回来的两只母鸡，昨天夜里就不见了。二牛发现后，气得两眼通红，把偷鸡贼祖宗十八代都问候了个遍，又召集了邻里挨个询问。林小锐也混在人堆里凑热闹，无奈大家都面面相觑，没人知道偷鸡贼是谁。

全然一片尴尬的静默，忽地，一个声音打破了这片寂静："我，我知道，是住小学旁边的那个流浪汉偷的！我在他那小屋门前，看见有鸡骨头！"

村民们纷纷转头望向声源，那是村头的赵四，三十来岁，是个成日混吃混喝的主儿，瘦得像根竹竿儿，却也活到了现在。林小锐与一脸菜色的赵四还曾有过过节，在他八岁那年，学校组织春游，母亲特意为小锐做了一饭盒的卤鸡翅。然而在他独自上学的路上，赵四竟循着香味跟踪林小锐，一把把小锐抱在胸前的饭盒抢走。那一盒鸡翅，林小锐一个都没吃上，为此他在心里暗自记恨了好久。

赵四口中的那名流浪汉约莫四五十岁，林小锐还没出生的时候，就已经在村子里了。在林小锐的印象里，从没见过他和人说话，听大人说，他的脑子有点问题，听不懂人话。虽然他就住在林小锐就读的小学附近，但林小锐和他并没有什么交集，只记得前几天有一次，林小锐放学经过他身边，顺手丢了两颗过期了的糖果给他。流浪汉可能是不知道保质期这种东西，拈着那两颗包裹着大红色玻璃纸的糖看来看去，脸上挂着傻呵呵的微笑。

听见赵四的话语，人们一时间议论纷纷，有人提议去流浪汉的破棚屋那儿看看，有人说流浪汉一把年纪了，不可能身手这么敏捷地翻墙偷鸡。但林小锐对赵四的话抱有疑心，今天早晨，他为了捡树枝做弹弓玩儿起了个大早，天刚蒙蒙亮，他刚出门没多久，就遇见急急忙忙地往自己家的方向走的赵四。"四哥，出门这么早啊！"林小锐睨了赵四一眼，冲他打了个招呼。"欸，对……是是是，有点事儿。"赵四打着哈哈，未作停留，反而加快了脚步。林小锐经过他身边时，分明闻见一股鸡屎味。

眼看村民们不知如何是好，二牛先发话了，"不管怎样，先去他那儿看看再说！"此话一出，便得到了积极响应，其中有二牛的兄弟，有好奇的，也有看热闹不嫌事大的。赵小锐心里隐约有些不安，在队伍的最后面跟了过去。

还没走到校门口，就远远地望见流浪汉拖着个编织袋，在垃圾桶里翻找空饮料瓶。众人半请半拽地拉着流浪汉到他那破棚屋。走到了他屋前，赵四跳出队伍指着屋旁边的空地大喊："看啊，鸡骨头就是在这儿！"果不其然，一副空空的鸡骨架沾了泥土静置在地上，翅膀、爪子的骨头零碎地散落在旁。张二牛火冒三丈，一脚踹向老流浪汉的腹部，逼问他把另一只鸡藏哪儿了。其他人看着老头儿好欺负，也凑热闹似的你踢一脚，我踩一下。但奇怪的是，无论别人怎么踢打，那流浪汉都不如实招来，只是一直摇头，发出“唔唔啊啊”的呻吟。

林小锐站在人堆外面踮着脚朝里望，流浪汉被欺负的惨状让他有点不忍心看。正要转过头去，忽地，他瞥见赵四叉着腰站在一边，笑容中带着一丝狡黠与得意。

林小锐越看越觉得不对劲，那一盒鸡翅又在脑海中浮现，种种复杂的情绪归为一句不经大脑便喊出的话——“赵四骗你们，鸡是他偷的！”话音刚落，他才反应过来，即便赵四身上有鸡屎味也不代表就是他偷的鸡，自己这话说得空口无凭。

赵四一惊，脸色骤变，尖声尖气地喊出一句“你胡扯”，便作势要上前打林小锐，却被一旁的群众扯开。一时间场面更加混乱，拦赵四的让他别和小孩子计较，拉林小锐的叽叽喳喳地劝，这时候，大家反而都忘记了流浪汉的存在。

这样的混乱持续了好一会儿，双方谁也不罢休。

“喂，我们真在赵四家瞧见了另一只鸡！”一个洪亮的声音从远处传来，大家都不约而同地转头望向声音来的方向。两三个人从赵四家的方向走来，走在最前面只穿了件白背心的男人手里拎着一只母鸡，张二牛的母鸡。原来刚才趁乱，几个年轻人去了趟赵四家。一见这场面，赵四顿时如同瘪了的皮球，嘴巴张了张，却说不出任何话，没有肉的脸颊又向内凹陷了一些，显得更憔悴。张二牛和几个年轻汉子不由分说，驾着赵四就朝人群外面走，没有理会呆呆地望着他们的林小锐。

赵四被架走的背影越来越远，聚众村民的笑闹戏谑声也逐渐低了，纷纷散去。只有赵小锐仍站在原地，眉毛与嘴角一并上扬，虽然是歪打正着，但也算是教训了看不顺眼的人，心里畅快。

突然，林小锐感到有人在轻拍自己的肩膀，他一回头——居然是流浪汉。他吓了一跳，本能地挪了两小步。那老流浪汉额头有一块红肿，却咧开缺了门牙的嘴笑着，含糊不清地讲着“谢谢”，并颤颤巍巍地在衣兜里掏着什么东西。似是摸到了什么后，他缓缓向林小锐伸出手，脸色依旧是那傻呵呵的笑容。林小锐皱着眉头看着流浪汉，不知他想做什么。

掌心摊开，林小锐却愣住了。

那粗糙的手掌上，是一颗用大红色玻璃糖纸包裹着的糖。

例文10 1942

黄逸飞

1942年，冬季凛冽的寒风仿佛能冻结万物，周围萧索，阳光也不见一丝，连枝桠都透露着一股饥饿的味道。在一座破败却又高耸的城墙下，人群乌泱泱地簇拥着，他们衣衫褴褛，面黄肌瘦，他们疯狂地拍打着那扇鲜红色的城门，嘴里喊着："快点开门，再不开门，人就要饿死啦！"

远处站着一名妇女，嘴唇冻得干裂，手还禁不住的发抖，粉红的夹袍打满着补丁。左右两边还分别站着两个小孩，哥哥大约十一二岁的模样，妹妹只有六七岁。两人皮肤黑黄，一点也没了本应该有的水灵，妹妹娇声地问："妈妈，我们什么时候才能进城里啊。"妈妈轻抚着妹妹的头说道："别着急，别着急，很快城门就会开了。""可是，妈妈我好饿。"女孩带着哭腔回道，妈妈没回答，只是用心疼的眼神看着妹妹。

这时，城门上走上来一个人，锦袍加身，貂皮围巾，肥头油脸，恰恰和城墙下的人形成极端以上的对比，他说道："应政府的命令，等会我就会开城门，放粮，但是，有个规矩，每家只能带一个小孩进来。"城墙下立刻响起不满的抗议声，那个人大喝一声："规矩就是规矩，倘若我发现，到时我就全家都赶出去。"说完这句话，他就慢慢地走下了城楼。

妈妈在原地愣了许久，哥哥抓了一下妈妈的手，妈妈才稍微回过神来。妹妹终于忍不住了，哭喊着："妈妈，我好饿，我好饿。"随即便躺在地上，撒起泼来。妈妈看到这样，便从一个破旧的布袋里拿出了一个梨，可是这个梨有一面已经烂去了，妈妈把这个梨掰成两半，妹妹死死地盯住那个梨，可将要把好的那个梨给妹妹的时候，她的手停住了，她想起城楼上那个人的话，心想："不，不，家里还要传后……"随即将梨给了哥哥。妹妹看着自己手上烂去的梨，想说什么，但又不说了，哥哥却看着梨仿佛在思考着什么。妈妈把哥哥拉到一旁，然后从口袋里拿出一条红丝巾绑在哥哥的手上说道："等会儿人挤人，戴上，好进城。"哥哥低喃了一句："妹妹呢?"妈妈愣了一会，随后伤心地说道："她也会的。"

妈妈好像要出来，便向远处走去。哥哥看着远处的妹妹，妹妹因为吃着烂梨而一脸委屈，哥哥向妹妹招手，妹妹跑了过来，哥哥拿出那个好梨说："和你换。"妹妹还不敢相信，随即开心地蹦了起来。哥哥笑了笑，看向城墙，随即脸色又暗淡下去。

城墙打开了，人群蜂拥一般地挤了进去，到处都是叫骂声、小孩的哭声，甚至是碎裂的声音。妈妈牵着两人，挤在人群中，这时不知道是什么突然的力量，将三人全部都冲散。妈妈体格大，顺着人流被挤进城墙内，她对着城墙外的人群疯狂地叫着哥哥的名字。这时一只小手格外夺目，因为上面系着一条红丝巾，妈妈一把抓住那只手,一下扯了进来,"嘣"的一声,鲜红色的城墙也关闭起来。妈妈连忙看向那只小手,妹妹低声说着:"妈妈。"妈妈一愣,然后喊道:"你哥哥呢,你哥哥呢!"突然好像知道了什么,发疯似的冲向那鲜红色的城门,拍打着,叫喊着。

哥哥瘫坐在城门外,隐隐约约从城门里传来拍打声,但是哥哥并没有在意,他拿出那块妹妹给的坏梨,咬了一口,用着最后一口气力缓缓地说道:"这梨真甜。"

例文 11　一场雪一段歌

雪后的夜晚行人更少了,他买了一瓶白酒,在过街地下通道喝完唱了几首歌,闭着眼。直到他睁开眼,发现前面蹲着一个姑娘,秦方直直地看着那个姑娘,姑娘也不说话,只是笑着看他。他说我给你唱首歌吧,姑娘点点头,秦方唱了一首很老的歌《我是不是你最疼爱的人》。借着酒劲儿,他唱得格外动情,好像把前半辈子的苦和怨都唱到歌里了。一曲唱罢,姑娘已经哭成泪人。秦方也不问,他知道,在北京生活的人,哪一个是没有故事的呢?

后来的很多天,姑娘都是晚上 9 点准时过来听歌,来的时候不说话,走的时候也不说,但每次都给秦方带来热腾腾的饭,看得出来,那是她自己做的。直到有一天秦方实在忍不住了,问她为什么总来,姑娘只说了一句话:"我叫莹莹,你别忘了我。"

望着她走远的背影,就像初识时下的雪一样洁白莹莹。

此后的很多天莹莹都没再来,秦方浑身不舒服,唱歌也没精神,几次都是等到后半夜才回家,可又没有联系方式,甚至不知道那个叫莹莹的姑娘住在哪儿。一个星期后,莹莹终于出现了,秦方看见莹莹的时候,全然没了姿态,放下吉他就飞奔过去,一把抱住莹莹。两个人就在那个地下通道里,静静地相拥在一起。行人匆匆而过,没人会注意一对情侣。

从此秦方和莹莹就相依为命,莹莹把一个安稳的工作辞了,陪着秦方。秦方在通道里唱歌,莹莹就在旁边陪着,静静地看着。秦方说莹莹最喜欢他的那首《我是不是你最疼爱的人》,觉得让人很心疼,就想打心眼儿里照顾他。

几年间,莹莹陪着秦方唱遍了北京的大街小巷、地下通道。就在一切看起来都要好起来的时候,莹莹的父母来北京了。见到莹莹父母的时候,秦方就明白了,为什么莹莹可以两年不上班,还能拿出钱给他买烟买酒买吉他,从来没见她犹豫过。

莹莹爸拍着秦方的肩膀说:

“看得出来，你是个好小伙子，踏实，能吃苦。可我不能让莹莹跟着你吃苦。这两年她从不让我们来北京，就怕我们知道她过得不好。我姑娘从小就娇生惯养，跟你这几年，也够情谊了，你不能耽误她一辈子。”

秦方只是点头，他没有任何理由反驳。他知道，他没办法给莹莹更好的生活。莹莹也一开始就知道，他俩没法在一起，所以才会说那句“我叫莹莹，你别忘了我”。秦方没求莹莹的父母让他们在一起，他说：“我就一个请求，让我跟莹莹再待一晚，第二天我亲自把莹莹送回来。”莹莹父母勉强同意了。

回家后，两个人都没说话，沉默，莹莹先开口：

“秦方，时间到了，我已经拖了几年了，家里的工作，一切都安排好了……”

“还有男朋友吧？”秦方低着头说道。

莹莹没说话，彼此心知肚明。那天晚上说了许多的话，好多话秦方都不记得了，他只记得后来，莹莹拉着他的手哭着说：

“秦方，我这辈子最不后悔的事，就是那个雪夜遇见你。你不知道，遇到你在我的生活里，你就像一个信仰，突然出现在我的眼前。那年北京的雪，你就那么倔强地站在那里，我觉得这辈子都在那个晚上过完了。”

最后莹莹走的那天早上，还是要秦方给她唱那首老歌《我是不是你最疼爱的人》：

现在为了什么不再看我
我是不是你最疼爱的人
你为什么不说话
握住是你冰冷的手
动也不动让我好难过
我是不是你最疼爱的人
你为什么不说话……

第二节　影视作品评论范例

和戏剧故事的例文一样，在这里我们也将选取四篇不同侧重点的影视评论文章进行分析，让大家更好地了解一篇文章的构成思维和逻辑，尽量为大家影视评论的写作起到穿针引线的作用。我们将从评论人物、评论道具、评论艺术特色以及评论主题的文章中各选一篇进行分析。当然，这些文章不一定是最优秀的，但绝对是最具有代表性的。希望大家能够在我们对文章赏析的过程中学习到一些方法和技巧。

总之，影视评论的写作注重的是我们的逻辑思维能力和表达论述能力，需要我们用心看影片，用视听去论证我们所感受到的观点和想法。当然，这是一个非常艰难的过程，需要不间断的历练。只要大家认真去学习、借鉴，用心思考其技巧方法，相信大家很快就会掌握影视评论写作的技巧。

例文赏析1　贫苦生活下乐天人物的坚韧与执着

——评《钢的琴》中陈桂林的人物形象

当昔日轰鸣的机器不再运转，当袅袅的硝烟不再升起，当孩子们穿梭在四合院的身影化为泡沫，剩下的只有一片呐喊过的死寂。在当时压抑的社会环境下，我们该如何寻找存在的意义？影片《钢的琴》正是通过富有生活智慧的电影对白、极富戏剧张力的影像风格，淋漓尽致地向观众展现了一个生活在社会底层，既诙谐、幽默又乐观的小人物在面对生活接连不断的压力时，所表现出的为人父母的责任感，同时在面对已逝去的青春时，又表现出为理想而不懈奋斗的人物形象。

【赏析：前文中已经说明首段写作的基本要领：小引子——引入电影——抛出论点，本文就是如此。本文的侧重点在于人物形象，所以其主论点也是关于人物形象。我们需要时时注意主论点的引导作用，要注意主论点与主标题、副标题的紧密联系。从中我们可清晰地看出：主标题、副标题和主论点都是在写人物形象。如此，文章的逻辑结构就没有太大问题。】

影片在幽默诙谐的电影台词中，向观众塑造了身处社会底层却富有生活智慧的人物形象。主人公陈桂林在剧中那诙谐幽默的对白，常常能让观众捧腹大笑，生活过得十分辛苦，却不愿向残酷的现实低头。影片中，陈桂林用高级词汇修饰平凡的工作岗位:在宰猪厂里称朋友的职业“杀猪”为一门“庞大的产业”;在请求好友帮助造琴工作一事上,把女友的“卖唱”工作说成放弃她的“歌唱事业”;当发现女友与好友发生关系时,一句“隔壁老王”让观众呵呵大笑。这些诙谐幽默的台词向观众塑造出虽生活不易却拥有乐观的生活态度的人物形象。

影片通过戏剧性的影像风格,从正面讲述了身为父亲的主人公对女儿那沉甸甸的父爱。影片开篇就扎扎实实地铺垫了女儿喜好钢琴且琴艺优异的伏笔,也使得女儿“谁给我钢琴我就跟谁”的童稚的理由水到渠成;接下来展示的陈桂林寻觅钢琴的过程则更加层次分明,极富张力:起初是最稀松平常的“买”,于是他四处借钱,奔波劳碌,但毕竟大家都是下岗的闲人,手头不阔绰,金钱短缺的压力促成了第二招——“偷”,一帮哥们儿借着酒胆甘愿触碰法律底线,但结果却并不如意,被人发现;正当大家被追得四处“逃窜”时,陈桂林却雷打不动地依偎着钢琴,在超现实主义的背景下,弹奏出五味杂陈的凄怆心曲。屡战屡败的打击下,故事产生了强大的向心凝聚力,陈桂林选择靠自己来“造”一架钢琴——父亲的角色以天职之爱立于女儿面前,竟是一种叫人心疼的温吞卑微甚至唯唯诺诺,而毫无功利掺杂的血缘亲伦造就的超现实的浪漫主义行径,也让陈桂林坚毅执着的奋不顾身行为有了感人的说服力。所以,当那架笨重朴拙的“钢的琴”终于被锻造成可以发出声响的优雅金属时,受众听到的是父爱如山的最强音。这是来自父亲对女儿深沉的呼唤,是他爱的体现,也是他责任的体现。

电影里的主人公通过帮助女儿实现梦想,侧面表现了主人公对已逝梦想的不断追求,是典型的追梦人。在大的时代背景下,主人公通过把梦想寄托他人予以实现——陈桂林携好友趁着酒劲,摸黑潜入学校偷琴失败后,在一种超脱现实主义下弹奏了一首五味杂陈的凄怆心曲。此时,主人公的潜意识得以表达:是他对一架钢琴的渴望,也是他对女儿的期许,更是他对青春梦想的强烈追寻。在随后的造钢琴过程中,朋友们对他无私帮助,他们也仿佛在制造一架属于他们自己的“钢的琴”。这既从侧面衬托了剧中人物追求梦想的努力,也表达了他们对青春已逝的无限慨叹。

【赏析:简单的三个分论点的阐释,我们可清晰了解人物的形象。这些形象的论述来源于影片中的细节表现。需要注意的是,分论点的写作要简单明了,让读者对每一段落的核心思想一目了然。同时,在论述的过程中,基本上遵循“是什么、为什么、怎么了”的逻辑进行阐释和论述。】

当东北工业陷入一片死气沉沉之际,人们开始迷失前进的方向。电影《钢的琴》在银幕上塑造了一个生活艰辛却拥有智慧的语言、乐观的心态,不断向现实发起挑战的小人物形象,使观众在情感上产生了共鸣——这或许就是当代工人生活的真实写照。

【赏析:关于人物形象的角度写作,大家要注意:我们尽量去围绕一个人物展开论述,然后在尾段中稍微一带其他人物即可。这样做一方面能够让阅卷老师感受到你对影片中的人物有较为深刻的认识,另一方面也可以看出你对电影中的其他人物有自己的理解。这是一个点与面的关系。

同时要注意的是,关于人物的评论,我们基本上按照递进的逻辑关系进行论述。第一个层次基本上是最表面的,也就是人物给我们的最初印象;第二个层次是说明人物的变化,在影片的故事讲述中发生了哪些改变;第三个层次是对人物进行升华,这个人物代表着一类人。在具体阐释和说明的时候,基本上是从人物的个人表现和别人评价这两个维度去找论据,在此基础上进行视听分析,这样就可以论述清楚影片中的人物形象了。】

学习札记

______

______

______

例文赏析 2　揣而锐之,不可长保

——浅评《卧虎藏龙》中"青冥剑"的运用

魏大山

唯美的打斗场景,如画般的刀光剑影,既柔和又凌厉,这是导演李安所演绎的武侠梦。而一般人的武侠梦,无非是能取得上好的兵器,用自己高深的修为在腥风血雨的江湖中体验快意恩仇。许多中国导演的确是这么拍的,让观众体验一把杀戮和复仇的快感。但是在《卧虎藏龙》中,虽然以剑贯穿全片的线索布置略显俗套,却以另一个角度融合了李安心中的道学思想,使剑的意义不止体现在表层,更以一种极为凌厉的方式直至内心,从而引发观众对追逐与知足之间如何取舍的另类思考。

【赏析:一看标题就知道在写道具,所以我们可以很容易读出主标题、副标题和

主论点的落脚点都在道具——青冥剑的身上。首段的写作也是非常不错的，巧妙地引入电影代入主论点，简单明了。】

"青冥剑"这一道具作为影片的主要线索从始至终贯穿全片，使得影片情节紧凑并且推动了剧情的发展。故事开始于一个大全景所展示的静谧的湖，"青冥剑"也是第一次跟着李慕白出现，而后转交到俞秀莲的手中。随即画面用大远景的镜头及俯拍的上帝视角，表现出恢宏的紫禁盛城，也交代了故事发生之地，预示着"青冥剑"的不凡际遇。李安通过两次斜拍特写直观地展示了影片中两次出现的"青冥剑"，配上宝剑出鞘的效果音和剑身上后期被打上的青光，无疑体现了"青冥剑"本身的锋利和神秘，为小龙盗取此剑的意图打下了物质基础，故事线也顺着剑得以发展。而小龙盗取"青冥剑"的过程也是极富有戏剧性的。她偷剑、还剑，再偷、再还的行为更是突出，这反反复复出现的宝剑推动着情节的层层递进，也使这一过程层次更加分明。

【赏析：道具写作的第一个分论点，就是关于道具所引发的故事，也就是道具的线索作用，所以本段用精练的语言将青冥剑的线索作用表达了出来。】

同时，导演通过一系列风格化的镜头运用和巧妙的场景布置展现出"青冥剑"这一道具在影片中对于人物内心的情感变化。在竹林旁的亭子中，李慕白向俞秀莲表达心意，亭子外是清新悠然的竹林，这与单调的灰色墙壁作对比，显现出在封闭空间中的束缚之感，突出李慕白对竹林无限的向往与人在江湖身不由己的无奈。他说："把手紧握，却发现什么也没有；把手松开，你所拥有的是一切。"对于一个武侠来说，以手握剑是最自然的表现，但他说想要松开，恰恰表现出李慕白对平凡生活的渴望和弃剑的决心。而在另一组镜头中，表现小龙与武林各派的交手，略微的仰拍和快速的切换，体现了打斗的激烈，同时小龙略显黑色幽默的吟诗，更是让小龙享受自在、受人仰视的江湖豪迈感油然而生。两人对于"青冥剑"掌握权的不同看法鲜明地反衬出人物间的差别，被刻画得淋漓尽致。

【赏析：此处是文章的第二个分论点，其实在写青冥剑这一道具的第二个作用——表面含义，也就是这一道具对影片中主要人物的作用和意义。在这里论述的是青冥剑对于李慕白而言是包袱，是责任，是累赘；而对于玉娇龙而言，这把剑则代表着权威、地位和名利。所以李慕白要弃剑，玉娇龙千方百计想要得到剑。因为境界不同，所以青冥剑对不同人物而言的意义就不相同。】

更重要的是，影片中"青冥剑"不仅仅作为故事发展的线索，而且在塑造人物形象时，"青冥剑"将其所承载的"出世"还是"入世"的矛盾选择的含义深入浅出地展现出来。在李慕白弃剑和小龙奋不顾身跳入水潭中取剑的场景里，镜头里的拍摄主体是剑,其次才是人,这里的剑代表了两种不一样的道路。李慕白弃剑,弃的是对武林和境界的挂念,为的是心中难以遏制的感情;而小龙追剑,追的是一种自由和实力,为的是挣脱家庭束缚和对自由的向往。李慕白教小龙剑法从某种程度上讲,他看到了以前的自己,他可以用竹枝胜宝剑就是对剑本身的超脱,他不想让小龙成为另一个现在的自己,锋芒毕露而失去本心。两个人的不同选择决定了两个人的不同命运,李慕白在生命最后选择了爱情,小龙也在领悟后选择了身体上的超脱,而“青冥剑”则被贝勒爷收起,再不显露锋芒,暗示了李慕白的心愿得以实现,江湖恩怨就此了断。

【赏析:第三个分论点变得更加深入,其道具的意义已经超越了个人,达到了主旨的层次。所以我们可以较为清晰地看出,青冥剑在这里已经代表着“向往自由”与“挣脱束缚”的意义了。】

正是影片对“青冥剑”这一道具的巧妙运用,使得电影的主旨从李安道学的思想中逐渐映现。“青冥剑”展现了导演内心对于生命追求的取舍。影片最后,“剑”到了贝勒爷手里,完成了“剑”的使命的同时,使影片的意蕴在某种程度上得到升华。相比《十七岁的单车》中的“单车”,“剑”的寓意更加含蓄而深刻,令人回味无穷。

【赏析:本文是一篇非常不错的影评文章。一方面,文章写作角度比较新颖;另一方面,论述有理有据,且逻辑紧密、思路清晰,我们需要学习和借鉴。

在此重新梳理一下道具写作角度的文章构成。这是一篇递进逻辑的议论文。首先,我们要确定这个道具在影片中的重要性,基本上离开了这个道具,影片就变成了一盘散沙,失去意义;其次,我们要确定这个道具的基本意义,也就是说,其对影片中的主要人物而言都有着怎样的作用;最后,要确定这个道具的深层次含义——它所承载的影片主题。如此,我们就可清晰地了解这类文章的写作方法了。】

学习札记

例文赏析3 诙谐幽默背后的理想执念

——评《钢的琴》主题意蕴

辛 欣

当我们被迫突然斩断与过去光阻千丝万缕的联系时，当我们感觉被熟悉的过去放弃时，当我们过去的理想在不停召唤时，我们该如何超越现实困境，进入梦想新天地？电影《钢的琴》就是用诙谐幽默的手笔述说生活的琐事，以闹剧形式演绎时代的悲歌，并通过人物的巧妙设置，让我们观众读到了一个身处边缘的小人物用心吟唱的诗篇，懂得了埋藏在一段不堪历史下的隐喻，体味到一群活在当下的理想主义者对过往时代的反思和告白，更是明白了在生活困顿和现实暗淡的压力之下对梦想不断捍卫的影片主题。

【赏析：读到此，我们就可以清晰地了解到本篇文章的写作角度——关于主题。所以主标题、副标题以及主论点都是围绕主题展开的。同时，我们也可看到作者较强的语言功底，特别是开篇的几个排比句，把整篇文章的气势拉了上来，这是我们需要学习的地方。】

《钢的琴》中，电影台词里包含着幽默智慧，在营造出喜剧"笑果"的同时，也将影片主题亲切自然地传达出来。影片中的台词充满了生活的智慧，展现了编剧扎根于生活土壤的幽默感。他深谙老百姓喜闻乐见的生活笑料，并将其凝结在电影剧本的台词中，每一句嬉笑怒骂的背后，都显露出社会底层小人物的卑微与伟大，体现了影片的小品式喜剧特色。导演肯定了这种小人物对生活理想的追求和自我抚慰的人生态度，试图用一种轻松调侃的方式讲述出来。影片中陈桂林与淑贤在小酒馆喝闷酒时，陈桂林抱怨："你瞧我爹给我起这个名儿，就是希望我像'桂林山水甲天下'。结果呢，结果没甲了，还夹生了。"片中像这样的小幽默比比皆是，明明是小人物，却经常使用大人物的词汇，产生了自嘲和幽默的效果。但是，虽然说出来像是不经意的玩笑话，细细品味却能体会字里行间的艰辛与泪水，由此也使观众在嬉笑的话语背后感受到台词中所流露出的那份对于梦想的执着坚持。

【赏析：当我们在评论影片的主题时，影片中的所有元素都是为主题服务的，所以我们可从任何一方面论述主题。比如，人物设置、道具运用、细节刻画、影像风格、叙事方式等都是可以的。在本文中我们看到了三个分论点：一是台词表达主题；二是影像风格表达主题；三是道具表达主题。】

影片运用了风格化的镜头语言，在打破现实主义文艺片沉闷节奏的同时，也使影片的主题得以凸显。电影在场面调度方面，最大的特色就是大量使用了静态构图和横移镜头。电影从头到尾都没有刻意渲染主人公们的失意、落寞，而是试图用片中穿插的充满形式感的影像来反衬现实的残酷和冰冷，从而也从侧面展现了小人物对于青春梦想的坚持与执着。从开篇陈桂林和其妻协商离婚开始，刻意设计的影片构图就将观众带入了与以往商业大片不同的观影经验中。在这场戏中，两人基本保持静止姿势，画面呈现出一种不自然的静态造型。随后的送殡戏中，画外空间被横移镜头不断拓展，由吹拉弹唱的乐手横移出送葬的人群，彰显了导演在影片中想要建立的风格化电影语言的野心。之后这种镜头语言被大量运用到电影中，形成了一种特色鲜明的影像表现风格。而正是这种独特的电影语言，使观众在观影过程中感到有些许“不适应”，由此也与影片产生了一种“间离”。

钢琴作为线索式的道具，在影片中成为推动情节发展与加剧戏剧冲突的关键。利用无生命的道具将故事说得活色生香，是《钢的琴》最叫人喜爱与钦羡的亮点，也是影片主题得以展开的线索。影片开篇就扎扎实实地铺垫了女儿喜好钢琴且琴艺优异的伏笔，也使得女儿“谁给我钢琴我就跟谁”的童稚的理由水到渠成；接下来展示的陈桂林寻觅钢琴的过程则更加层次分明，极富张力——起初是最稀松平常的“买”，于是他四处借钱，奔波劳碌，但毕竟大家都是下岗的闲人，手头不阔绰；金钱短缺的压力促成了第二招——“偷”，一帮哥们儿借着酒胆甘愿触碰法律底线，结果却并不如意，被人发现；正当大家被追得四处“逃窜”时，陈桂林却雷打不动地依偎着钢琴，在超现实主义的背景下，弹奏出五味杂陈的凄怆心曲。在屡战屡败的打击下，故事产生了强大的向心力，陈桂林选择靠自己来“造”一架钢琴——父亲的天职之爱在女儿面前竟是一种叫人心疼的温吞卑微甚至唯唯诺诺，而毫无功利掺杂的血缘亲伦造就的超现实的浪漫主义行径，也让陈桂林的坚毅执着有了一定的说服力。所以，当那架笨重朴拙的“钢的琴”终于被锻造成可以发出声响的优雅金属时，观众感受到的不仅仅是父爱如山的最强音，还有影片所要表达的那份对于青春梦想的追求。

影片正是通过诙谐幽默又不乏机智的台词、风格化的视听语言以及“钢琴”这一精巧设置的道具，将小人物对梦想的追逐主题表现得淋漓极致。《钢的琴》叙事简洁，却不像张艺谋的《山楂树之恋》那般简洁到浅显；它思想厚实，却不像顾长卫的《最爱》那般厚实到沉重；它台词幽默，却不像冯小刚的《非诚勿扰》那般幽默到轻佻；它情绪饱满，却不像陈凯歌的《赵氏孤儿》那般饱满到滥情。总而言之，《钢的琴》恰到好处地将执着于梦想的主题展现到极致。

【赏析：写作角度为主题的影评文章，影片中的任何元素都是为主题服务的。

我们清晰地了解到文章写作的逻辑和思路后，接下来最难的地方就是着手论述了。其实论述部分的写作，就是在主论点明晰的情况下剖析分论点，然后从影片中寻找细节进行论证。只不过在论述的过程中，我们要注意对视听语言的灵活运用，即：我们看到了什么（视听语言——文本本身）；为什么要用这些视听手段（视听语言的功能作用——创作者的想法）；运用这些视听手段能够带来怎样的效果（带给观众怎样的感受——受众的感受）。这一系列的审美过程需要我们陈述。】

学习札记

例文赏析4 关于《国际组织·拖车·夜晚》的评论写作

内敛镜头内黑白影像的营造

——评短片《国际组织·拖车·夜晚》的影像风格

（首段）影片通过对戏剧化的影像模式的反叛，对绚丽多彩的影像风格的颠覆，对多种肤色人物的展现，印证了标题中的“国际组织”，从而营造出极具风格化的镜头语言，展现出导演艺术风格的边缘性、前卫性、先锋性和探索性【小引子】，这就是电影《国际组织·拖车·夜晚》带给观众的最初印象【引入电影】。而该影片在洋溢着浓郁的生活气息的同时，饱含着对演员幕后不为人知的艰辛生活的同情与关注，创作出影片独具一格的影像风格【抛出主论点】。

（论点1）色彩作为第七艺术，在塑造影像风格和展现人物情感中具有不可或缺的地位，而该影片却以黑白色调对绚丽多彩的现实生活做出反叛，给观众营造出独特的影像艺术【分论点】。现实生活中，演员的生活是绚烂多彩的，而导演或创作者却反其道而行之，将影像对准了演员幕后的艰辛生活【what】，用黑白色调奠定了整部影片的基调。在影像表达上，影片创作者始终运用单调的黑白色调予以呈现，在带给观众视觉冲击的同时，也将剧中人物的生活状态予以展现：幕后生活的单调枯燥与乏味，以此说明演艺者表面光鲜的背后有着不为人知的艰辛【why+how】。

（论点2）同时，内敛的镜头语言也是形成影片独特艺术风格的一大要素【分论点】。从影片的拍摄角度来讲，由于创作者所选用的拍摄环境为--拖车内部，这就造成影片在拖车内部的拍摄机位极少（大约为3个），从而使镜头运动受到了限制——

影片拍摄大多采用固定镜头【what1】。而也正因此,从某种意义上来说,拉远了与观众之间的“距离”,使观众只能从客观的角度来审视和思考影片的内容:女主人公生活的单调与乏味【why+how】。此外,影片在拍摄过程中还运用了大量的长镜头(大约为7个)对女主人公的活动进行拍摄【what2】,从而在真实地展现女主人公的生活状态的同时,将其内心疲惫的心理也一同展现在观众的面前【why+how】。正是影片中运用的大量的固定镜头和长镜头,形成了影片内敛的镜头语言特质。

(总结)影片运用独特的电影艺术语言,营造出黑白单调的影像风格,选用封闭狭小的空间场景,形成内敛的镜头语言,以此形成独具一格的影像风格【总结上文】。与此同时,在那洋溢着浓郁生活气息的影像世界里,创作者寄托了对演员幕后不为人知的艰辛生活的同情,以此引发观众对演员不为人知生活的思考与关注【有所升华】。与之相比,周星驰的《喜剧之王》则从“喜剧”层面将演员“成名”之前不为人知的辛酸予以展现【有所外延】。

黑白影像下艰辛生活的展现

——评短片《国际组织·拖车·夜晚》的主题意蕴

(首段)影片通过对戏剧化的影像模式的反叛,对绚丽多彩的影像风格的颠覆,对多种肤色人物的展现,印证了标题中的“国际组织”,从而营造出极具风格化的镜头语言,展现出导演艺术风格的边缘性、前卫性、先锋性和探索性【小引子】,这就是电影《国际组织·拖车·夜晚》带给观众的最初印象【引入电影】。影片运用独特的电影艺术语言营造黑白单调的影像风格,选用封闭狭小的空间场景,深入细腻地刻画人物的思想情感,在洋溢着浓郁的生活气息的同时,饱含着对演员幕后不为人知的艰辛生活的同情与关注【抛出主论点】。

(论点1)色彩作为第七艺术,在塑造影像风格和展现人物情感中具有不可或缺的作用,该影片却以黑白色调对绚丽多彩的现实生活做出反叛,在给观众带来视觉压抑的同时,将影片的主旨予以表达【分论点】。现实生活中,演员的生活是绚烂多彩的,而导演或创作者却反其道而行之,将影像对准了演员幕后的艰辛生活【what】,用黑白色调奠定了整部影片的基调。导演在影像表达上,始终运用单调的黑白色调,在带给观众视觉冲击的同时,也将剧中人物的生活状态予以展现:幕后生活的单调枯燥与乏味,以此说明演艺者表面光鲜的背后有着不为人知的艰辛。至此,影片所要表达的主题在单调的影像风格中得以阐释【why+how】。

(论点2)同时,内敛的镜头语言也是形成影片独特艺术风格的一大要素,成为影片主旨表达的手段【分论点】。从影片的拍摄角度讲，由于创作者所选用的拍摄环境为一拖车内部，这就造成影片在拖车内部的拍摄机位极少（大约为3个），从而使镜头运动受到了限制——影片拍摄大多采用固定镜头【what1】。也正因此，从某种意义上来说，拉远了与观众之间的"距离"，使观众只能从客观的角度来审视和思考影片的内容：女主人公生活的单调与乏味【why＋how】。此外，影片在拍摄过程中还运用了大量的长镜头（大约为7个）对女主人公的活动进行拍摄【what2】，从而在真实地展现女主人公的生活状态的同时，将其内心疲惫的心理也一同展现在观众的面前【why＋how】。正是影片中运用的大量的固定镜头和长镜头，形成了影片内敛的镜头语言特质。

（尾段）影片运用独特的电影艺术语言，营造黑白单调的影像风格，选用封闭狭小的空间场景形成内敛的镜头语言，在洋溢着浓郁的生活气息的同时，也饱含着对演员幕后不为人知的艰辛生活的同情，以此引发观众对演员不为人知生活的思考与关注【总结上文，有所升华】。与之相比，周星驰的《喜剧之王》则从"喜剧"的层面将演员"成名"之前不为人知的辛酸予以展现。【有所外延】

赏析：看完这两篇文章，或许你感觉：这两篇文章不是一样的吗？也不禁产生疑问：这到底有啥意义？以下待我慢慢向大家阐释。

这两篇文章虽然看起来相似，甚至论述语言都一样，可是，当我们仔细查看的时候就知道有以下不同。

1. 文章标题不同。第一篇文章的标题是"影像风格"，第二篇文章的标题是"艰辛生活"。为何不同？因为文章的落脚点不同。第一篇文章的落脚点是影像风格，也就是说，其评论角度是关于影像风格的；而第二篇文章的落脚点是主题。

2. 主论点不同。因为两篇文章的标题不同，所以两篇文章的主论点也不同。第一篇因为评论的是影像风格，所以其主论点也是"独具一格的影像风格"；而第二篇因为评论角度是主题，所以主论点变成了"饱含着对演员幕后不为人知的艰辛生活的同情与关注"。

3. 分论点不同。因为主论点不同，所以我们可以清晰地看到每篇文章中的分论点也不同，它们各自论述着不同的主论点。

看到了吗？评论文章的写作特点就是这么"诡辩"。因为我们着眼点的不同，论述方向随时可以发生变化，这就是议论文写作的魅力。我们需要学习这种思维逻辑。

当我们灵活掌握了文章写作的逻辑之后，我们就要打磨文章的语言。这需要一个漫长的过程，我们要积累好的句子、好的文章。

总之,学习的过程有三个:海量的积累、智慧的模仿和不厌其烦的练习。相信你领悟到其中的真谛后,肯定会有一种豁然开朗的感觉!

学习札记

____

____

____

例文1 形碎 心碎 梦碎

——评短片《百花深处》的道具深意

曾庆港

虚虚实实,如同梦一样的回忆。不复存在的老北京胡同,却永久留存在了冯先生的心中。梦中,深深地烙印在他的大脑里,永不可褪去。他所珍爱的花瓶,因搬家工人的失误永远地碎了。但花瓶的形碎在影片中不仅仅只是肤浅地表明一个物品的破碎,而是象征并且隐喻了冯先生的心碎,以及反映出他内心深处对传统文化的坚守。花瓶,这个在影片中出现的道具,在陈凯歌导演的巧妙呈现下,表达出其深层寓意,也表达出导演的人文关怀。形碎的是花瓶,心碎的是人心,梦碎的是文化。

花瓶的碎裂,其实代表着冯先生内心的破碎,以及他心灵家园的破灭。冯先生是地道的老北京,他所代表的文化,是旧文化、传统文化。他讲话的语气、口音带有浓浓的"京味儿"。而且片中他的行为举止优雅,并不时带有京剧中兰花指的动作,很好地证明了他是旧文化的代表。他家的花瓶,虽然不复存在了,可在他眼中,花瓶始终存在。影片中搬家工人搬花瓶的过程显得随意,因为在他们的眼中,替冯先生搬家无非是戏弄他,骗他钱。但在花瓶破碎的那一刻,他们都被冯先生的反应所震惊并开始懊悔了。他们变得有良心,认为自己的行为是不正确的,并渐渐同情冯先生的遭遇。冯先生在花瓶碎裂前后,心情发生剧烈变化,表情变得呆滞,因为他知道花瓶是真正存在过的,所以花瓶的破碎给了他内心强大的冲击,以至于心碎。而冯先生内心家园的破碎也由花瓶的破碎象征而来。冯先生的胡同变得残破不堪,而他的内心家园也变得破败不堪,过去的"老北京"现在不认识路了,在他心中只有老北京,他内心家园的破裂也由他的"疯"体现出来。他因为内心家园的破裂而无法与时代接轨,成为冯先生——"疯"先生。

花瓶在影片中的破碎象征着过去文化的破碎。影片中的胡同，展现给观众的都是断壁残垣的一幅败景，而冯先生百花深处的胡同更是成了一片荒凉的平地，只有一棵老槐树还矗立在那儿。那已经是草木不生的荒地，没有一点过去胡同的韵味。相比之下，胡同四周高楼林立，车水马龙，人来人往。场景的反差也正是新旧文化的对比。过去的旧文化被现代化的潮流冲击破碎。

花瓶的碎裂，除了是旧文化破碎的象征外，更代表着传统文化的坚守以及文化永不可磨灭的记忆。尽管北京发展迅速，经济更加繁华，可在冯先生的眼中，只有老北京，他不认得现在的长安大街，心中只有过去的平安大道。在他眼中，高楼都不如自家的胡同。他对过去的记忆依旧那么熟悉，他不变的行为、口音、生活方式都在诠释着他对于传统文化的坚守。尽管现在世界发生翻天覆地的变化，可在他的眼中，老北京才是最美丽的。影片中的老槐树经历多年风吹雨打，槐树叶躲过了胡同毁灭的时光，但它依旧立在那儿，代表着对过去文化的坚守。胡同的残迹还有一丝尚存，它们也在坚守着属于自身的文化。历史尽管过去了，可记忆却还是清晰、不可磨灭的。影片中虽然讲述了现代北京的故事，但其背景音乐却为传统音乐。这种声画对立的处理方式除了能渲染气氛之外，更代表着创作者对传统文化的另一种坚守：传统文化依旧在身旁，尽管它破碎了，但声音依旧能在耳边响起，坚守着文化源远流长的记忆。不管是冯先生、遗迹、槐树，他们都在坚守着自己的文化，并没有被时代冲击得丝毫不剩，而是靠着顽强的信念留存了下来。

传统文化依旧留存在冯先生的心中。影片通过花瓶这样一个道具，用花瓶的外形破裂暗喻了其本质代表着的冯先生的心碎，以及内心家园的破碎，以至文化的破碎，将其升华为传统文化的坚守这一主题。花瓶与影片中的其他道具相互联系，共同诠释了影片的意蕴，表达了导演的人文关怀。影片除了展示导演对道具的成熟运用与构思技巧外，更表达了他对于传统文化的反思、告别与不舍。形碎的花瓶下，碎的不只有冯先生的内心，透过影片也让我们进一步对于文化作出反思。《百花深处》，花瓶碎的是形，但其深意却是悠远绵长的，令观众回味并深思。

学习札记

例文2 记忆深处的凋零

——评《百花深处》的主题意蕴

叶 楠

作为“十分钟年华老去”中的一部短片，陈凯歌导演对中国传统文化的表达，不仅限于对儿时的记忆，对中国传统文化的简单还原，而是通过讲述一个现代社会“疯子搬家”的故事，深刻地体现出短片的主题：现代社会人们的物质生活越来越发达，而我们曾经生存、眷恋的乡村文明、原始文明却在物欲中逐渐被摧残。历史与传承的将息之火，虚幻与现实的重叠之印，似乎越发步履维艰。

导演为了更好地表现主题，塑造了具有典型性格的“冯先生”这一人物形象，使其为彰显主题提供了人物原动力。影片中，冯先生身着红色学生装，头戴黄色安全帽，脚蹬老布鞋，整个着装就显现出一副古朴之气。冯先生的“冯”又谐音“疯”，他的行为方式也被外人看作一个真疯子。而就是这样一个不被世人理解的疯子形象，却在单纯地坚守着心中对传统文明的无限眷恋：他对逝去的家中摆设如数家珍；他的兰花指无时无刻不在提醒人们传统文化的精髓已经根深蒂固地烙印在他的文化记忆里。这样的“疯子”形象都能如此这般地坚守自己的心灵家园，而众多其他人，却在为了高楼，为了繁华，忘却家在何方。这样的人物设置很好地对现代人做了讽刺，也更反衬出冯先生的坚守与执着。此外，以一个“疯子”形象作为影片主人公，可以更加灵活地叙事，他可以按照自己的想象找搬家公司，搬一个实际不存在的家，使得故事既荒诞又发人深省。

影片的配乐是管弦乐器的独奏，旋律极短且简单，但调子动人。它是影片主题意念的浓缩，是百年胡同文化的象征，是传统四合院的生活方式与人们的一个精神纽带。当冯先生发现家里的铃铛时，音乐中出现了笛子的主旋律，我们听到了充满古朴记忆的清脆的铃铛声，伴着笛子旋律表达了虚与实的对照、现代文明与传统文化的碰撞。花瓶碎了，冯先生蹲下来伤心地拣起碎片失声痛哭，这时笛子出现独奏，表示传统文化的呻吟。陈凯歌通过这种虚实对照、转变直至最后彻底融合的手法，向我们讲述了一个疯人不疯的怀旧故事。也正是在这简单的故事、朴素的旋律中，我们感觉到一种古朴的生活音韵。而这一切也表现出陈凯歌一贯对于历史的关注，以及对于历史和现实的隔离与传承。

最后，影片在细节处下功夫，使影片主题在细节中得以彰显。影片伊始，摄影机仰拍高楼，在高楼的上方仅留出巴掌大的一片天空，本来象征自由、广阔的天空被高楼遮蔽，人们向往自由、追求自由的心境被这钢筋水泥所包围，暗喻了现代都市文明对现代人的某种残害。影片中的老槐树反复出现多次,它是导演专门为表现影片主题服务的。老槐树,本来就是中国乡村文明时期村落里常见的一种树,且槐树历来为文人雅客所喜爱,因此它也代表着一种乡村文明。然而,这种乡村文明逐渐被现代文明取代,只有一棵老槐树孤零零地矗立在荒芜的工地上。影片中的老槐树,根深叶茂,像是历经苍苍的老者,静静地注视着发生的一切,博大、深邃,这种古老的外在树木形象,也在暗喻中华文化根基之深。冯先生最后朝向夕阳、奔向老槐树,也是在向观众诉说,依然会有像冯先生一样执着地坚守传统文明、追寻传统文明的人,虽然是面对没有朝气的夕阳情景,他们依然坚守心灵的家园,追寻自己的梦想。

影片在音乐、细节中慢慢讲述,不温不火中把两种文明形态的碰撞展现出来,引发了观众对现代生存方式的思考,影片主题也在这其中慢慢显露。最后,冯先生拿着拾回的铃铛高兴地跑着、叫着,渐行渐远,没入夕阳之中。我们可以理解为这是导演陈凯歌的一种诗意画的美好愿景:我们带着“寻回”的一点传统融入现代的图景中,但实际上,这种愿景只不过是一种无力挽回的悲哀。

学习札记

____

____

____

例文3 永远的夏天,永恒的青春

——评《阳光灿烂的日子》的主旨

“那时候好像永远是夏天,太阳总是有空出来伴随着我,阳光充足,太亮,使得眼前一阵阵发黑。”这是成年后马小军的回忆语录。然而,他也说在变化太快的北京,他“找不到任何记忆里的东西”,并且“这种变化已破坏了我的记忆,使我分不清幻觉和真实!”事实上,也正是在马小军的这种幻觉与真实的矛盾中,我们看到了真实的存在——马小军心中的那个阳光灿烂的夏天以及那些充满阳光的永恒的青春。

从一句充满鄙视意味的国骂“××”中,我们看到了马小军们对现在的“我”的自嘲与讽刺,而这一切只为追忆那已逝的青春年华。影片的最后,昔日的马小军们已成为现实中的大款,他们乘坐着加长版的凯迪拉克,品尝着珍藏版的人头马,阔步行走在令人肃然起敬的长安大街,而此时的古轮木依旧傻傻地拖着他那标志性的木桩,憨憨地迈着悠闲的步伐。我们看到了一别二十年的老朋友的再次相聚,可令人震撼的是:原本应是马小军们嘲弄的古轮木,却朝着成功者马小军们喊出了最不可思议的“××”二字,观众为此惊呆。可仔细想来,却也合情合理。这不过是创作者(现实版的马小军们)对现实生活的无奈与否定,因为古轮木是幸福的,他与二十年前(青春时期的古轮木)相比没有什么变化,换句话说,此时的古轮木依旧正值青春。而马小军们却变得世故,变得成熟,换句话说,马小军们是用青春的逝去换来今天的成功。可是成功对于青春来说,显得那么微不足道,于是创作者们通过青春永驻的古轮木之口,道出了现实中马小军们的无奈,进而让观众体会到已逝青春的美好。

我们也可以通过创作者在叙事所用时间的比重上,体悟影片对青春的歌颂。影片分为三个时空段落进行讲述:创作者运用了63个镜头、4个场景,约5分钟来讲述幼年时马小军的故事;而用1019个镜头、69个场景,约120分钟来讲述青春时马小军的故事;成年后,马小军的故事仅用了22个镜头,2分钟的时间。这样一种非均衡比例的时空讲述,很显然将侧重点放在了正值青春的故事上。于是,在影片中,我们看到了青春马小军们的种种行为:拍婆子、打架、翘课,等等,而这些都是年少轻狂的马小军们最为珍贵的回忆。承载其中的不仅是无忧无虑的生活,也不仅是有一帮重情感、讲义气的哥们儿,更为重要的是因为马小军们正值青春。

此外,创作者通过对独具匠心的色彩运用,更好地赞颂青春。一般来说,影视创作中,讲述现在进行时使用彩色,对于回忆性质的过去采用黑白,如此让观众区分现在与过去这两大时空。而好的影视作品则会反其道而行之,本片即是如此。导演对过去时空采用明亮的影调——以黄色为主的暖色调,讲述过去的故事,而用黑白影像展现现实时空,以此颠覆观众的审美预期,营造视觉上的间离效果。观众可以体悟创作者的用心良苦:现实除了拥有奢华的物质生活外,已再无青春的生气与多彩。

当然,在细节的刻画上,影片也流露出创作者面对现实的仓皇失措,以此来表达其对充满理想与美好青春时光的过去的依依不舍。影片末尾,马小军终于鼓足勇气,穿着米兰(不可触及的理想)给的泳衣,表现出一股英雄临赴战场时的霸气,升格镜头更是将此渲染得淋漓尽致。登上跳台的马小军以优雅的姿势开始起跳,给观众营造最美不过如此的期盼。可是,落水时的马小军却显得仓皇失措,至此影片将观众的期盼予以颠覆,形成审美受挫。观众开始重新思考影片所要表达的意义:登台、起跳时的马小军所处的是一种理想的青春,而落水则标志着此时马小军已面临残酷的现实。于是,我们看到了马小军一次次被踩下水时的无力、无助与无奈。而这也正说明,面对现实的无可奈何,人们只能在青春年少时才能感受到那份美好。

纵使画外的马小军在影片中一再否认他所讲述故事的真实性，甚至为自己所讲述的故事进行辩解，可我们还是能够在这一系列的假定性的故事中，强烈地感受到影片的那份真实：在马小军的青春记忆里，永远都是夏天，永远都阳光灿烂。

学习札记

____

____

____

例文4　“寻找”的彷徨[①]

——评电影《十七岁的单车》的主题

陈　凌

这是一部关于“寻找”的电影。两个17岁的男孩儿，一个来自乡村，一个本就生活在城市，不同的生活背景以及不同的人生渴望，使他们成为本该平行的两条直线，过着各不相干的生活。然而，一辆普通的自行车，作为故事戏剧冲突的导火索，在看似偶然、实则必然的逻辑关系里，勾勒出主人公鲜活生动的形象。电影《十七岁的单车》“寻找”主题的表达显然选择了这一种方式，导演通过对于道具自行车的选用，设置了简单却含义深刻的情节，从而体现出非同一般意义的“寻找”。“寻找”看似以占有自行车为终结，实则体现了两个少年对于人生与未来的希冀与绝望，以及两类人群的生存状态与人生反思。

主题关乎“寻找”的电影，无外乎通过两种方式进行阐述。一种是通过显而易见的道具设置，利用“物”自身的价值引发故事的矛盾冲突，从而在情节的完成中挖掘道具的象征意义，阐释主题。另一种方式则是通过剧中人物对于自身价值存在的探讨，在精神层面“寻找”真善美实现的途径，从而在电影主题阐释上完成对于受众的引导与教化。电影《十七岁的单车》“寻找”主题的表达显然选择了第一种方式，导演通过对于道具自行车的选用，设置了简单却含义深刻的情节。故事本身并没有刻意

① 本文选自《电影文学》(2008年第18期)，原文名称“寻找”的彷徨——评电影《十七岁的单车》主题阐释的意义，收录本书略有改动。

设置观众理解上的障碍,对于两个主人公来说,拥有一辆属于自己的自行车,等同于梦想的实现。小贵代表着广大来自于经济落后地区、满怀希望到大城市淘金的年轻人,拥有的是力气、激情以及质朴的纯真;小坚代表着生存于城市平民阶层、不满于现状却又无力真正改变生活的年轻人,感受着压抑、彷徨以及希望若有若无的召唤。导演选择用两个17岁的男孩儿作为故事的主角,目的非常明确。小贵与小坚虽然有着身份定位上的明显差异,但年龄为他们带来的共性却也不仅仅是同岁那么简单。17岁,迎来人生中所谓的“雨季”,生活不再那么阳光明媚、风调雨顺,介乎成年与未成年之间。17岁的孩子有敏感的触角感受现实中的灰暗,同样他们也会用最美好的眼神去期盼明日的太阳,所以,这个年龄,敢恨敢爱,他们真实,能接近于人的本性。于是,导演通过一辆自行车将两个17岁的少年联系起来。故事讲述的内容非常简单,“寻找”,看似以占有自行车为终结,实则体现了两个少年对于人生与未来的希冀与绝望。

“寻找”的过程,总会伴随着戏剧性事件的发生,偶然之中尽是必然。在电影《十七岁的单车》中,导演设置了明显的戏剧巧合——小贵被偷的自行车正好被小坚当作二手车买到。这样设计情节,使“寻找”变得复杂起来。其实,“寻找”的结果往往只有两种:找得到与找不到。小贵不停地在找,小坚不停地在藏;小贵费尽周折想要找到的不仅仅是一辆高级的山地车,更重要的是,他要找到继续留在大城市的依据;小坚想要奋力隐藏的也不仅仅是那辆看上去不错的二手车,更重要的是,他要藏起对家庭的失望以及对现实的无奈。于是,“寻找”成为两个17岁少年存在的一种体验与证明。在小贵无意间发现原来自己苦苦寻觅的自行车已经成为小坚引以为荣的“礼物”的时候,他用近乎绝望的追逐去争取曾经的那一份“拥有”;而被小贵牢牢缠住的小坚,当他意识到这份自己送给自己的礼物,不仅“危险”而且“麻烦”的时候,自行车的象征意义显露出矛盾的挣扎。

在《十七岁的单车》这部电影中,“寻找”主题的阐释通过多个途径完成,其中包括:通过“物”的存在与消失反复唤起的自我意识对于自身价值的寻找;通过“他者”的刺激而发生的矛盾冲突对于生存状态以及意义的寻找;以点带面、用琐碎细节串联而成的城市文化与乡村文化撞击所带来的人性本质真善美的寻找。“寻找”的过程充满艰辛与苦涩,甚至略显滑稽与讽刺,但“寻找”的结果却一目了然:朴素的小贵以及好强的小坚,可以找到完好的或者破碎的自行车;找不到的,却是解释荒谬生活的明确答案。

作为被导演赋予重要使命的道具,自行车的存在或者消失在影片中作为最主要的线索贯穿始终。它的存在引起了电影中所有角色的关注。首先是小贵。这个从农村来到北京打工的乡下少年，因为一份快递工作而拥有了一辆能够属于自己的自行车，从而突然拥有了与初到城市的不安与恐惧相对立的幸福感与满足感。对于小贵而言，自行车不仅是他的谋生工具，更是他生存在城市的一个确证，寄托了他对未来生活的所有期待与梦想。“车在人在”成了小贵努力工作、热爱城市的唯一证明。而与此对应，“车毁人亡”也便成了小贵潜意识里为自己设定的悲惨结局。所以，自行车的存在与消失于他而言，那是性命攸关的大事。观众自然也不难理解，为什么在“寻找”直至“抢夺”自行车的过程中，他是那么奋不顾身，舍生忘死。小坚则是电影里另外一个重要的角色设置，他属于城市的平民，成长在一个拼贴重组的家庭，虽然没有辍学却也只是就读高职学校，这样的境遇使他基本丧失了树立理想、实现报复的雄心，而只能自我安慰地度过日日月月。家庭以及学校不能够为他带来成长过程中的心理满足，所以那辆本不属于他的自行车，成为他自我满足的手段以及抗争命运的方式，而“寻找”直至“抢夺”的过程，则体现了小坚对于无奈的生活以及平庸人生的一种反击。自行车的“存在”是战胜困境片刻的成功与胜利，而自行车的“消失”成为命运无情的戏弄与嘲讽。以自行车为符号象征的“物”的存在价值，在这部电影中被导演赋予了更加沉重的意味。它与人之间形成密不可分的因果关系，悲哀的是，“物”的存在，在某种程度上证明了人的存在，“物”的消失，又赤裸裸地验证了人的社会价值意义的消失。

电影《十七岁的单车》所表达的主题有着多元的阐释角度。导演通过一辆自行车所联系起来的，正是当今生活在城市中的两种人群：来自农村的打工者以及城市的平民。他们的共同点是同样面对着进退两难的生活困境。这两种人群在城市中交锋，演绎着酸甜苦辣的生活进行曲。他们似乎处于永恒的夹缝状态，既不甘于现状又无法改变残酷的现实。例如影片中有这样一个镜头：一辆自行车上载着一台冰箱，在三个路人的撑扶下摇摇晃晃地前行。在接下来的镜头里，自行车终于支撑不住巨大的压力而翻倒在地。这个含义丰富的画面似乎在通过自行车暗示着承受并不能成为人生最终的结局。于是，又一对矛盾呈现在我们面前，是“坚守”还是“逃逸”，成为不能够避免的又一艰难的抉择。电影的高潮部分：小贵与小坚终于在共同拥有一辆自行车的前提下结成了同盟，被另一伙少年无情地追赶。胡同里穿梭的戏份不仅仅满足了戏剧冲突的需要，更是在隐喻的层面上，表达了导演对于面对困境是选择“坚守”还是“逃逸”的探讨。故事在高潮中结束，小坚在爆发之后最终还是选择了“逃逸”，他放弃了对于自行车的占有，似乎更是放弃了作为生活的斗士获得胜利的最终权利，“寻找”的过程于他而言，是刺激而痛苦的，在不堪的现实与无法摆脱的城市优越感之间，他始终无法找到解决问题的最终办法，也无法确立面对困难的最终态度,一切在粗暴的混乱中宣告结束。影片最后,小坚挣扎着试图推开小贵,用“那不关他的事”表达了内心的独白。导演通过这样的方式,试图完成压抑在城市底层的平民对于农民工的告诫,这样的安排显然有着浓厚的寓言意味。然而一切徒劳,小贵选择“坚守”,他扛着破烂的自行车穿梭在车水马龙的城市中,虽然迷茫,却仍满怀期待。“寻找”将成为以小贵为代表的一类人群的生活状态,虽然,这样辛苦的“寻找”,或许是没有答案的漫长等待。

在电影《十七岁的单车》中,导演王小帅回到比较传统的叙事方式上,以几乎直线型的叙事完成整个故事的讲述,并以一种冷静和客观的现实主义态度,对生活予以真诚的观照。“寻找”是一种积极的人生态度,但却往往使人感受是辛苦的状态;“寻找”是一种浪漫主义的人生想象,但却无法摆脱现实带来的伤害所导致的人性深处的彷徨。观影给我们提供了一个置身事外的角度,提出质疑,引发思索,使人在不断自知与自省的过程中去深刻体味,人生是一条神秘莫测的艰辛之路。

学习札记

____

____

____

例文5 女性的困境与救赎

——关于影片《情书》的分析

风靡全亚洲的日本影片《情书》一改日本偶像剧那显得过于肤浅的关于残酷青春的反复吟唱和那些似乎向观众献媚的俗套故事情节,其编导岩井俊二用光影的音符谱写出一首凄美的爱情挽歌。影片《情书》是岩井俊二根据自己的同名小说改编的第一部电影作品,上映后好评如潮,随后岩井俊二的多部小说都被其改编成电影,例如《燕尾蝶》,以及后来的《莉莉周的一切》。其作品关于青春的重新阐释,关于爱情的别样解读以及关于生死的追问和思考,直抵观众最柔软的心灵深处,一旦触碰,犹如一股思想的洪流向观众奔腾而来,这也是其作品深受观众喜爱的原因。与此同时,岩井俊二的作品广泛表现出他对女性的关心。影片《情书》通过讲述两个相貌极为相似的女孩的偶然通信,发现了被一个死去男人(藤井树)联系起来的秘密,表现了现实中女性冲破重重困境的救赎。

女性的困境源于重重镜像迷宫中自我指认的艰难与迷惘。影片中，在登山中遇到意外的藤井树(男)的未婚妻渡边博子，当她发现丈夫生命中那个早已在她之前出现的与自己相貌极为相似的女孩时，心中的美好回忆轰然崩塌。博子自我身份的指认无疑是曲折而痛苦的，从最初对故去恋人念念不忘的缅怀，到发现自己某种意义上的替代身份，最后甚至无法原谅丈夫嘴边露出一丝凄惨的微笑。

女性的困境源于语言的缺失，被迫选择沉默。在这个以父权和夫权为主的社会，语言在漫长的历史发展过程中，无疑是以男性为主导的口吻发展变化。正如那个被囚困于阁楼之上，将她的仇恨之火把囚禁自身的牢狱化作一片废墟，被罗切斯特(男人)称为“疯子”的女人，她的话语权因罗切斯特那个“疯子”的称谓而永远被剥夺，饱受无言的痛苦。影片中博子对秋叶的良久沉默，两个少年藤井树之间那些欲语还休的画面，无疑透露出女性面对语言的无奈与隐痛。

然而，影片中对女性言语则更多用主动表达去表现诠释，最为明显的是博子与藤井树(女)之间的情书，这颇像古代中国已然失传的一种神秘文字——女书。虽然形式不同，但那一声“你好吗？我很好”却也只有女人才能了解其间的隐痛与无奈。另外，影片中，博子与藤井树(男)之间的求婚也是在两人沉默两小时已久后由博子开的口，原本应该男人说的话却借女人之口说出，编导岩井俊二或许想用这种有些颠覆传统的表达方式暗示最后博子的解脱。

影片《情书》与其说是一个爱情故事，不如说是一个关于自恋的悲剧。纵观整个故事的叙事，一切痛苦矛盾似乎只源于藤井树(男)。少年藤井树(男)对藤井树(女)的关注和爱恋亦因为这个相同的名字，藤井树(男)对自己的爱恋由借书卡的名字开始转向与其同名的女生。长镜头中，那个白窗帘下阳光映照的低头看书的少男犹如古希腊神话中在水边顾影自怜的水仙花一般迷恋自己。潜意识中，对自己的迷恋让他死前“心中的恋情随风飘去，飘向海岛”的回声在山谷间荡漾。或许他与博子的恋情也是由自己迷恋藤井树(女)的转移后的自恋悲剧。关于这一点，或许藤井树同秋叶、博子和其他那些同行的登山队员一样费解，但潜意识里，自恋的情节却明显地显现于银幕。根据弗洛伊德的精神分析学，人的潜意识犹如漂浮于大海的冰川，认知的意识只是露出水面的极少部分，而潜意识则像隐藏于水下的更为巨大的不为人知的部分。从这一点来看，他们的疑惑似乎也有了解释。

影片最后，博子在山谷间雪地上奔跑着、喊着“藤井树”，一如一场关于那段已然逝去抑或根本不存在的爱恋的祭奠仪式，博子最终走出藤井树和自己构建的重重迷宫，正视了藤井树(男)的死亡，得到了情感的救赎。如同解脱了束缚的蝴蝶获得了重生，那不是失声的痛哭，而是对已被救赎了的自由情感的呼唤。

学习札记

例文6 情困于江湖，涅槃在岁月

——浅评《江湖儿女》

查阳琦

“有人的地方就有江湖”，是贾樟柯导演给我们展现的他所理解的江湖。其不同于香港电影中极富仪式感的江湖，也不是金庸笔下快意恩仇的江湖。导演给我们观众呈现的江湖是错综复杂的人物关系、危机四伏的社会环境。也正是在这样的时代环境的变革中，一个为情不顾一切踏进江湖的巧巧成为为义而终的江湖儿女。

历练中的巧巧在燃烧自我中踏入江湖。火车站前打斗的一场戏中，导演运用移动长镜头展现出斌哥被打手们围殴的无力反抗的过程，镜头最后摇向车内的巧巧，特写景别展现巧巧拿出枪时的犹豫与担心，但这一切都在她的克制中得以爆发，长镜头的运用将巧巧极富江湖仪式感的举手鸣枪动作淋漓尽致地展现出来。两声鸣枪，不仅救了自己的爱人，而且也向观众宣告了她的勇敢与蜕变——从此真正踏入江湖。同时，原本作为江湖老大的斌哥在奋力挣扎后却变得狼狈不堪，这也预示着他的江湖地位的动摇和将被取代的必然；而此时一直被保护的巧巧却勇敢地站出来，走进社会的“炼狱”，这也预示着巧巧成为“江湖”的真正主人，变成男权社会的拯救者。也正是这些长镜头的运用，为观众营造出打斗过程中的紧张刺激，形成真实的情绪表达，对走入江湖后巧巧的命运转变形成期待。

时代变迁，而人未变，巧巧始终坚守着原有的江湖情义，终究成为一个被时代抛弃的江湖儿女。辗转不易，巧巧来到林家栋所工作的地方，此时导演运用长镜头的方式来构建她与前台人员的交流过程，在言语与行为中，观众看到的是一扇自动门，而这扇门也成为巧巧与“他们”之间的隔阂：虽然看得到，但是却无法跨越。即使巧巧用力地拍打，也终究无法走进。这不仅展现出一种带有希望的期盼，更是一种百感交集的等待，当然也透露出她身上那种已被时代所抛弃的江湖味道，一份对江湖情义的眷恋与坚守。同时，门外与门里的隔绝，表现出她与新时代的格格不入，同时也预示着巧巧寻找爱人的失败。于是，观众看到的是小人物面对残酷的时代变迁所表现出来的无助与无力，对巧巧那份江湖情义的执着与坚守多了一丝感叹与惋惜。

巧巧说："火山灰是最干净的，因为它经过高温的燃烧，它是最干净的。"这句话正概括了她自己，在一遍又一遍的燃烧过后，终于不再是宇宙的囚徒，在她刑满释放的那一刻，她就是一个纯净的江湖儿女，从此"义"字当头。影片中三次表现了巧巧枪鸣的镜头，三次不同的时间、不同的境遇，但相同的是，她一直坚信自己是一个江湖人。所以在最后，她经营起了那个棋牌室，收留了残废的斌哥。她一样地悉心照料，可再回到从前去过的地方，物是人非，她也不再爱了，没有爱也不会恨，不变的是她身上的江湖味道和她的义气。她说："这是江湖的一个'义'字，你不混江湖了，你不懂。"至此，她成为最纯粹的江湖儿女，也呼应了影片"purest white"。

在"第三者"的窥视中，我们看到了斌哥走后巧巧的那份气愤与无助，模糊的屏幕中，我们看到的是她倚墙而立的无奈，但生活还在继续，犹如《站台》结尾里烧水壶的预示。这是贾樟柯作品中为数不多的以女性为主角的电影，即便如此，也还是未能改变他电影中对人物悲苦命运的塑造，犹如《任逍遥》中的"巧巧"、《世界》里的赵小桃、《三峡好人》中的沈红，当然还有《天注定》里的小玉。

学习札记

____

____

____

例文7 流水的年华 逝去的青春

——评短片《河上的爱情》

黄逸飞

平静的河流上没有生活困苦与麻木，只有曾经的爱情炽热。两对男女不断地试探，引出的是那份对于青春仅剩的知觉，在烦琐的生活中隐隐作痛。《河上的爱情》凸显了贾樟柯的年代感和时间感，探讨中年人对青春的眷恋，在波澜不惊的对白中隐藏着人物内心的绝望与希冀，在导演克制与冷静的镜头下，一切都显得那么残酷与无奈。

青春的讴歌,响亮动听,但从中年人的嘴巴里发出来却显得无比暗哑,无比可怜。他们都是事业有成的人,但谁又知道在这些所谓成功的背后忍受着怎样的空虚与寂寥。每个人都在精神生活上倍感焦灼与困乏,为此他们不得不在过去的岁月中寻找爱情。流水就像时光,河上的爱情,就如同人在回忆中寻找慰藉一般。河,过去就是他们的避风港。导演正是通过这些细节与场景的设置,表现出 们对于爱情的沉溺和现代人在社会中的精神空虚。

人物的对白在影片中起到至关重要的作用。白羽和唐小年的那一场"好与不好"的对话,深刻地反映了都市人的精神空虚,而在周琦和马强的对话中,我们看见了两人对爱情的渴望,马强的那句"你永远都是我唯一的性幻想",更是人物内心深处精神匮乏与对现实的不满与挣扎的体现。可是,幻想究竟只是幻想,即使两人多么渴望,幻想的爱情终究也是没有结果的。仅仅这几句对白就表现出都市人在这种精神空虚下的无奈,对于曾经的爱情,我们可以谈及却无法触碰,被现实磨去棱角的他们早已没有了这般"为爱疯狂"的勇气,留下来的仅仅是淡淡的忧伤与对现实无力的反抗。

贾樟柯一如既往地保持着个人艺术的印记,使用大量固定镜头和长镜头来表达真实。克制和冷静下的生活化细节的刻画,给予观众的却是后劲强大的冲击,通过真实化场景的再现,让观众内心的痛苦来得无声而猛烈。

倘若说《河上的爱情》是中年人对青春的追忆,不如说这无法追忆的青春凸显了贾樟柯一直以来都想展现给观众的那份压迫与窒息。不过,我们观众每一次被虐的背后,总能感受到后劲的力量,那份对人的内心精神世界的展现与拷问,正是我们一直想得到的,而这也许正是贾樟柯电影的魅力。

学习札记

例文 8　残酷又温暖的现实主义

——评《少年的你》艺术风格

由曾国祥执导的《少年的你》是国内首部反映校园霸凌的影片，一经上映，便引起热议。影片讲述了高考前夕，因一场校园意外，逐渐卷入校园暴力的好学生陈念和混迹街头的小混混刘北山，从相识、相知到守护彼此并相偕成长的故事。影片叙事完整，人物丰满细腻，氛围浓郁，对校园霸凌进行了真实的重现与深入的思考，具有强烈的现实意义。

影片中主要采用人物冲突激发观众与影片的精神共鸣，暴露当下校园欺凌的社会问题，凸显出成年人与少年之间的情感碰撞，来表达深邃且尖锐的现实主题。影片的情节设置打破了观众对于善、恶、是、非的道德评价标准，每一个角色都有其丰富的多面性，沉闷的高考下压抑的群体情感和对这种氛围宣泄的冲突背景奠定了整部影片极具压迫感的现实低沉的走向。陈念和魏莱的冲突代表着看似洋溢着生机和活力的校园下，实则有其难以根除的阴暗一面——校园霸凌。陈念所遭受的语言暴力、人身攻击，甚至在被拍摄裸照等侮辱时，她默默地承受了这一切，电影没有刺耳的尖叫声，但用无声的昏暗画面放大了主人公的痛苦，同时放大了观众内心正在撕裂的情绪。在强烈的视觉冲突下，人物的冷漠感和无助感加重了观众对电影的代入感，使观众去真实感受冷冰冰的痛苦。

影片没有刻意煽情，没有低端卖惨，也没有把校园霸凌的场面展示得过度残忍，反而以还原真实、自然的环境，不断触碰观众的精神底线，带来强烈的不安与共情。影片发生在高架林立的安桥市，天空低垂、雾气笼罩、阴雨连绵，画面色调偏暗，危险的夜晚与压抑的氛围极度契合故事的主题。陈念和母亲居住在阴暗逼仄的筒子楼一层，家里堆砌着成箱的假面膜。小北住在半山腰上的小茅屋里，家徒四壁。山城独特的地貌为影片的氛围表达创造了有利的条件，人物总在攀爬或者下坠，抑或在迷宫一样的楼道里找出路。陈念们不断自底层向上攀爬的艰辛困难，映衬出魏莱们从天堂掉下的自甘堕落。井字形的教学楼，来回翻动的书页，不断更新的倒计时牌，老师们疯狂的动员，高三学生脸上特有的麻木表情，考前放飞孔明灯时的美好，考场内没有硝烟的战争，还有高考后集体撕书的发泄，影片对高考复读学校紧张的气氛营造得极为真实，高度还原了高考前的压抑氛围。所有的场景如纪录片般真实，再经过编导对生活的凝练、艺术的发酵后，加重了影片灰暗阴冷的调子，自然地压榨出观众的同理心、体验感。

《少年的你》用细节深层刻画了饱满的人物形象，增强了观众审美情感的延伸。

整部电影都在跌宕起伏中牵动着观众的情绪，结合视听表达激发起电影里的人物和电影外的观众的互动，使电影在疼痛中走向高潮、走向落幕，但引发的社会反思才刚刚拉开序幕。我们只有正视社会问题，这撕裂开的悲剧才真有价值，向往的美好未来才值得期待。

学习札记

______

______

______

例文 9 继承发展的古典神话，兼收并蓄的文化内核

——评电影《哪吒之魔童降生》的叙事策略

2019 年国产动漫电影《哪吒之魔童降世》横空出世，影片口碑与票房齐飞。影片以传统古典神话为基础，并进行了颠覆性改编，对哪吒的故事进行了完全重构，将神话故事世俗化、现代化。其镜像化的人物结构、古希腊悲剧式的叙事要素和新型的中国风动画，是影片对民族古典文化的坚守和对西方文化的借鉴。这种传承与学习，让影片迸发出无限的魅力，也展现了中国动漫所蕴藏的巨大潜力。

在人物身份设定上，哪吒与敖丙分别为魔丸和灵珠转世，为混元珠的一体两面，成镜像对立。这一镜像结构相较于古典文本《哪吒闹海》重建了一种更复杂、更立体、更多层次的人物美学，戏剧冲突也随之更有对抗性，以此来服务于故事主题的现代性转换——将神话原型包含的个体与父权的伦理悲剧，转化为“我命由我不由天”的一个有关自由和成长的现代化议题。影片在坚守传统文化的基础上，很好地融合了现代化命题的讨论。

颠覆性的文体写作也制造出更复杂的戏剧转折和更严谨的叙事结构。叙事呈现出古希腊悲剧中的几个核心要素：逆转、发现和性格弱点。逆转就是哪吒前后的转变，即哪吒成功地去恶性后的善归；发现就是真相暴露，即哪吒发现父母说谎，掩盖自己为魔的事实；性格弱点则是悲剧性的开始与过失，即影片中哪吒身上先天被赋予的恶性。《哪吒之魔童降世》与中国动画史上的经典之作《哪吒闹海》形成了一种颇有意味的对照，并加入了西方戏剧故事经典的叙事要素，将故事进行了一种创新的重构。

在依托中国传统神话叙事的基础上，影片吸收融合借鉴其他文化资源，形成了一种全新的中国神话视觉体验，美学风格上呈现出多元化，更符合当代审美的中国风。由此，没有了中西方、民族间的分野。《哪吒之魔童降世》人物及动物的形设，融合了好莱坞动画的美学风格。以科技进行渲染，得到了更美观的观赏体验，温情细腻的感情路线中也不乏日本动漫的特征。包容性的制作，铸造了一部精品。

《哪吒之魔童降世》将神话与现代语境相结合，娱乐的同时又不乏理性的思考。世俗化、大众化、世界化、温情化的改编，不仅是传承更是发展。《哪吒之魔童降世》彰显了中华文化的迷人魅力以及兼收并蓄的包容特点，其不仅展现出中国动漫广阔的发展前景和巨大的潜力，更表现出中华文化的复兴。古典文化重新赢得大众的关注，重回观众的眼帘，是民族文化的自信，也是民族心理的觉醒。

学习札记

____

____

____

例文 10　社会阶层的镜像呈现

——浅析《寄生虫》的创作手法

奉俊昊执导的《寄生虫》继 2019 年摘取戛纳金棕榈大奖后，又于 2020 年勇夺奥斯卡最佳影片、最佳导演等 4 项大奖，实现了韩国电影乃至亚洲电影的历史性突破。“鬼才导演”奉俊昊也将自己对社会、文化、历史的感知集中于影片，通过具有象征性的空间设计和寓意丰富的场面调度等多元化的创作手法呈现了一场视听盛宴，将韩国社会各阶层之间的矛盾冲突刻画得淋漓尽致。

电影空间的主要作用在于实现叙事目的，而且可以通过独特的影像视角被赋予更丰富、更深刻的寓意。电影《寄生虫》中的半地下室与豪宅的空间环境，为“虫”与“被寄生者”提供了叙事载体，并通过这一“上”一“下”区分出贫富两个群体的阶级地位。电影开始时，导演通过抬长镜头、平视角呈现了悬挂在屋内的袜子，虚拟焦点的处理意味着有人在一起生活，景深处实焦拍摄视线狭窄、位于地表下并加装了护栏网的小窗,透过窗户,观众看到的是水泥地面和各种垃圾、流浪猫,以及各种车轮经过窗前,精妙地表现出与"地面"的距离感。导演通过许多中景镜头在相对闭合的画面中呈现聚集的人,利用纵向深度给人一种拥挤的视觉感受,突出空间的狭窄,同时也暗示了基泽一家人的经济条件和社会地位——属于穷人阶层。与此相对应的,在表现富人家庭时,镜头开阔、光线明亮,呈现出一个带有精英主义气息、高傲的空间氛围。

场面调度以及独特的运镜方式不但能够呈现电影叙事情节,还可以赋予影片新的内涵。雨夜仓皇逃散回家的段落里,金家三口逃出富人家,从坡上的豪宅奔向自己的半地下室,一级一级地跑下台阶。导演奉俊昊通过一家人跑过长长的阶梯进行场面调度,镜头的光线由上坡之路的光明通透转为下坡之路的晦暗隐秘,运用广角拍摄的方式,使用固定镜头、冷光、大景别、浅景深,将人物拍摄得小似蝼蚁,蜷缩着跑过高档住宅、小商业街、明亮的隧道,在奔跑的过程中进行对角线及斜线构图,有意拉长了基泽父子三人下楼梯的次数和时间,描摹出父子三人逃离时的仓惶狼狈。环境对人的绝对压迫十分强力,城市挤压着"虫"的生存空间,不属于地上的人只能游离在边缘和角落。

《寄生虫》无疑是一部批判现实主义佳作,导演在电影中充分体现了个人对社会、文化和历史的思考。在这部电影中,社会现实的残酷表现得非常彻底。无论金家人有多想进入上流社会,最后都以失败告终。电影中人物的是非观是不清晰的,道德观是模棱两可的。富人和穷人的关系并非那么简单,而总是处于灰色地带。影片中融合了感性和理性。理性体现在感性的叙事空间中,而感性也找到了自己的理性深度。

学习札记

___

___

___

例文11 长镜头下的"反战"宣言

——评影片《1917》的拍摄手法

《1917》是英国导演萨姆·门德斯的新作。该片讲述了"一战"期间，两个士兵接到向前线送达"止战"的命令后，不惜一切穿越战场，在同伴牺牲的情况下，另一位士兵最终完成任务，阻止了一场大规模行动，也拯救了数千人性命的故事。《1917》不仅是一部名副其实的战争片，而且选取了难度非常大的长镜头进行拍摄，让观众体验到"一镜到底"的视觉盛宴，尽显导演门德斯的高超才能。

在影片中，长镜头因其不间断的拍摄行为往往被用于再现真实或还原现场，保护了被摄对象的时空完整性，体现出一种疏离、客观的影像态度。在表现战争场面时，导演充分发挥了长镜头的特点，以固定、摇拍等形式，力求为观众呈现真实的战场，从一具具尸体到满目疮痍的建筑物，从遍地使用、损毁的武器装备到看不到尽头的战壕，一幕幕破败场景被呈现在观众面前，直面残酷的视角不禁引发观众对战争的思考及控诉。

相较于客观理性的第三人称视角而言，唯心出发的第一人称视角无疑更适用于该片。影片中，大量的跟拍镜头努力构建观众对人物的认同，形成高度的心理真实(真实感)。影片一开始便将观众置身于"一直在路上"的故事之中，跟随主角越过防线，勘探地道，穿过无人区，奔走战火之中等，给予观众完全不中断的体验。如开篇便以跟拍的形式拍摄两名士兵前去领任务，两人面对镜头走在战壕中，"步步紧逼"，似乎在告诉观众，他们要做一件极其危险的事；又如两人在赶往目的地的摸索前进中，摄影机会不时利用地形调转角度，紧跟士兵的后背及后脑勺拍摄，给观众一种人物被窥视、跟踪的感觉，仿佛敌人正在暗处瞄准……前后跟拍的形式造成了观众的情绪变化，现场真实与心理真实带来的双重效应无疑增加了观众对战争残酷性的感受。

相对于《血战钢锯岭》《中途岛海战》等同类影片，门德斯的《1917》以"一镜到底"的影像赚足了观众的"眼球"，但伟大的电影从来不仅仅是"炫技"的，相反，技术背后承载的是对人性的思考、对命运的关切，也正如《1917》，长镜头下是对战争的强烈反对、抗议和控诉。

学习札记

____

____

____

第五章 广播电视编导统考高分经验分享

为了给大家提供更加直观有用的信息，我们约谈了在2020年的统考中取得220分以上的同学，请他们总结自己的考试经验。因篇幅有限，我们只选择了其中五位同学的分享文章，在此一并呈现给大家。在此特别感谢这五位同学的经验分享。

2020年广东省广播电视编导统考经验分享之一

潘冬冬

统考内容分为三个科目：专业基础知识、故事和影评。

专业基础知识中有30道文常，其中，15道选择题、15道填空题。我认为文常是统考中最重要的一部分，而且是比较容易拿分的一部分。想要提高文常分数，最最最重要的是一定要好好背文常书，根据老师画的重点仔仔细细地背。亲测认真背书的孩子有糖吃！背书的时候可以看书里小字部分促进记忆，也可以根据老师上课讲的有趣的点来帮助更好地记忆。另外，文常里有几题是文常书里没有的，是需要自行积累的知识，所以除了看机构发下来的热点整理外，也可以关注一些相关公众号，闲暇时间可以刷刷，拓展一下知识面。平日里一定要关注实时热点，多去了解电影和电视剧有关的知识。

此外，专业基础知识里的诗歌鉴赏主要靠平日语文积累，或者看机构发下来的诗歌相关知识帮助提分。还有两题专业基础知识问答，上课时认真听，多关注热点后也没多大问题，就算觉得自己不太会写也要有啥写啥，尽量不要空着。场景设计的话要靠平时多练习，多找老师批改作业。我个人这部分比较弱，为了更顺畅地写，我会在写之前构思大致场景，然后按顺序用简笔画画下来，最后再动笔写。

故事部分的话，平时要多积累故事核，像今年的故事考题——“就在打开u盘的瞬间，他愣住了……”就比较容易套故事核。看到题目后可以先想想他是谁？他为什么会愣住？他愣住是在开头还是？愣住后会发生什么？然后想想自己积累的哪个故事核适用，最后根据逻辑将故事增或减，将其写成故事框架而后再动笔写。

我自己喜欢将平时想到的小故事和听朋友讲的有意义的经历记在备忘录或电脑里,我觉得这是帮助写故事的一个小方法。平时也可以多观察身边的小细节,有助于应用到故事里。上课要将老师整理的故事技巧记住,同一篇故事自己可以多改几次,改到老师说可以!

影评方面我比较差,统考准备的后面那段时间我依据老师的建议将同一部影片的影评不断改进然后订在一起,平时多看看,我觉得这是一个很好的提升影评的办法。看影片前要仔细审题。看影片时记住让自己印象深刻的视听语言,比如今年《一条狗的使命》以狗狗的视角讲述故事。影片结束后可以马上在纸上用铅笔写下刚刚记住的视听,然后根据影片写出自己的论点,接着根据笔记选出适合的视听角度。平时我会有自己比较喜欢的几个角度,我会习惯地比较多关注它们。就比如音乐方面,今年的影片恰好在音乐方面也是我论点的很好论据,所以平时写影评有自己的小习惯也是不错的。

【经验分享者简介:潘冬冬同学,编导统考 230 分,高考文化课 482 分,现就读于华南农业大学】

2020 年广东省广播电视编导统考经验分享之二

李肖玥

科目一:专业基础

1. 选择题

(1)文艺常识那本书一定要背熟,选择题虽然没有全都是从里面出,但是比例也很大,共九题。(不建议抖机灵只背四五颗星,因为里面二三颗星的都有考到)

(2)关于网络的只有一题,就是第 15 题讲抖音的,这一题玩过手机上过网的估计都会,不赘述了。

(3)空闲时间多看看知乎热搜、新浪热搜,了解一些最近发生的事,多积累,有利于自己拓宽视野,针对这方面进行考查,主要是《你好,之华》《我不是药神》《狮子王》等这些都答得出来,也不难。剩下的,会就会,不会就不会了。

2. 填空题

文艺常识里面考查的题目有 12 道,拓展的题目有 3 道。这还是告诉我们一定要重视文常!重视玩手机啊!(我是说看知乎、看微博)

★★从主观题开始,一定要注重书面,字迹清晰工整(不要写得潦草)、答题规范。一定要让改卷老师看得赏心悦目,一看就看到得分点。所以如果字很丑的话一定要练字。真的有效的!

3. 简答题

(1)古诗鉴赏题(类似于高考文化课的古诗鉴赏)

▲规范、规范、规范! 分点作答①②③④

①运用了……(表现手法),写出了……

②运用了……(表现手法),写出了……

③运用了……(表现手法),写出了……

ps:这个是针对上一年统考古诗题问表现手法需要用的方法,注意审题,要灵活。如果它问这首诗体现了诗人什么样的思想情感,你就要:

①……(情感),从……看出……

②……(情感),从……看出……

③……(情感),从……看出……

(2)影视基础知识

注意审题。"举例谈谈空镜头在影片中的作用",这就需要我们不仅说出空镜头的作用,还要列举影片来说明。这就考验阅片量了。平时要多积累,不要对电影知识太无知呀。

(3)场景设计

①题目里说到镜头不少于10个,这暗示我们要写11—13个。

②声音里的背景音乐最好写的出名字,但是不要一个格一首歌还不带重复的,这样就太浮夸、太炫技了。要注重声音的连续性。

③画面里写得出推拉摇移跟升降镜头、空镜头、快镜头、慢镜头、谁谁谁的主观镜头、拍摄的角度等,让老师抓得住亮点,但还是不能太浮夸、太炫技,不要全用上,根据需要作取舍。

④完成好材料给的内容,别漏了。

科目二:故事编创

1. 卷面清晰之类的不赘述了,各位同学要清楚卷面整洁的重要性,别乱涂乱改。

2. 别现场编故事,自己又不是天才,怎么可能在这么短的时间内一次性写出一个故事性强、没有逻辑漏洞、文采好又不乱涂乱改的故事呢?我就是套之前的故事,写得那叫一个得心应手,又舒服又顺畅。个人建议千万不要写满格,看着就不舒服,要给卷面留有一点余地。

3. 适当写写环境渲染一下，凸显你的文采，但这不代表可以炫技。没有多少字数够你炫的，而且又讨人厌。

4. 正能量，符合社会主义核心价值观，现实主义，最好写温情的，让阅卷老师能感受到。

科目三：影视作品分析

1. 一定要把题目、开头、分论点、结尾写好。如同高考作文，阅卷老师最抓这些地方。

2. 字、字、字，记住字要写得漂亮。

3. 剩下的好好上课吧，课里都有讲。

总结：把统考当平常小考一样，只求稳不求超常发挥。别突然上了考场就想要超常发挥。平常怎么来的统考就怎么来，别幻想一到统考就要考出比平常高很多分，这样只会让自己的压力更大。放平心态就会考好的，别问为什么，因为我就是这样的。

【经验分享者简介：李肖玥同学，统考分数 229 分，因统考成绩优异故决定不再参加校考，高考分数 566 分，最终被四川大学录取】

2020年广东省广播电视编导统考经验分享之三

小 阳

很多想冲刺校考的同学，在统考集训的时候都会不认真备考，导致统考的分数差强人意。但作为一个有过经验的学姐来看，统考练习是为了日后校考集训的高强度训练打下一个牢固的基础，也是我们毫无顾忌地冲刺校考的信心来源。

统考的考试内容包括：文常＋简答题＋分镜＋故事创作＋影评。其中，占到大分值的是文常、故事创作、影评这三项。而从 2019 年的考试情况来看，文常高分的人，最后总分都会靠前。所以我也会重点分享一下如何记忆文常。

一、文常

买一本常用的文常书，80％的题目都能从文常书上找到。强烈建议大家把文常书从头到尾过一遍！背文常其实就是一个眼熟的过程，想拿高分需要时间和日常的积累。

我是从 10 月份开始粗略地将文常知识过一遍，在学校每天抽出半个小时进行记忆就可以了。从去年的题型来看，文常主要包括电影、文学、音乐、美术等几类，电影还可以细分为经典电影和当年热门电影，类似于今年的讨论度较高的电影，这样的题我们是必须要拿分的,大家可以多关注一下院线热门电影。文学和音乐、美术的题目难度都不高,但需要记忆的量很大。在后期的巩固记忆中,大家需要着重记忆中外文学作品,同时覆盖到音乐、美术、舞蹈的考点。有时候还会出现易错字和难写字,记忆多了还容易出现混乱状态,所以大家背诵的时候,一定要在本子上多写,好记性不如烂笔头。另外,去年还少量考到了时政热点和热播剧集等题目,大概是一个类型一道,这种题难度系数不会太高,都是基础文常。所以大家不要怕难,毕竟都是书上有迹可循的,之后校考集训里做了几套北电文常题,让我觉得统考的文常是如此友好。

下面是我的一些具体学习方法。

1. 准备专门拿来抄写背诵的文常本子,按顺序记忆,这样脑子里也会有一个清晰的线路,一定要反复且沉得住气。尽量改掉一边听音乐,桌子面前还摆着一堆零食的背书习惯。我在统考集训的时候,一般是晚上下课后,找个安静的地方自行背书。

2. 多做题。题目可以找专门针对统考的练习题,网上都很方便买得到。错题需要再重新做一次,然后过了三天再翻回去看。看错题的时候,还可以将不同的选项分别搜索浏览一遍。我发现这样的方法可以加深记忆,同时也能拓宽你的知识储备,在增加新知识的过程中能够加深你对一些细节的理解。

3. 平时利用好公众号还有一些微信小程序。我分享一些我觉得还不错的公众号,这些也同样适用于热点评述的题目分析(纯个人使用感来说):①导演与制片;②电影最;③毒眸;④看电影杂志;⑤悦幕中国电影观察;⑥新周刊。

我还很喜欢玩一个微信小程序上的页面游戏“头脑王者”,里面的题很多都与我们需要考查的文常题相契合。如果觉得背书太枯燥的话,也可以每天花个十分钟去打游戏做题。

二、简答题

古诗词赏析:这个还是大家好好学语文吧,古诗难度不高,平时语文有 110 以上就可以不用专门复习了!

分镜:考前突击,多练习几次。去年考的是文本改编,前年是故事,所以大家不同的文学体裁都要练习一次,保证拿到题目以后可以沉着应对。遵循每个镜头之间要有切换,画面转化为具体可视化的语言等原则就好了。因为分值占比不大,不建议朋友们在统考的分镜上用技巧,只要按照老师说的按步骤写完就好了,巧思妙构可以用在校考。

论述题:一般是考电影电视的分析,分点作答、条理清晰即可。即使遇到你真的不会的概念,也千万不能留白哦!

三、故事

我在统考考场的故事写作上写的是非常中规中矩的故事。在考前，同时需要多练习不同种类的，类似于续写、改写、扩写，命题故事，关键词故事等常见的类型。在考前的故事练习当中，大家要遵循老师的意见，将故事尽量完善，形成两到三篇较为完整的故事，作为自己的故事素材，以备在考场上可以现场利用。不建议大家在其题目上用一些夸张的题目以及文章内容上选择一些比较猎奇的事件。我有一个朋友在校考当中取得了非常好的成绩，但是统考的故事并不理想，原因大概就是题目跟故事内容都跳脱出了以往常规的故事写法，选择了比较大胆的叙事和用词。

大家多去看电影，可以从电影的故事梗概中提炼一小点作为自己的故事想法，以及把感兴趣的人物背后的特点、性格等进行一个揣摩，做一个自己的故事原型。除此之外，我个人还是关注了一个写作杂志，名字叫作《零杂志》，它会定期发布一些故事主题进行征稿，里面的一些故事灵感和脑洞都蛮有意思的。

同时，统考的故事作为一个 800 字体量，建议主要人物不要超过三个，矛盾反转设置一次到两次就足够了。过大的体量导致在短时间写作里故事的情节不够完整，看起来比较累赘，漏洞比较多。校考的故事考查跟统考还是有非常大的区别的，所以统考的故事即使拿了不理想的分数，也不要怀疑自己的写作水平。

四、影评

统考一般是以播放影片片段来写一篇影评。我们的宗旨就是要遵循电影所给我们提供的片段进行写作，即使没有看过这部电影也不要紧，我们只要从我们看到的影像内容中提炼出一个讨论的观点进行议论分析便可。我在统考的集训当中，已经可以保持大概 30 分钟到 45 分钟之内写一篇 1 000 字以上的影评。快速写作无非就是遵循总分总的原则，用三个论点来印证自己的总论点，在结尾主题升华。用词这方面比较看大家平时的积累，所以课余时间大家一定要多阅读文学作品，找到一种较好的文字感。我平时除了公众号之外，常常会用豆瓣看自己喜欢电影的一些评价，但是我们在写作上面的结构是更加严谨，豆瓣上面的影评给我们提供的是一种分析的角度，一些语言的积累。市面上售卖的一些影评书，大家可以通过参考范文作为一个熟悉影评的途径。

写得一手漂亮的字，也是在考场中加分的关键。大家平时要练一下字帖。我之前也有买过一种印着文常知识的字帖，但因为内容不够详细，只能起到练字的作用。

最后，积累是一个长期的过程，大家要养成良好的积累习惯，这也是我们作为传媒生的基本素养，多去了解、多去思考，提升自己的专业能力。

【经验分享者简介:小阳同学,编导统考 229 分,高考文化课 475 分,现就读于广州大学】

2020 年广东省广播电视编导统考经验分享之四

谯燕妮

一、基础知识

1.背。我自己有一个小方法完全死背,我看很多遍,一遍一遍地看。

2.重复。一些外国人的名字,确实很难记,真的是记了很久,就是不停地重复背、重复看。

3.可以适当对外扩展,但也不必过多。

4.分镜头脚本,分值不高,我觉得还是把握时间把字写好看了,分差不会很明显。

5.古诗。分点答题,让老师能看得出你的逻辑性。

6.总结。这点很重要,因为它可以减少你犯同一个错误的概率,而且可以帮助你提分,能让你知道自己哪一块是有问题的,然后就可以把时间多分给那一块或者找方法去把那一块给提上来。

7. 不要太在乎平时的考试成绩。

8. 我觉得最重要的一点就是心态一定要稳住。就比如说今年有几道题目跟我们之前练的可能稍微有点不一样,但其实总的来说还是差不多的,是只要稍微转换一下思路,按照平时那个套路答就可。

二、故事

1. 主要还是套,就是故事核拿去套,还有要充满正能量,体现温情。

2. 把字写好。只要字数达标,卷面整洁,大家的故事分数差距并不会太大。

3. 最后一点也是最重要的一点,一定要写故事标题。

三、影评

和故事一样,影评要把字写好,就可以拿到一个还看得过去的分数。

总结:统考总的来说不难,其实就看自己愿意付出多少。如果在考场上真的不会,就相信第一感觉,尽量不要改。

【经验分享者简介:谯燕妮同学,统考分数 224 分,高考分数 465 分,以第一志愿被四川音乐学院提前录取】

2020年广东省广播电视编导统考经验分享之五

刘涵菁

科目一：专业基础

一、选择题

背熟《文艺常识》就可以了。我的方法是画思维导图，分时间段反复滚动。除了对完全不熟的知识进行死记硬背留下最基础的文字记忆之外，还可以借助豆瓣、wiki等延伸知识点。统考文常整体难度不大，但个别题目还是很看积累的。

二、填空题

记忆要落在笔头，一定要确保自己会正确地写出专有名词。

三、简答题

1. 诗词鉴赏

手边可以找到的基础资料当然是语文练习册：答题模版和规律总结，以及大量的练习题。

基础不佳的同学可以参考薛金星老师主编的《古诗词曲鉴赏手册》，体量稍小，有时间轴相应古诗的梳理。

2. 电影相关问答题

2019年问的是空镜头在影片中的作用，即概念阐释＋具体影片结合分析。基础不佳的同学可参考《影视基础高考教程》，有很多落在纸面的视听概念解析。

对于有一定的影片积累量与视听分析能力的同学，这一块应当不成问题，只需注意踩点答题，并揣摩答题风格即可。

3. 电视节目题

热点综艺以及热门概念是重点，可参考豆瓣综艺热门清单以及各类公众号上的产业热点分析。

四、场景设计

手速非常重要，要多写多练。我一般是先在文字阐述上分段写个大概，再落到答题纸上。

科目二：故事编创

写惯了校考故事的同学要注意适当转变自身的写作题材与风格。我的方法是当成双人小品故事来写（人物少、场景少、易控制字数，没有过于溢出的情感描写），但注意要规避过多对话。

科目三:影视作品分析

以主题提纲挈领,往下牵出更细化的视听分析。但是主题不只是影像的"表层",它表现自身的过程,以及我们观看这一过程的过程都应纳入其中。今年的题目是《一条狗的使命》,我的切入角度是"这种看似非人类中心化的叙事视角(狗的视点)的处理依然迎合人类对于自身与动物影像的庸俗想象",论据用到了诸如哈佛大学人类学感官实验室的《利维坦》,豆瓣热评"绑在渔船各个位置的摄影机固定机位创造出巨兽意象,从眼到胃到消化道的过渡,最后镜头又回到渔夫上",一种视点的考虑。这种切入方法与大部分统考范文的区别在于稍微突出了批评意识。

【经验分享者简介:刘涵菁同学,统考分数 220 分,高考分数 510 分,被南京艺术学院录取】

第六章　广播电视编导统考模拟题

第一节　广东省广播电视编导专业统考模拟试卷(一)

第一卷　专业基础和故事写作

答题时间:120 分钟,满分:200 分

科目一:专业基础(100 分,答题时间 100 分钟)

一、选择题(共 30 分,每小题 2 分)

1.《三国演义》是我国第一部长篇章回体小说,塑造了一批经典的人物形象。下列选项中,人物与事件对应不正确的一项是(　　)。

A.诸葛亮——舌战群儒　　B.吕布——辕门射戟

C.曹操——鞭打督邮　　D.陆逊——火烧连营

2. 严监生是中国文学史上著名的吝啬鬼形象,出自清代长篇讽刺小说(　　)。

A.《红楼梦》　　B.《聊斋志异》

C.《官场现形记》　　D.《儒林外史》

3. 下列选项中,人物、作品及作者对应不正确的一项是(　　)。

A.周朴园—《雷雨》—曹禺　　B.虎妞—《骆驼祥子》—老舍

C.高觉民—《茶馆》—老舍　　D.吴荪甫—《子夜》—茅盾

4. 下列选项中,不属于莎士比亚悲剧作品的是(　　)。

A.《李尔王》　　B.《奥赛罗》

C.《仲夏夜之梦》　　D.《王子复仇记》

5. 由加西亚·马尔克斯创作、描写了布恩迪亚家族七代人传奇故事以及加勒比沿岸小镇马孔多百年兴衰的魔幻现实主义小说是(　　)。

A.《百年兴衰》　　B.《百年孤独》

C.《百年回眸》 D.《百年人生》

6. 阎立本是唐代著名宫廷画家,下列作品中不是由阎立本创作的是(　　)。

A.《步辇图》 B.《凌烟阁二十四功臣像》

C.《富春山居图》 D.《职贡图》

7“瘦金体”挺拔秀丽、飘逸犀利,创造出这一书法的是(　　)。

A.李斯 B.王羲之

C.赵佶 D.颜真卿

8. 下列作品中,与其他三幅画作不属于同一艺术流派的是(　　)。

A.《日出・印象》 B.《睡莲》

C.《吹笛少年》 D.《格尔尼卡》

9. 被誉为“钢琴诗人”的波兰浪漫主义音乐家是(　　)。

A.贝多芬 B.海顿

C.肖邦 D.门德尔松

10. 曾获第63届威尼斯国际电影节金狮奖的中国影片是(　　)。

A.《英雄》 B.《夜宴》

C.《三峡好人》 D.《战狼》

11. 影片《马路天使》的导演是(　　)。

A. 袁牧之 B.吴永刚

C.田壮壮 D.王小帅

12. 动画电影《千与千寻》的制作公司是(　　)。

A.迪士尼 B.东映动画

C.集英社 D.吉卜力工作室

13. 下列电影中,摄影师与其他三部不同的一项是(　　)。

A.《红高粱》 B.《霸王别姬》

C.《阳光灿烂的日子》 D.《甲方乙方》

14. 用和诗以歌的形式将诗与歌曲、故事与嘉宾鉴赏有机结合的综艺节目是(　　)。

A.《国家宝藏》 B.《中国诗词大会》

C.《经典咏诵》 D.《见字如面》

15. 下列不属于字节跳动公司旗下 App 的是(　　)。

A.Tiktok B.今日头条

C.西瓜视频 D.快手

二、填空题(共 30 分,每小题 2 分)

1. 王国维在其文学批评专著__________中提出了治学的“三种境界”。

2.《水浒传》是我国第一部用白话文写成的英雄传奇小说,其作者是__________。

3. “金羊毛”的故事出自古希腊悲剧__________。

4. “与风车搏斗的骑士”这一人物形象出自西班牙小说__________。

5. 北宋画家张择端创作的__________代表了宋代风俗画发展的最高成就,通过这幅画可以了解北宋的都城面貌和当时各阶层人民的生活,具有极高的史料价值。

6. “癫张醉素”是唐代两位书法家的并称,其中“癫张”是指张旭,“醉素”是指__________。

7. __________是达达主义的代表人物,他的作品《泉》通常被认为打破了生活与艺术品的边界,同时标志着现代艺术发展的重要转变。

8. 油画《向日葵》的作者是荷兰画家__________。

9. 世界上第一部真正意义上的纪录片是__________。

10. 经典蒙太奇段落“敖德萨阶梯”出自影片__________,该片是苏联蒙太奇学派的代表作品之一。

11. 2020 年上映的影片《八佰》的导演是__________,该片取材于 1927 年淞沪会战末期八百壮士留守四行仓库,顽强抗战四天四夜,坚守上海最后防线的故事。

12. 我国最早的电视台是 1958 年 5 月 1 日成立的__________。

13.《隐秘的角落》是由视频网站__________推出的自制网剧。

14. 由 CBS 推出的情景喜剧__________共 12 季 279 集,讲述了以谢尔顿为代表的一群天才科学家与普通女孩佩妮的生活日常。

15. 影片的基本单位是__________。

三、问答题(共 25 分,共 3 小题)

1. 阅读下面这首诗,回答问题。(8 分)

苔

白日不到处,青春恰自来。
苔花如米小,也学牡丹开。

这首诗的作者是谁?你如何理解“苔花如米小,也学牡丹开”?

2. 什么是景别?景别有哪些分类,各具有什么作用?试结合具体影片,谈谈你的

理解。(8 分)

3. 央视《新闻联播》入驻抖音等短视频平台,推出短视频栏目“主播说联播”,迅速收获大批年轻粉丝。试从成因与影响两方面简要分析这一现象。(9 分)

四、场景设计(15 分)

请从影视导演的角度,根据以下文字内容提供场景设计方案。

我说道,“爸爸,你走吧。”他望车外看了看,说,“我买几个橘子去。你就在此地,不要走动。”我看那边月台的栅栏外有几个卖东西的等着顾客。走到那边月台,须穿过铁道,须跳下去又爬上去。父亲是一个胖子,走过去自然要费事些。我本来要去的,他不肯,只好让他去。我看见他戴着黑布小帽,穿着黑布大马褂,深青布棉袍,蹒跚地走到铁道边,慢慢探身下去,尚不大难。可是他穿过铁道,要爬上那边月台,就不容易了。他用两手攀着上面,两脚再向上缩;他肥胖的身子向左微倾,显出努力的样子。这时我看见他的背影,我的泪很快地流下来了。我赶紧拭干了泪,怕他看见,也怕别人看见。我再向外看时,他已抱了朱红的橘子往回走了。

镜头序号	画面内容	声音内容
1		
2		

科目二:故事创作(100 分)

请以“啤酒、军营、歌手”为关键词进行故事创作,标题自拟。

要求:主题明确,题材适合公开传播;内容具有一定原创性;能够合理设置人物和情节,具有较强的故事性;结构完整、层次清晰;语言通顺、叙事流畅、卷面整洁。全文不少于 800 字。

第二卷:影视作品分析

答题时间:90 分钟(含看片时间);满分:100 分

根据现场播放的影片(吴念真执导的短片《新年头 老日子》),撰写一篇评析文章。

要求:文字流畅、结构清晰、观点言之有据。可以从作品的题材、主题、人物、情节、细节、叙事手法、结构和视听语言等方面选择进行评析。全文不少于 800 字。

第二节　广东省广播电视编导专业统考模拟试卷(二)

第一卷　专业基础和故事写作

答题时间:**120** 分钟;满分 **200** 分

科目一:专业基础(满分 100 分,答题时间 100 分钟)

一、选择题(每题 2 分,共 30 分)

1. 岩井俊二被中国影迷称为“日本王家卫”,以下哪部作品不是他的?(　　)

A.《雨月物语》　　B.《情书》

C.《四月物语》　　D.《你好,之华》

2.网络流行词“pick”最初因为哪档栏目走红?(　　)

A.《偶像练习生》　　B.《创造 101》

C.《燃烧吧少年》　　D.《明日之子》

3.以下搭配错误的一项是(　　)

A.《2001 太空漫游》—库布里克—美国　　B.《樱桃的滋味》—阿巴斯—越南

C.《七武士》—黑泽明—日本　　D.《罗马》—阿方索卡隆—墨西哥

4.有“吴带当风,曹衣出水”之称的是(　　)。

A.吴道子 曹霸　　B.吴道子　曹仲达

C.吴道子 赵孟頫　　D.唐唐　董其昌

5.书法中苏轼名列“宋四家”之首,以下哪个选项不属于“宋四家”?(　　)

A.黄庭坚　　B.蔡襄

C.赵佶　　D.米芾

6.被誉为“钢琴师人”的波兰浪漫主义音乐家是(　　)。

A.肖邦　　B.贝多芬

C.李斯特　　D.海顿

7.京剧中“净”的别称是(　　)。

A.龙套　　B.花脸

C.刀马旦　　D.文丑

8.被誉为“中国舞蹈之母”的是(　　)。

A.陈爱莲　　B.白淑湘

C.杨丽萍　　D.戴爱莲

9.以下哪一部作品内容所处的时代和另外三部不同(　　)

A.《血战钢锯岭》　　B.《敦刻尔克》

C.《他们已不再变老》　　D.《拯救大兵瑞恩》

10.以下哪部作品不是法国新浪潮的代表作品(　　)。

A.《四百击》　　B.《枪杀钢琴师》

C.《精疲力竭》　　D.《红色沙漠》

11.下列选项中不是"竹林七贤"的是(　　)。

A.嵇康　山涛　　B.阮籍　向秀

C.王戎　陈琳　　D.阮咸　刘伶

12.以下搭配正确的一项是(　　)。

A.《追忆似水年华》—乔伊斯—法国　　B.《人间喜剧》—巴尔扎克—德国

C.《局外人》—萨特—法国　　D.《罪与罚》—陀思妥耶夫斯基—俄国

13.二十世纪40年代中期,意大利新现实主义电影运动,继承了电影史上的写实主义传统,发展了纪实性电影美学观,下列不属于意大利新现实主义电影的是(　　)

A.《偷自行车的人》　　B.《罗马,不设防的城市》

C.《罗马11时》　　D.《马假日》

14.8月28日上午,我国第一个专注于(　　)产业创新的科技园区——"下一代互联网及重大应用技术创新园"盛大开园。

A.IPv4　　B.IPv8

C.IPv6　　D.IPv5

15."平行蒙太奇"被以下哪个导演最先运用在电影中(　　)

A.梅里爱　　B.格里菲斯

C.鲍特　　D. 卓别林

二、填空题(共30分,每小题2分)

1.__________被誉为中国电影默片时代的巅峰之作,影片塑造一个为了生活和抚养儿子而出卖肉体的"母亲"形象。

2.获得2019年中国电影金鸡奖最佳故事片的是__________。

3.中国最早的电影公司是由郑正秋和张石川创办的__________影片公司。

4.王国维《人间词话》中人生第三境界"众里寻他千百度,蓦然回首,那人却在灯火阑珊处",出自__________的《青玉案·元夕》。

5.《金蛇狂舞》是______根据民间乐曲《倒八板》改编的一首民族管弦乐曲。

6.《洛神赋》和《洛神赋图》的作者所处的朝代分别是______，______。

7.陈凯歌导演的电影《妖猫传》涉及的历史事件是______，导致了唐朝由盛转衰。

8.去年大火的音乐电影《波西米亚狂想曲》记录的是关于______乐队的幕后故事。

9.《大雷雨》作者是______。

10.标志着“新好莱坞电影”崛起的影片是阿瑟·佩恩导演的电影______。

11.被誉为“新儒林外史”，小说______以讽刺的手法描写国外留学归来的方鸿渐为中心人物，描写抗战爆发前后从上海到湖南后方的一些知识分子的生活。

12.曾创作出《1984》《动物庄园》等反乌托邦小说的作家是______。

13.了却君王天下事，______。

14.有“芭蕾之冠”之称的是芭蕾舞剧______。

15.历史剧《屈原》的作者是______。

三、问答题(共 25 分，共 3 小题)

1. 阅读下面这首诗，回答问题。(8 分)

江上值水如海势聊短述

杜　甫

为人性僻耽佳句，语不惊人死不休。
老去诗篇浑漫兴，春来花鸟莫深愁。
新添水槛供垂钓，故著浮槎替入舟。
焉得思如陶谢手，令渠述作与同游。

请问诗中“陶谢”指的是谁？请赏析首联。

2.请从以下节目中选择其一，分析这一节目产生的原因和特点。(《极限挑战》《奇葩说》《朗读者》《青春有你 2》《中国新说唱》)(8 分)

3.列出五位第六代导演的名字，并选择其中一位导演进行分析。(9 分)

四、场景设计(15 分)

如果你是一位影视导演,请根据以下文字内容提供场景设计方案。

要求:按照内容顺序自编镜头序号,镜头不少于 10 个。

这是一条古旧的长街,街道两旁错落长着高大的槐树,槐花的时节刚过,空气里还残留隐隐花香。对面有一家百货公司,母亲朝那里走去,回来时,她手里拿着一个米老鼠的饮水壶。我接过水壶,站在夕阳渐渐退去的街边,坦然和她说再见,怀着对新生活的期待,没心没肺,不识离别愁滋味。

镜头序号	画面内容	声音内容
1		
2		

科目二:故事创作(100 分)

老人去世了,没有人知道……

要求:根据以上材料,构思并续写出一则续写故事,不必抄写原文。不少于 800 字,题目自拟。结构完整,层次清楚,语言通顺,叙事流畅,卷面整洁。

第二卷:影视作品分析

答题时间:90 分钟(含看片时间);满分:100 分

根据现场播放的影片(电视片《三日为期》第一集),撰写一篇评析文章。

要求:文字流畅、结构清晰、观点言之有据。可以从作品的题材、主题、人物、情节、细节、叙事手法、结构和视听语言等方面选择进行评析。全文不少于 800 字。

第三节　广东省广播电视编导专业统考模拟试卷(三)

第一卷　专业基础和故事写作

答题时间:120 分钟;满分 200 分

科目一:专业基础(满分 100 分,答题时间 100 分钟)

一、选择题(每题 2 分,共 30 分)

1.抖音海外版的名称是(　　)

A.tiktok　　B.ttikok

C.ktitok　　D.tiktot

2.“御风而行”是道家(　　)的主张。

A. 老子　　B.庄子

C. 韩非子　　D.列子

3.《阿 Q 正传》是鲁迅创作的中篇小说,创作于 1921 年 12 月,最初发表于北京《晨报副刊》,后收录小说集(　　)。

A.《朝花夕拾》　　B.《彷徨》

C.《野草》　　D.《呐喊》

4.下列哪位导演不属于中国的第五代导演?(　　)

A. 张艺谋　　B.冯小刚

C. 陈凯歌　　D.霍建起

5.小说(　　)描写的是美国种植园女主人赫思嘉的生活及爱情,后被改编成电影《乱世佳人》。

A.《麦田守望者》　　B.《美国的悲剧》

C.《麦琪的礼物》　　D.《飘》

6.(　　)是一种荒诞的、变态的、病态的文学流派,把痛苦与欢笑、荒谬的事实与平静得不相称的反应、残忍与柔情并列在一起的喜剧。

A. 黑色幽默　　B.暴力美学

C. 女权主义　　D.现实主义

7.相声的四大基本功不包括(　　)

A. 说　　B.学

C. 做　　D.唱

8.《夜巡》的作者是(　　),他被誉为17世纪荷兰最伟大的画家,被称为“文明的先知”。

A. 鲁本斯　　B.伦勃朗

C. 哈尔斯　　D.维米尔

9.踢踏舞《大河之舞》发源于(　　　),它结合了艺术的表演、优雅的舞蹈动作与舞者惊人的体能。

A. 爱尔兰　　B.苏格兰

C. 英格兰　　D.新西兰

10.被民间奉为“画圣”的画家是唐代(　　　),其代表作为《送子天王图》。

A. 吴道子　　B.顾恺之

C. 阎立本　　D.王维

11.下列那部电影不属于托纳多雷的故乡三部曲?(　　　)

A.《西西里的美丽传说》　　B.《最佳出价》

C.《天堂电影院》　　D.《海上钢琴师》

12.《哪吒之魔童降临》取之中国神话故事(　　　)。

A.《山海经》　　B.《搜神记》

C.《封神榜》　　D.《西游记》

13.下列哪部影片以外语片获得了奥斯卡的最高奖项——奥斯卡金像奖最佳影片?(　　　)

A.《卧虎藏龙》　　B.《寄生虫》

C.《入殓师》　　D.《贫民窟的百万富翁》

14.电视节目的播出方式不包括(　　　)。

A. 直播　　B.录播

C. 转播　　D.口播

15.下列哪款软件专门用于声音的后期处理?(　　　)

A.Cool Edit Pro　　B.剪映

C.premiere　　D.imovie

二、填空题(共30分,每小题2分)

1.“路漫漫其修远兮,吾将上下而求索”取自屈原的(　　　)。

2.元曲四大家指的是关汉卿、马致远、白朴、(　　　)。

3.一个人的一生应该是这样度过的：当他回首往事的时候，他不会因为虚度年华而悔恨，也不会因为碌碌无为而羞耻；这样，在临死的时候，他就能够说："我的整个生命和全部精力，都已经献给世界上最壮丽的事业——为人类的解放而斗争。"出自（　　）的小说《钢铁是怎样炼成的》。

4.《千里江山图》是北宋（　　）创作的恢宏巨制，表现江南山水之美。

5.表现欧洲最后的骑士主义精神的文学作品是西班牙作家塞万提斯的（　　）。

6.（　　）主要指陕北民歌，是流传于西北广大地区的一种民歌形式。

7.文艺"双百方针"指的是（　　）。

8.意大利文艺复兴美术三杰指的是（　　）、（　　）、（　　）三人。

9.雕塑作品《思想者》《巴尔扎克像》的创作者是法国大师（　　）。

10.《我和我的家乡》的总导演是（　　），讲述了五个小人物和家乡的故事。

11. 五线谱的发源地是（　　），又名"纽姆记谱法"，是目前世界上通用的记谱法。

12.百老汇"四大经典音乐剧"指的是《猫》《西贡小姐》《歌剧魅影》和（　　）。

13.1958 年 5 月 1 日，中国第一家电视台（　　）正式成立，为"中央电视台"的前身。

14.（　　）是以真实生活为创作素材，以真人真事为表现对象，不能虚构情节和环境的影片类型。

15.声音中负载的信息同画面呈现的信息在内容或情绪基调上不一致，甚至呈现相反的结果，这种声音和画面的关系被称为（　　）。

三、问答题（共 25 分，共 3 小题）

1. 阅读下面这首诗，回答问题。（8 分）

金陵图

韦　庄

谁谓伤心画不成，画人心逐世人情。
君看六幅南朝事，老木寒云满故城。

(1)如何理解"谁谓伤心画不成，画人心逐世人情"？

(2)在这首诗中，作者对于历史呈现什么样的态度？

2. 浅析意大利新现实主义的表现特征及影响。（8 分）

3. 如何看待现在的综 n 代现象？（9 分）

四、场景设计(15 分)

请从影视导演的角度,根据以下文字内容提供场景设计方案。

要求按照内容顺序自编镜头序号;镜头不少于 10 个。

《泉》节选

作者:贾平凹

我有些不能自已了。月光下,一眼一眼看着那树桩皮层里抽上来的嫩枝,是多么的精神,一片片的小叶绽了开来,绿得鲜鲜的,深深的:这绿的结晶,生命的精灵,莫非就是从泉里溅起的一道道水坝柱吗?那锯齿一般的叶峰上的露珠,莫非是水溅起时的泡沫吗?哦,一个泡沫里都有了一个小小的月亮,灿灿地,在这夜里摇曳开光辉了。

“爸爸,这嫩枝儿能长大吗?”

“能的。”

我肯定地说完了,就再没有言语,我们静止地坐在树桩的泉边,谛听着在空中溅起的生命的水声。

镜头序号	画面内容	声音内容
1		
2		

科目二:故事创作(100 分)

以“缺了 3 页的日记”为题,写一篇故事。

要求:主题明确,题材适合公开传播。内容具有原创性。能够合理设置人物和情节,具有较强的故事性。结构完整,层次清楚,语言通顺,叙事流畅,卷面整洁。全文不少于 800 字。

第二卷:影视作品分析

答题时间:90 分钟(含看片时间);满分:100 分

根据现场播放的电影片段《绿皮书》,撰写一篇评析文章。

要求:文字流畅、结构清晰、观点言之有据。可以从作品的题材、主题、人物、情节、细节、叙事手法、结构和视听语言等方面选择进行评析。总字数不少于 800 字。

第四节　广东省广播电视编导专业统考模拟试卷(四)

第一卷　专业基础和故事写作

答题时间:120 分钟;满分 200 分

科目一:专业基础(满分 100 分,答题时间 100 分钟)

一、选择题(每题 2 分,共 30 分)

1.联合国教科文组织的定义“以数字技术为基础、以网络为载体进行信息传播的媒介”是指(　　)。

A.智能手机　　B.微信

C.微博　　D.新媒体

2.1928 年拍摄的《火烧红莲寺》是中国第一部武侠片,导演是(　　)。

A.张石川　　B.郑正秋

C.郑君里　　D.袁牧之

3.热门网剧《隐秘的角落》是由哪个视频网站推出的?(　　)

A.腾讯　　B.阿里巴巴

C.爱奇艺　　D. 新浪

4.下列小说发生的地点不在上海的是(　　)。

A.茅盾《子夜》　　B.巴金《寒夜》

C.王安忆《长恨歌》　　D.金宇澄《繁花》

5.获得 2020 年金狮奖终身成就奖的是以下哪位香港导演?(　　)

A.徐克　　B.许鞍华

C.吴宇森　　D.王家卫

6.唯一获得戛纳金棕榈奖的华语电影是(　　)。

A.《霸王别姬》　　B.《活着》

C.《春光乍泄》　　D.《刺客聂隐娘》

7.以下哪一部电影不是巩俐的代表作?(　　)

A.《霸王别姬》　　B.《红高粱》

C.《活着》　　D.《梅兰芳》

8.《古诗十九首》最早见于(　　)。

A.司马光《资治通鉴》　　B.徐陵《玉台新咏》

C.郭茂倩《乐府诗集》　　D.萧统《文选》

9.“千古诗才,蓬莱文章建安骨;一身傲骨,青莲居士谪仙人”说的是(　　)。

A.曹操　　B.李白

C.杜牧　　D.苏轼

10.芭蕾舞剧《天鹅湖》的作曲是(　　)。

A.贝多芬　　B.莫扎特

C.柴可夫斯基　　D.舒伯特

11.下列不属于新媒体应用的是(　　)。

A.微信　　B.抖音

C.报纸　　D.西瓜视频

12.歌曲《难忘今宵》的词作者是(　　)。

A.李谷一　　B.乔羽

C.刘炽　　D.田汉

13.“飞雪连天射白鹿,笑书神侠倚碧鸳”是谁的代表作品(　　)。

A.梁羽生　　B.古龙

C.金庸　　D.温瑞安

14.下列作品属于文言短篇小说集的是(　　)。

A.《喻世明言》　　B.《初刻拍案惊奇》

C.《聊斋志异》　　D.《儒林外史》

15.每年维也纳新年音乐会的最后一首是(　　)。

A.《加速》圆舞曲　　B.《蓝色多瑙河》

C.《尼赫莱蒂进行曲》　　D.《拉德斯基进行曲》

二、填空题(共 30 分,每小题 2 分)

1.田小娥这个人物出自________。

2.《城南旧事》的原著作者是________,导演是________。

3.2019 年第 72 届戛纳电影节主竞赛单元,韩国导演奉俊昊凭借电影__________捧得金棕榈奖。

4.我国文学史上第一部长篇讽刺小说是________,是由清代吴敬梓创作的。

5.“岁寒三友”和“四君子”都有的是 __________。

6.世界经典《亚威农少女》的作者是________。

7.西方经典名著《罪与罚》的作者是__________。

8.我国现代文学史上第一部长篇小说是__________。

9.历史剧《屈原》的作者是__________。

10.《鬼吹灯》原著作者是__________。

11.脱口秀综艺《圆桌派》第四季的主持人是________。

12.继 2014 年《白日焰火》擒得柏林双熊后，导演刁亦男的新片________再度凭借实力一举入围第 72 届戛纳国际电影节主竞赛单元。

13.2001 年，华人导演李安的武侠片________获得了奥斯卡金像奖最佳外语片。

14.1949 年，长春电影制片厂在极为艰苦的条件下，拍摄了新中国的第一部长故事片________。

15.中国的电视制式是________。

三、问答题(共 25 分，共 3 小题)

1. 阅读下面这首诗，回答问题。(8 分)

谁家玉笛暗飞声，散入春风满洛城。
此夜曲中闻折柳，何人不起故园情。

如果说“折柳”这个词在全诗中最重要，你是否同意这个看法，为什么？

2.当演艺圈很多人要转行当导演时，都会附加一句：我有一个导演梦。跨界导演们既有歌手，又有演员，还有编剧、主持人甚至相声演员。但是近年来由跨界导演拍摄的电影《吃吃的爱》《抢红》《祖宗十九代》皆口碑不佳，票房遇冷。你认为这一现象出现的原因是什么？应该怎么做？(8 分)

3.国内各类综艺节目正在发生新的变化。其中，网络综艺《偶像练习生》等“偶像养成类”节目受关注度较高。请以此节目为例谈谈“偶像养成类”节目的特点，并简要分析此类节目受欢迎的原因。(9 分)

四、场景设计(15 分)

如果你是一位影视导演，请根据以下文字内容提供场景设计方案。

要求按照内容顺序自编镜头序号：镜头不少于 10 个。

一个女孩在小吃摊前驻足了很久，当她准备离去时，小吃摊老板娘把她叫了回来，虽然小女孩没有钱，但老板娘看她饥肠辘辘的样子，还是给她做了一碗炒饭。小女孩不明白老板娘为什么对自己这么好,并且她做的炒饭和妈妈做的一样,加了煎蛋没有洋葱,正是她喜欢的口味。原来,女孩和妈妈吵架离家出走了,妈妈已经拿着女孩的照片找了她好几天。妈妈曾经来过这个小吃摊,拜托老板娘如果见到自己的女儿,给她做点吃的。吃着炒饭的小女孩得知真相后泪流满面,给自己的妈妈打去了电话……

镜头序号	画面内容	声音内容
1		
2		

科目二:故事创作(100分)

请根据图片内容编写一则故事。

荷赛年度图片大奖《边境上哭泣的女孩儿》(John Moore)

要求:主题明确,题材适合公开传播。内容具有较强的原创性。能够合理设置人物和情节,具有较强的故事性。结构完整,层次清楚,语言通顺,叙事流畅,卷面整洁。全文不少于800字。

第二卷:影视作品分析

答题时间:**90**分钟(含看片时间);满分:**100**分

观看短片《有的人》,撰写一篇评析文章。

要求:文字流畅、结构清晰、观点言之有据。可以从作品的题材、主题、人物、情节、细节、叙事手法、结构和视听语言等方面选择进行评析。总字数不少于800字。

附录1 传媒幕后编导类推荐影片(初级)

序号	片名	导演	国别/地区	序号	片名	导演	国别/地区
一、豆瓣排行榜				二、中国内地经典			
1	《肖申克的救赎》	弗兰克·达拉邦特	美国	1	《霸王别姬》	陈凯歌	中国内地
2	《阿甘正传》	罗伯特·泽米吉斯	美国	2	《活着》	张艺谋	中国内地
3	《忠犬八公的故事》	莱塞·霍尔斯道姆	美国/日本	3	《阳光灿烂的日子》	姜文	中国内地
4	《美丽人生》	罗伯托·贝尼尼	意大利	4	《三峡好人》	贾樟柯	中国内地
5	《三傻大闹宝莱坞》	拉库马·希拉尼	印度	5	《疯狂的石头》	宁浩	中国内地
6	《当幸福来敲门》	加布里尔·穆奇诺	美国	6	《钢的琴》	张猛	中国内地
7	《触不可及》	赵宝刚	中国	7	《集结号》	冯小刚	中国内地
8	《少年派的奇幻漂流》	李安	美国/中国台湾	8	《小城之春》	费穆	中国内地
9	《死亡诗社》	彼得·威尔	美国	9	《城南旧事》	吴贻弓	中国内地
10	《飞越疯人院》	米洛斯·福曼	美国	10	《芙蓉镇》	谢晋	中国内地
三、欧美经典				四、日韩经典			
1	《天堂电影院》	吉赛贝·托纳多雷	法国/意大利	1	《情书》	岩井俊二	日本
2	《海上钢琴师》	吉赛贝·托纳多雷	意大利	2	《菊次郎的夏天》	北野武	日本
3	《关于我母亲的一切》	佩德罗·阿莫多瓦	西班牙/法国	3	《无人知晓》	是枝裕和	日本
4	《蓝》	基耶斯洛夫斯基	法国/瑞士/波兰	4	《被遗弃的松子的一生》	中岛哲也	日本
5	《罗拉快跑》	汤姆·提克威	德国	5	《东京物语》	小津安二郎	日本

续表

序号	片名	导演	国别/地区	序号	片名	导演	国别/地区
6	《出租车司机》	马丁·斯科塞斯	美国	6	《我的野蛮女友》	郭在容	韩国
7	《美国往事》	瑟吉欧·莱昂	意大利/美国	7	《杀人回忆》	奉俊昊	韩国
8	《辛德勒的名单》	史蒂文·斯皮尔伯格	美国	8	《老男孩》	朴赞旭	韩国
9	《低俗小说》	昆汀·塔伦蒂诺	美国	9	《汉江怪物》	奉俊昊	韩国
10	《泰坦尼克号》	詹姆斯·卡梅隆	美国	10	《熔炉》	黄东赫	韩国
五、港台经典				六、影史钩沉			
1	《悲情城市》	侯孝贤	中国台湾	1	《公民凯恩》	奥逊·威尔斯	美国
2	《牯岭街少年杀人事件》	杨德昌	中国台湾	2	《小城之春》	费穆	中国内地
3	《饮食男女》	李安	中国台湾/美国	3	《罗生门》	黑泽明	日本
4	《一一》	杨德昌	中国台湾/日本	4	《偷自行车的人》	维托里奥·德·西卡	意大利
5	《卧虎藏龙》	李安	中国、美国	5	《野草莓》	英格玛·伯格曼	瑞典
6	《英雄本色》	吴宇森	中国香港	6	《四百下》	弗朗索瓦·特吕弗	法国
7	《新龙门客栈》	李惠民	中国香港	7	《毕业生》	迈克·尼科尔斯	美国
8	《大话西游》	刘镇伟	中国香港	8	《铁皮鼓》	沃尔克·施隆多夫	法国/波兰
9	《甜蜜蜜》	陈可辛	中国香港	9	《城南旧事》	吴贻弓	中国内地
10	《无间道》	刘伟强、麦兆辉	中国香港	10	《芙蓉镇》	谢晋	中国内地
七、新世纪经典				八、口碑新片			
1	《穆赫兰道》	大卫·林奇	美国/法国	1	《三块广告牌》	马丁·麦克唐纳	美国/英国
2	《花样年华》	王家卫	中国香港	2	《血战钢锯岭》	梅尔·吉布森	美国/澳大利亚
3	《千与千寻》	宫崎骏	日本	3	《小偷家族》	是枝裕和	日本
4	《一次别离》	阿斯哈·法哈蒂	伊朗	4	《小丑》	托德·菲利普斯	美国/加拿大
5	《社交网络》	大卫·芬奇	美国	5	《寄生虫》	奉俊昊	韩国

续表

序号	片名	导演	国别/地区	序号	片名	导演	国别/地区
6	《少年时代》	理查德·林克莱特	美国	6	《红海行动》	林超贤	中国内地
7	《布达佩斯大饭店》	韦斯·安德森	美国	7	《我不是药神》	文牧野	中国内地
8	《地心引力》	阿方索·卡隆	美国/英国	8	《流浪地球》	郭帆	中国内地
9	《盗梦空间》	克里斯托弗·诺兰	美国	9	《哪吒之魔童降世》	饺子	中国内地
10	《摔跤吧爸爸》	尼特什·提瓦瑞	印度	10	《少年的你》	曾国祥	中国内地
九、类型片				十、经典文艺			
1	科幻片《2001太空漫游》	斯坦利·库布里克	英国/美国	1	《这个杀手不太冷》	吕克·贝松	法国
2	黑帮片《教父》	弗朗西斯·福特·科波拉	美国	2	《罗拉快跑》	汤姆·提克威	德国
3	惊悚片《沉默的羔羊》	乔纳森·戴米	美国	3	《樱桃的滋味》	阿巴斯	伊朗
4	传记片《末代皇帝》	贝纳尔多·贝托鲁奇	中国/法国	4	《小鞋子》	马基德·马基迪	伊朗
5	西部片《与狼共舞》	凯文·科斯特纳	美国	5	《低俗小说》	昆汀·塔伦蒂诺	美国
6	动作片《疯狂的麦克斯4》	乔治·米勒	澳大利亚/美国	6	《看不见的客人》	奥里奥尔·保罗	西班牙
7	超级英雄片《蝙蝠侠2:黑暗骑士》	克里斯托弗·诺兰	美国	7	《辛德勒的名单》	斯皮尔伯格	美国
8	史诗片《指环王》	彼得·杰克逊	美国/新西兰	8	《搏击俱乐部》	大卫·芬奇	美国
9	歌舞片《爱乐之城》	达米恩·查泽雷	美国/中国香港	9	《四百击》	特吕弗	法国
10	黑色电影《白日焰火》	刁亦男	中国内地	10	《唐人街》	波兰斯基	美国
11	武侠电影《英雄》	张艺谋	中国内地	11	《对她说》	阿莫多瓦	西班牙
12	公路片《中央车站》	沃尔特·塞勒斯	巴西	12	《老无所依》	科恩兄弟	美国
13	武士片《七武士》	黑泽明	日本	13	《精神病患者》	希区柯克	美国

附录2 传媒幕后编导类推荐书目(初级)

序号	图书类别	推荐指数	书目名称	作者及出版信息
1	经典散文类	★★★★★,力荐	《朝花夕拾》	鲁迅著,北京师范大学出版社
2	经典散文类	★★★★,推荐	《千年一叹》	余秋雨著,长江文艺出版社
3	外国经典小说	★★★★,推荐	《希腊神话》(2本)	施瓦布著,中央编译出版社
4	外国经典小说	★★★★★,力荐	《麦克白》	威廉·莎士比亚著,朱生豪译,译林出版社
5	外国经典小说	★★★★★,力荐	《欧·亨利短篇小说集》	欧·亨利著,王永年译,人民文学出版社
6	外国经典小说	★★★★,推荐	《莫泊桑短篇小说选》	莫泊桑著,柳鸣九译,中央编译出版社
7	外国经典小说	★★★★,推荐	《推销员之死》	米勒著,英若诚译,上海译文出版社
8	外国经典小说	★★★★★,力荐	《雪国》	川端康成著,南海出版公司
9	外国经典小说	★★★★,推荐	《小王子》	圣艾克修佩利著,北京师范大学出版社
10	外国经典小说	★★★★,推荐	《生命不可承受之轻》	米兰·昆德拉著,上海译文出版社
11	外国经典小说	★★★★,推荐	《局外人》	阿尔贝·加缪著,柳鸣九译,上海译文出版社
12	外国经典小说	★★★★,推荐	《雷蒙德·卡佛短篇小说自选集》	卡佛著,汤伟译,人民文学出版社
13	中国经典小说	★★★★★,力荐	《呐喊》	鲁迅著,光明日报出版社
14	中国经典小说	★★★★,推荐	《骆驼祥子》(权威点评版)	老舍著,北京师范大学出版社
15	中国经典小说	★★★★★,力荐	《雷雨》	曹禺著,北京十月文艺出版社
16	中国经典小说	★★★★,推荐	《黄金时代》	王小波著,湖南文艺出版社
17	中国经典小说	★★★★★,力荐	《受戒》	汪曾祺著,北京十月文艺出版社
18	中国经典小说	★★★★,推荐	《边城》	沈从文著,中国文联出版社
19	中国经典小说	★★★★,推荐	《围城》	钱钟书著,人民文学出版社
20	中国经典小说	★★★★,推荐	《台北人》	白先勇著,广西师范大学出版社
21	理论综合类	★★★★★,力荐	《美的历程》	李泽厚著,生活·读书·新知三联书店
22	理论综合类	★★★★★,力荐	《中国哲学简史》	冯友兰著,中华书局
23	理论传媒类	★★★★★,力荐	《娱乐至死》	尼尔·波兹曼著,章艳译,中信出版社
24	理论综合类	★★★★,推荐	《人类简史——从动物到上帝》	尤瓦尔·赫拉利著,中信出版社

续表

序号	图书类别	推荐指数	书目名称	作者及出版信息
25	理论综合类	★★★★,推荐	《趣味生活简史》(第 2 版)	比尔·布莱森著,接力出版社
26	应试电影综合类	★★★★★,力荐	《中国电影史》	钟大丰、舒晓鸣著,中国广播影视出版社
27	应试电影综合类	★★★★★,力荐	《认识电影》(插图第 11 版)	路易斯·贾内梯著,焦雄屏译,北京联合出版公司
28	应试电影综合类	★★★★★,力荐	《故事、材质、结构、风格和银幕剧作的原理》	罗伯特·麦基著,天津人民出版社
29	应试电影综合类	★★★★★,力荐	《闪回电影简史》	路易斯·贾内梯著,焦雄屏译,世界图书出版公司
30	应试电影综合类	★★★★,推荐	《伟大的电影》	伊伯特著,广西师范大学出版社
31	应试电影综合类	★★★★,推荐	《如何写影评》(插图修订第 8 版)	蒂莫西·科里根著,世界图书出版公司
32	应试电影综合类	★★★★,推荐	《刀与星辰——徐皓峰影评集》	徐皓峰著,世界图书出版公司
33	应试古典文学类	★★★★★,力荐	《好诗共欣赏》	叶嘉莹著,生活·读书·新知三联书店

附录3　2019—2020年全国承认广东省广播电视编导专业统考院校及招生信息

序	小序	学校名称	属性	2019年录取信息					2020年录取信息					每年学费
				计划招生	投档人数	投档分/补录	最低排名/补录	普通录取最低分 文/理	计划招生	投档人数	投档分/补录	最低排名/补录	普通录取最低分 文/理	
1.广东省内公办院校(6所,277人)														
1	1	华南农业大学	公办省级大学,本省内属于一本	58	58	517	237	565/532	90	90	512	309	548/548	10 000
2	2	广州大学	公办省级大学,本省内属于一本	50	50	510	310	560/520	45	45	504	400	546/550	10 000
3	3	广东财经大学	公办省级大学	28	28	504	389	548/511	28	28	498	487	535/539	待定
4	4	广东技术师范大学	公办省级大学	80	80	488	725	543/487	80	80	480	831	521/498	10 000
5	5	广州体育学院	公办大学	10	10	497	521	527/458	12	12	493	572	506/483	10 000
6	6	东莞理工学院	公办大学	26	市内6	464	1433	518/477	22	市内6	472	1037	484/508	8 000
					市外20	487	751	538/519		市外20	484	742	513/527	
2.广东省内民办院校(4所)														
7	1	北京师范大学珠海分校	民办本科	80	80	473	1132	468/390	2020年无编导类招生计划				486/459	29 000
8	2	广东白云学院	民办本科	120	67	449/459	2014/1626	470/406	120	60	447/449	1844/1747	452/437	28 000
9	3	广东工业大学华立学院	民办本科	50	50	452	1886	482/409	45	45	453	1625	457/438	27 500
10	4	华南农业大学珠江学院	民办本科	30	7	450/454	1963/1810	475/402	30	19	450/445	1714/1909	424/435	49 800

续表

序	小序	学校名称	属性	2019 年录取信息					2020 年录取信息					每年学费
				计划招生	投档人数	投档分/补录	最低排名/补录	普通录取最低分 文/理	计划招生	投档人数	投档分/补录	最低排名/补录	普通录取最低分 文/理	
3.广东省外公办院校(16 所,63 人)														
11	1	四川大学	双一流,985,211,国家级重点一本	2	2	564	11	603/597	3	3	562	37	606/628	12 000
12	2	湖南大学	双一流,985,211,国家级重点一本	2019 年无编导类招生计划					2	2	547	90	599/617	13 000
13	3	重庆大学	双一流,985,211,国家级重点一本	2019 年无编导类招生计划					5	5	546	93	597/618	15 000
14	4	陕西师范大学	双一流,211,国家级重点一本	3	3	545	48	573/546	2	2	540	116	577/588	12 100
15	5	西南大学	双一流,211,国家级重点一本	5	5	546	42	599/560	5	5	542	110	589/599	10 000
16	6	西南石油大学	双一流,国家级重点一本	5	5	507	346	548/506	5	5	500	457	540/542	12 000
17	7	四川师范大学	公办省级大学,本省内属于一本	6	6	516	243	——/506	5	5	516	261	535/542	15 000
18	8	天津工业大学	双一流、国家级重点一本	5	5	510	315	——/516	5	5	512	308	—/565	6 820
19	9	重庆邮电大学	"公办省级大学,本省内属于一本"	3	3	508	335	——/533	3	3	503	413	—/575	8 800/ 57 000
20	10	江西师范大学	公办省级大学,本省内属于一本	2019 年无编导类招生计划				5	5	512	308	537/528	10 000	
21	11	山东师范大学	公办省级大学,本省内属于一本	4	4	499	482	——/515	4	4	496	518	543/—	10 000
22	12	海南师范大学	公办省级大学	5	5	497	535	547/491	6	6	495/475	538/983	489/522	8 800
23	13	赣南师范大学	公办省级大学,本省内属于一本	5	5	490	670	540/484	5	5	489	633	526/512	8 800
24	14	吉林师范大学	公办省级大学,本省内属于一本	2	2	483	857	542/458	2020 年无编导类招生计划				531/490	13 000
25	15	沈阳音乐学院	公办省级大学	3	3	495	573	无数据	3	3	暂无数据	暂无数据	—	8 500
26	16	山西传媒学院	公办大学	2	2	484	819	514/445	3	3	493	573	496/475	8 500
27	17	宝鸡文理学院	公办大学	2019 年无编导类招生计划					2	2	480	845	505/479	9 000

续表

序	小序	学校名称	属性	2019年录取信息					2020年录取信息					每年学费
				计划招生	投档人数	投档分/补录	最低排名/补录	普通录取最低分 文/理	计划招生	投档人数	投档分/补录	最低排名/补录	普通录取最低分 文/理	
4.广东省外民办院校(26所)														
28	1	中国传媒大学南广学院(南京传媒学院)	民办本科	14	14	502	420	529/478	15	15	499	480	522/—	18 000
29	2	四川传媒学院	民办本科	2019年无编导类招生计划					2	2	496	517	—	20 000
30	3	武汉传媒学院	民办本科	11	11	478	984	无数据	11	11	481	812	—	25 800
31	4	四川文化艺术学院	民办本科	5	5	465	1390	500/398	3	3	480	833	—	16 000
32	5	吉林动画学院	民办本科	10	10	469	1255	无数据	8	8	476	953	—	19 200
33	6	四川大学锦城学院	民办本科	58	58	469	1252	514/444	40	40	473	1018	496/468	18 000
34	7	北京电影学院现代创意媒体学院	民办本科	2	2	484	826	无数据	5	5	471	1068	—	58 000
35	8	武昌首义学院	民办本科	3	3	458	1656	509/434	3	3	471	1065	491/464	22 000
36	9	四川大学锦江学院	民办本科	20	20	453	1848	509/433	6	6	470	1096	490/458	18 000
37	10	西安外事学院	民办本科	4	3	461/469	1536/1272	490/416	3	3	470	1108	—	27 000
38	11	北京城市学院	民办本科	14	14	467	1340	513/436	14	14	470	1107	495/459	28 600
39	12	长江大学文理学院	民办本科	2019年无编导类招生计划					4	1	467/458	1190/1459	474/476	18 000
40	13	西安培华学院	民办本科	5	2	455/477	1772/1023	496/418	5	5	465	1247	476/451	22 800
41	14	西京学院	民办本科	2	0	——/470	——/1244	479/411	2	2	465	1249	467/443	28 000
42	15	西北大学现代学院	民办本科	2019年无编导类招生计划				5	2	464	1285	—	26 000	
43	16	天津体育学院运动与文化艺术学院	民办本科	8	0	——/454	——/1792	无数据	3	3	463	1312	—	20 000

续表

序	小序	学校名称	属性	2019 年录取信息					2020 年录取信息					每年学费
				计划招生	投档人数	投档分/补录	最低排名/补录	普通录取最低分 文/理	计划招生	投档人数	投档分/补录	最低排名/补录	普通录取最低分 文/理	
44	17	黄河科技学院	民办本科	5	2	450/464	1957/1450	496/422	4	1	463/457	1309/1493	479/456	18 000
45	18	华东交通大学理工学院	民办本科	2019 年无编导类招生计划					6	6	461	1365	—/458	21 000
46	19	南昌航空大学科技学院	民办本科	20	12	453/469	1849/1282	无数据	20	20	454	1592	—/456	15 500
47	20	云南师范大学商学院	民办本科	2019 年无编导类招生计划					4	3	454	1596	483/443	29 800
48	21	天津商业大学宝德学院	民办本科	2	0	——/446	——/2126	496/418	2	1	453	1616	479/449	22 000
49	22	南昌理工学院	民办本科	10	4	449/458	2015/1668	507/432	8	8	453	1617	450/449	23 900
50	23	广西民族大学相思湖学院	民办本科	10	9	448/482	2055/883	504/431	10	10	453	1621	485/458	17 000
51	24	湖北文理学院理工学院	民办本科	25	6	449/451	2012/1918	无数据	25	11	451/451	1684/1702	—	18 000
52	25	海口经济学院	民办本科	5	1	454/429	1802/2946	499/426	46	6	447/433	1843/2393	—	53 900
53	26	安徽文达信息工程学院	民办本科	2019 年无编导类招生计划				2	0	/459	1413	—	20 800	
54	27	成都文理学院	民办本科	20	20	455/488	1768/730	无数据	2020 年无编导类招生计划				—	17 000
55	28	江西科技学院	民办本科	20	6	468/457	1661/1708	505/426	2020 年无编导类招生计划				475/447	26 000
56	29	武昌理工学院	民办本科	2	0	——/468	——/1298	472/397	2020 年无编导类招生计划				471/441	28 000
57	30	云南艺术学院文华学院	民办本科	3	0	——/466	——/1377	无数据	2020 年无编导类招生计划				478/438	24 500
58	31	南昌工学院	民办本科	1	0	——/456	——/1721	496/427	2020 年无编导类招生计划				474/452	23 900
5.受疫情影响取消校考、承认统考成绩院校(4 所,7 人)														
59	1	上海大学	双一流,211,国家级重点一本	2019 使用校考成绩招生					2	2	暂无数据	暂无数据	—/608	10 000
60	2	吉林艺术学院	公办省级大学	2019 使用校考成绩招生					1	1	494	563	—	9 000

续表

序	小序	学校名称	属性	2019年录取信息					2020年录取信息					每年学费
				计划招生	投档人数	投档分/补录	最低排名/补录	普通录取最低分 文/理	计划招生	投档人数	投档分/补录	最低排名/补录	普通录取最低分 文/理	
61	3	广西艺术学院	公办省级大学	2019使用校考成绩招生					3	3	暂无数据	暂无数据	498/484	12 000
62	4	新疆艺术学院	公办省级大学	2019使用校考成绩招生					1	1	465	824	—	6 000

说明：

1.2020年全国承认广东省广播电视编导统考的院校55所，共计招生793人(含受疫情影响，由按校考成绩录取调整为按统考成绩录取的4所院校，共计7人)；

2.其中，广东省内承认广东省广播电视编导统考的院校9所，共计招生472人；

3.其中，承认广东省广播电视编导统考的重点本科院校9所，共计招生159人；

4.其中，承认广东省广播电视编导统考的公办本科院校26所，共计招生277人；

5.第1次投档655人，比793人的初步录取人数少138人；

6.第1次投档中最低投档分为447分(刚刚双过线：文化课403分，专业课205分)，最低投档名次为1 844名；

7.第2次投档中最低投档分为433分，最低投档名次为2 397名(补录仍有7个计划未录满)。

8.录取方式为“平行志愿”，8个志愿按合成综合分择优录取；

9.合成综合分＝文化课 * 60%＋专业课/300分 * 750分 * 40%；

10.本科提档线第1次投档分：文化课403分，专业课205分，最低合成分447分，1 817名；

11.本科提档线第2次投档分：文化课390分，专业分195分，最低合成分429分，2 494名。

附录 4 2019—2020 年全国幕后编导类对广东省校考招生院校及招生信息

序号	院校名称	所在地	批次	招生专业	人数	2019 录取分数	2020 录取分数	录取原则	考试内容及要求	学费每年	详情网址
1	清华大学	北京	一批本科，985、211	艺术史论	15	一本线 113.6%	一本线 120.1%	按文化课与所在省内一本线的百分比择优录取	语数英 300 分＋美术作品评论 100 分	5 000	http://jointsinghua.edu.cn/publish/bzw/7546/2018/20180104125828667742412/20180104125828667742412_.html
2	中国传媒大学	北京	一批本科 985、211	广播电视编导（电视编辑方向）	30	一本线 109.1%	一本线 104%	在考生文化折算比值达到学校确定的本专业最低折算比值情况下，按照文化折算比值从高到低择优录取。各省（自治区、直辖市）录取人数不超过本专业计划总数的 20%	面试：自我介绍，考官提问，根据背景材料提示进行命题演讲＋面试；视频作品分析等；文化笔试：语数外	10 000	http://zhaosheng.cuc.edu.cn/zs/Plugins/pdfViewer/web/viewer.html? file＝http://zhaosheng.cuc.edu.cn/zs/CUCUploadfiles/%5c201712%5c2018ys.pdf
				广播电视编导（文艺编导方向）	男 20 女 20	（男）一本线 103.1%；（女）一本线 106%	一本线 105.6%		面试根据背景材料分组进行即兴创意讨论，回答考官问题＋笔试，影视作品分析；文化课考试：语数外	10 000	
				戏剧影视文学	35	一本线 104.3%	一本线 108.9%		面试：回答考官提问，重点考查联想想象能力，对生活的感悟与理解，对文史哲尤其时叙事艺术作品的阅读与观摩情况，现场提供自己的作品＋笔试	10 000	

续表

序号	院校名称	所在地	批次	招生专业	人数	2019录取分数	2020录取分数	录取原则	考试内容及要求	学费每年	详情网址
2	中国传媒大学	北京	一批本科985、211	戏剧影视导演	25	一本线85%,2.112	一本线85%,2.481	在考生文化折算比值达到学校确定的本专业最低折算比值情况下,按照综合分(综合分=文化折算比值+专业折算比值)从高到低择优录取	面试:自我介绍,分组命题讨论+文化笔试;笔试:命题写作,按命题写一个叙事类作品	10 000	http://zhaosheng.cuc.edu.cn/zs/Plugins/pdfViewer/web/viewer.html? file=http://zhaosheng.cuc.edu.cn/zs/CUCUploadfiles/%5c201712%5c2018ys.pdf
				影视摄影与制作	30	一本线75%,2.011	一本线75%,2.011		初试:笔试,画面构成能力测试;复试:面试:自我介绍、回答考官提问、可提交作品;文化课笔试,语数外	10 000	
				摄影	30	一本线75%,2.011	一本线75%,2.317		笔试:专业测试(图片摄影专业知识和文艺常识)面试:①自我介绍②提交摄影、美术作品或证书③分析指定美术作品与摄影作品④回答考官提问		
				环境设计(光影空间艺术)	20	一本线85%,2.027	一本线85%,2.022		笔试:画面构成能力测试根据指定元素,构思一幅完整画面,用色彩表现。要求画面创意突出、表现清晰。绘画工具和绘图工具考生自备。考试用纸8开,由学校提供。重点考查创意设计和画面表现能力;面试①色盲、色弱器质性筛查②自我介绍③回答考官提问	10 000	
				数字媒体艺术(数字影像与网络视频)	30	一本线103.7%	一本线105.8%	在考生文化折算比值达到学校确定的本专业最低折算比值情况下,按照文化折算比值从高到低择优录取。各省(自治区、直辖市)录取人数不超过本专业计划总数的20%	面试①自我介绍(中、英文自选)②能力展示展示才艺技能、校内外获奖证书、考生参与的音视频作品或其它专长③回答考官提问考查思维能力及与影像相关的专业素养;笔试专业能力考试①数字影视基本常识②视听创意设计能力	10 000	

续表

序号	院校名称	所在地	批次	招生专业	人数	2019 录取分数	2020 录取分数	录取原则	考试内容及要求	学费每年	详情网址
2	中国传媒大学	北京	一批本科 985、211	数字媒体艺术（网络与智能媒体）	30	一本线 104.6%	一本线 107.2%	在考生文化折算比值达到学校确定的本专业最低折算比值情况下，按照文化折算比值从高到低择优录取。各省（自治区、直辖市）录取人数不超过本专业计划总数的 20%	面试：①自我介绍（中、英文自选）②能力展示展示才艺技能、校内外获奖证书、考生在设计或计算机等方面的作品或专长③回答考官提问考查考生在互联网应用或设计方面的专业潜力；笔试专业能力考试①互联网及相关领域基本常识②根据命题进行相关分析论述或创意设计等，形式不限	10 000	http://zhaosheng. cuc. edu. cn/zs/Plugins/pdfViewer/web/viewer. html? file＝http://zhaosheng. cuc. edu. cn/zs/CUCUploadfiles/%5c201712%5c2018ys.pdf
				艺术与科技（数字娱乐方向）	30	北京 102.7%，其他 100.7%	一本线 104%		面试：①自我介绍（中、英文自选）②回答考官提问个性化考查考生的交流能力和专业潜质③专长展示展示考生在影视、新媒体、活动组织等方面专长、个人作品或相关证书。考官可根据考生的实际特长进行专业潜质考查。笔试命题创作根据指定画面素材与文字材料进行创作	10 000	
				录音艺术（音响导演方向）	30	一本线 101.3%	一本线 92.8%		初试面试：音乐特长展示、视唱、回答考官提问；复试笔试：音乐基础理论测试（听音、基础乐理、音乐常识听辨）；文化课语数外；	10 000	
				录音艺术（录音工程方向）	30	一本线 101.8%	一本线 103.1%		初试面试：音乐特长展示（演奏或演唱）听音模唱、回答考官问题；复试文化课语数外	10 000	

续表

序号	院校名称	所在地	批次	招生专业	人数	2019录取分数	2020录取分数	录取原则	考试内容及要求	学费每年	详情网址
3	中央戏剧学院	北京	一批本科，重点名校	戏剧影视导演(戏剧导演)	15	录取至28名	456/445	录取控制分数线按生源地所在省份一本线的85%划定后，按专业排名录取	一试：朗诵，命题表演；二试：作品分析；三试：命题编讲故事；面试	10 000	http://qncdn.zhongxi.cn/zs20193.pdf
				戏剧影视文学(戏剧创作)	20	录取至23名	一本线109.13%		初试：文科综合知识考察、散文写作；复试：面试	8 000	
				戏剧影视文学(电视剧创作)	20	录取至22名	一本线106.08%		初试：文科综合知识考察、散文写作；复试：面试	8 000	
				戏剧影视导演(演艺声音设计)	16	——	445/425		初试：声音听辨分析；复试：演奏或演唱，视唱练耳，面试	10 000	
				戏剧影视导演(演出制作)	60	录取至120名	一本线104.98%		一试：命题辩论；二试：文化艺术常识、议论文写作；三试：艺术特长展示，面试	10 000	
				戏剧学(戏剧史论与批评)	20	录取至27名	一本线104.68%	录取控制分数线按生源地所在省份一本线的80%划定后，按专业排名录取	初试：文科综合知识考察、议论文写作；复试：面试	8 000	
				戏剧学(戏剧策划与应用)	20	录取至36名			初试：文科综合知识考察、英语短文写作；复试：面试	8 000	

续表

序号	院校名称	所在地	批次	招生专业	人数	2019录取分数	2020录取分数	录取原则	考试内容及要求	学费每年	详情网址
3	中央戏剧学院	北京	一批本科，重点名校	戏剧影视导演(戏剧教育)	40	录取至66名	一本线105.91%	录取控制分数线按生源地所在省份一本线的80%划定后，按专业排名录取	一试：朗诵；二试：文艺常识，散文写作；三试：特长展示，命题集体小品，面试	10 000	http://qncdn.zhongxi.cn/zs20193.pdf
				戏剧影视导演(影视编导)	25	录取至33名	一本线95.3%		一试：面试；二试：命题编写故事；三试：命题集体小品，视听段落读解，综合面试	10 000	
				戏剧影视导演(影视制片)	40	录取至58名	录取至84名		一试：命题演讲；二试：议论文写作；三试：命题辩论，综合面试	10 000	
				艺术管理(剧院管理)	20	录取至40名	一本线105.22%	录取控制分数线按生源地所在省份一本线划定，按专业排名录取	初试：命题演讲，面试；复试：文化艺术常识，剧院知识	8 000	
4	中国戏曲学院	北京	一批本科，重点名校	戏剧影视导演(戏曲导演)	18	文化课235分	——	高考成绩达到我院录取自划线，按专业成绩排名录取	一试：戏曲片段表演或其他才艺展示；二试：编讲故事。单人小品	10 000	https://www.nacta.edu.cn/docs/2019-01/20190110000322380544.pdf
				戏剧影视导演(戏曲影视导演)	10	文化课402分			一试：常识面试；二试：影片分析(笔试)；三试：综合面试	10 000	
				戏剧影视文学(戏曲文学)	60	文化课486分		高考成绩达到我院录取自划线，将专业成绩40%、高考成绩60%相加，按总成绩排名录取	一试：叙事散文写作；二试：文学常识	8 000	
				戏剧影视文学(国际文化交流)	26	文化课519分			一试：英语笔试；二试：综合写作	8 000	

续表

序号	院校名称	所在地	批次	招生专业	人数	2019录取分数	2020录取分数	录取原则	考试内容及要求	学费每年	详情网址
5	中央美术学院	北京	一批本科，重点名校	美术学	50	一本线100.9%	一本线106.134%	所有专业考生文化课成绩总分将进行统一折算,并按折算后的文化课相对成绩文理科统一划线录取。(考生相对成绩 = 考生文化课成绩总分÷考生所在省本科(文/理)一批线×100),相对成绩四舍五入保留至小数点后三位	美术鉴赏:笔试,只能使用黑色签字笔;参考教材:《高中美术鉴赏》	8 000	http://www.cafa.edu.cn/st/2019/80219659.htm
				书法学	10	录取到21名	录取到26名		书法临摹,书法创造	15 000	
				艺术学理论类(中外合作办学)	150	——	一本线94.108%		美术鉴赏:笔试,只能使用黑色签字笔;参考教材:初高中美术教材		
				艺术学理论类	30	一本线100.9%	一本线108.137%		美术鉴赏:笔试,只能使用黑色签字笔;参考教材:初高中美术教材	8 000	
6	北京电影学院	北京	一批本科，重点名校	戏剧影视文学(创意策划)	15	85%后，录取至第22名	一本线107.96%	专业考试合格的考生,文化考试成绩达到考生所在省本科一批录取最低控制分数线(文、理)的85%后,按专业考试成绩从高分到低分排序,择优录取	初试:笔试 :文科综合知识(考生自备2B铅笔和橡皮);复试:笔试:材料分析与写作;三试:面试:考察考生对艺术和生活的感受以及语言表达能力	8 000	http://www.bfa.edu.cn/zs/node_2239.htm
				戏剧影视文学(剧作)	20	85%后，录取至第32名	一本线108.59%		初试:笔试 :文科综合知识(考生自备2B铅笔和橡皮);复试:笔试:写作;三试:面试:考察考生对艺术和生活的感受以及语言表达能力	8 000	
				戏剧影视文学(动漫策划)	20	85%后，录取至30名	一本线107.10%	文化成绩达到考生省本科一批录取最低控制分数线的85%后,按专业考试成绩从高分到低分排序,择优录取	初试:笔试:文艺综合常识及命题写作(自备2B铅笔和橡皮);复试:面试:文艺综合常识,综合素质考察(考生自带日常各类艺术作品不少于5件,及才能展示)	8 000	

续表

序号	院校名称	所在地	批次	招生专业	人数	2019 录取分数	2020 录取分数	录取原则	考试内容及要求	学费每年	详情网址
6	北京电影学院	北京	一批本科，重点名校	戏剧影视导演（广告导演）	10	70%后，录取至 11 名	——	文化成绩达到所在省本科一批录取最低控制分数线的 70%后，按专业考试成绩择优录取	初试：文艺常识及社会常识（考生自备 2B 铅笔和橡皮）；复试：广告创意与视觉表现（考生自备画具、4 开画板、素描铅笔、橡皮）；三试：面试	10 000	http://www.bfa.edu.cn/zs/node_2239.htm
				戏剧影视导演（电影导演）	18	70%后，录取至第 20 名	70%后，录取至第 21 名	成绩达到考生所在省本科一批录取最低控制分数线的 70%后，按专业考试成绩从高分到低分排序择优录取	一试：笔试：社会、文化、艺术常识（考生自备 2B 铅笔和橡皮；二试：面试：自由陈述；三试：面试：美术（摄影）作品分析、音乐作品分析、故事构思；四试：笔试：命题创作（自备签字笔）、面试：1.创作问题讨论 2.表演	10 000	
				影视摄影与制作	18	75%后，录取至 21 名	一本线 113.75%	成绩达到考生所在省本科一批录取最低控制分数线的 75%后，按专业考试成绩从高分到低分排序择优录取	初试：笔试：综合素质考察（文学艺术常识、历史、时政、社会常识等。考生自备 2B 铅笔和橡皮）；复试：1.写作：按规定条件命题写作 2.视觉创作：用所给的视觉材料进行命题创作，考生自备剪刀、胶水等；三试：面试：专业素质考查	10 000	
				影视技术	15	一本线后，录取至 45 名	一本线 109.55%	按考试成绩与所在省本科一批录取最低控制分数线（文、理）后，按专业考试成绩从高分到低分排序择优录取	初试：笔试：文化素质考核（文理基础知识、电影基本常识、英语阅读理解、思维逻辑和文字表述等。考生自备 2B 铅笔和橡皮）；复试：面试：综合素质考察（理解能力，口头表述能力，创新想象力等）	10 000	

续表

序号	院校名称	所在地	批次	招生专业	人数	2019录取分数	2020录取分数	录取原则	考试内容及要求	学费每年	详情网址
6	北京电影学院	北京	一批本科，重点名校	录音艺术(电影录音)	18	一本线 94.11%	一本线 99.40%	文化成绩达到所在省本科一批录取最低控制分数线(文、理)的90%后，按成绩与所在省一批录取最低控制分数线(文、理)的分数比值从高到低排序择优录取	初试：笔试：声音听辨(声音或者音乐素材的听辨、识别、比较。考生自带2B铅笔和橡皮)；复试：笔试：作品分析(影像、声音素材或作品的内容、关系、创意、方法等的分析)；三试：面试：演奏(唱)，综合素质考查，如有各类特长与作品可展示	10 000	http://www.bfa.edu.cn/zs/node_2239.htm
				录音艺术(音乐录音)	12	一本线 94.44%	——		初试：笔试：声音听辨(声音或者音乐素材的听辨、识别、比较。考生自带2B铅笔和橡皮)；复试：笔试：听写与音乐基础理论；三试：面试：演奏(唱)，综合素质考查，如有各类特长与作品可展示	10 000	
				艺术与科技	12	一本线 103.47%	一本线 107.32%	成绩达到所在省本科一批录取最低控制分数线后，按文化考试成绩与所在省本科一批录取线的分数比值择优录取	初试：笔试：声音听辨(声音或音乐素材的听辨、识别、比较。考生自带2B铅笔和橡皮)；复试：面试：演奏(唱)，综合素质考查，如有各类特长与作品可展示	10 000	
				电影学(制片与市场)	50	一本线 98.98%	一本线 107.69%	文化成绩达到省本科一批录取最低控制分数线的90%后，按成绩与所在省本科一批录取最低控制分数线分数比值从高到低排序择优录取	初试：笔试：文艺理论基础及综合常识、时政及文化产业动态了解(考生自带2B铅笔和橡皮)；复试：面试：考核考生综合素质及分析问题、解决问题的能力；影视作品的艺术鉴赏力，对影视市场的了解程度	8 000	

续表

序号	院校名称	所在地	批次	招生专业	人数	2019 录取分数	2020 录取分数	录取原则	考试内容及要求	学费每年	详情网址
6	北京电影学院	北京	一批本科，重点名校	电影学(电影评论)	20	一本线 99%	一本线 106.20%	文化成绩达到省本科一批录取最低控制分数线的 90%后，按成绩与所在省本科一批录取最低控制分数线分数比值从高到低排序择优录取	初试：笔试：文科综合知识检测(考生自备 2B 铅笔和橡皮)；复试：面试	8 000	http://www.bfa.edu.cn/zs/node_2239.htm
				数字媒体艺术	20	80%后，录取至 35 名	80%后，录取至 59 名	成绩达到省本科一批录取最低控制分数线 80%后，按专业考试成绩从高分到低分排序择优录取	笔试：命题设计(文案＋设计示意图，考生自备画具、签字笔、直尺)	10 000	
				摄影	30	一本线 87.64%	一本线 104.75%	按考试成绩与所在省本科一批录取最低控制分数线(文、理)的分数比值从高到低排序择优录取	初试：笔试：摄影综合试题(考生自带 2B 铅笔和橡皮)；复试：现场实拍(考生自备使用 SD 卡的数码相机)；三试：面试：文艺理论常识，摄影理论常识，电脑图像处理常识等(考生可自带本人摄影、美术作品)	10 000	

续表

序号	院校名称	所在地	批次	招生专业	人数	2019录取分数	2020录取分数	录取原则	考试内容及要求	学费每年	详情网址
7	上海戏剧学院	上海	一批本科，重点名校	戏剧影视导演	16	145.90分(男)；143.20分(女)	82.4分(男)；77.4分(女)	在高考文化成绩达到所在省市艺术类本科最低分数线的基础上，且语文单科成绩不低于90分(150分制)，按专业成绩从高到低依次排序择优录取	(一)初试：(成绩为合格、不合格)1.才艺展示(朗诵、声乐、器乐、舞蹈、武术等，可选择一项展示，表演时间不超过2分钟。)2.命题集体小品：采取分组抽题的方式即兴表演。考生分组，当场抽题，集体讨论，集体表演，表演时间不超过5分钟。(二)复试：(成绩为合格、不合格)命题小品：考生当场抽题，独立构思、独立表演，时间不超过3分钟。(三)三试：(200分)1.命题编讲故事(100分)：采取随机抽题的方式，根据提供的文字材料编讲故事，时间不超过3分钟。2.综合面试(40分)：根据考生情况即兴问答。3.文化艺术综合素质测试(笔试60分)	10 000	http://zs.sta.edu.cn/_upload/article/45/6d/d02910b84744bd7ff3dc125d721d/b07b79d1-e52f-4e38-a1e9-5371f8f63b7f.pdf
				戏剧影视导演(戏曲)	12	227.07分(男)；217.90分(女)	—		(一)初试：(成绩为合格、不合格)1.朗诵：自备诗歌、寓言、散文任一项。2.才艺展示：戏曲剧目、舞蹈、声乐、器乐、武术等，可选择一项展示。(二)复试：(100分)1.命题小品：抽取题目，准备十五分钟后表演。2.看图即兴讲述：抽取图画，即兴讲述。(三)三试：(200分)1.命题编讲故事(100分)：抽取题目，准备十五分钟后讲述故事。2.戏曲道具运用(40分)3.文化艺术综合素质测试(笔试：60分)	10 000	

续表

序号	院校名称	所在地	批次	招生专业	人数	2019录取分数	2020录取分数	录取原则	考试内容及要求	学费每年	详情网址
7	上海戏剧学院	上海	一批本科，重点名校	戏剧教育	15	——	一本线104.38%	高考成绩达到所在省市艺术类本科最低分数线的基础上，且语文单科成绩不低于105分(150分制)，按文化课总成绩从高到低依次择优录取	(一)初试：(100分)散文写作：考生根据所给题目作文。考查考生的文字能力和运用形象思维来叙事、状物、抒情的能力。(二)复试：(100分)故事写作：考生根据所提供材料编写故事。考查考生的艺术想象力、创作构思与表达等能力。(三)三试：(100分)综合面试：根据考生情况即兴问答。考生当场抽取题号，考查考生在戏剧与影视学、艺术学及社会学等方面的知识储备		http://zs.sta.edu.cn/_upload/article/45/6d/d02910b84744bd7ff3dc125d721d/b07b79d1-e52f-4e38-a1e9-5371f8f63b7f.pdf
				戏剧影视文学	25	综合分1283.15分	一本线103.96%	合成分＝专业成绩(换算成750分制)＋高考文化成绩折算分，按合成分从高到低依次择优录取	(一)初试：(100分)散文写作：考生根据所给题目作文。考查考生的文字能力和运用形象思维来叙事、状物、抒情的能力。(二)复试：(100分)故事写作：考生根据所提供材料编写故事。考查考生的艺术想象力、创作构思与表达等能力。(三)三试：(100分)综合面试：根据考生情况即兴问答。考生当场抽取题号，考查考生在戏剧与影视学、艺术学及社会学等方面的知识储备	10 000	
				影视摄影与制作	25	专业分230.93分	一本线103.93%	高考成绩达到所在省市艺术类本科最低分数线的基础上，且语文单科成绩不低于90分(150分制)，按文化课总成绩从高到低依次择优录取	(一)初试：综合素质测试(100分)1.才艺展示：自备。如有获奖，需携带证书原件。2.电影专业基础能力与知识问答。(二)复试(笔试)(100分)文化艺术综合素质测试(三)三试：专业综合素质测试(100分)1.面试：通过抽题及考官即兴提问，了解考生知识面、文化底蕴与素质，以及相关的专业素质与能力。2.根据现场抽取的题目，由考生口述创作构思或即兴小品	10 000	

续表

序号	院校名称	所在地	批次	招生专业	人数	2019录取分数	2020录取分数	录取原则	考试内容及要求	学费每年	详情网址
8	北京师范大学	北京	一批本科	数字媒体艺术	14	综合分1160.2分	综合分1147.6分	达到考生所在省份同科类(文/理科)一批本科控制线;在文化课考试和专业考试成绩合格的基础上,按考生文化课成绩(不分文理科,满分750分)和专业考试成绩之和形成的综合成绩,分专业(含招考方向)由高到低排序择优录取	初试:笔试:①文艺常识:中外艺术、文学基础知识问答②形象绘制:将图片中的人物照片绘制成速写造型 复试:①面试:构思阐述:在规定的时间内,按照题目构思情节完整的原创故事,并现场讲述②笔试:故事创作:根据命题用画面和文字描述故事情节 三试:面试:①现场回答:读图回答②才艺展示:现场展示个人才艺(美术、电脑或其他特长展示)	8 000	https://admission.bnu.edu.cn/docs/20190118132946908959.pdf
				戏剧影视文学	30	综合分1150.75分	综合分1219分		初试:笔试:文学艺术基础知识:中外文学艺术基础知识(含少量历史知识) 复试:面试:①才艺展示:展示个人最具代表性的艺术特长②构思阐述:在规定时间内,按照给定的题目或提示构思一则情节完整的故事 三试:笔试:①作品分析:观看一段影视作品,按照要求进行评析或对指定文学作品进行评析②新闻阐述:在规定的时间内,对给定的新闻报道进行评论	8 000	

续表

序号	院校名称	所在地	批次	招生专业	人数	2019 录取分数	2020 录取分数	录取原则	考试内容及要求	学费每年	详情网址
9	南京大学	南京	一批本科	戏剧影视文学	25	一本线 100%	——	成绩须达到生源省份普通本科第一批次录取控制分数线。我校将报考考生语文、数学、英语三门总分和校考总分折算成百分制后，各按 50% 的比例折算成总成绩排序	初试科目：文学基础（100 分）、文学创作（100 分） 复试科目：小剧本创作（100 分）、综合能力面试（100 分）	7 480	http://bkzs.nju.edu.cn/e6/4a/c4542a321098/page.htm
10	中国美术学院	杭州	一批本科，重点名校	录音艺术	15	——	综合分 65.4564 分	以专业成绩和高考文化课成绩折算综合分，按综合分排名从高分到低分顺序录取。综合分 = 专业成绩总分 ÷ 专业成绩满分 × 60 + 高考文化课成绩总分 ÷ 高考文化课满分 × 40	初试：音乐基础能力测试：基础知识问答（每位考生不超过 3 分钟）、器乐表演（一首完整的曲目，时长要求 5 分钟左右）复试：音乐视听，音乐理论，音乐技法，面试		http://zb.caa.edu.cn/bkszs/bkzsxx/201901/t20190116_77403.html
				艺术学理论类（艺术理论类）	80	文化课 554 分	文化课 557.38 分	按高考文化课成绩总分排名，从高分到低分顺序录取。录取时，当文化总分排名并列时，分别以语文成绩、外语成绩、数学成绩次序，单科高者优先	初试：素质测试；复试：赏析与写作	6 000	

续表

序号	院校名称	所在地	批次	招生专业	人数	2019录取分数	2020录取分数	录取原则	考试内容及要求	学费每年	详情网址
11	暨南大学	广州	一批本科	戏剧影视文学	5	综合分85.693分	暂无数据	高考文化课成绩达到所在省一批本科录取控制分数线且校考合格的前提下，根据分省招生计划，按高考文化课成绩折算分择优录取	1.考试形式：共两个科目，均采用闭卷笔试方式；不分初试、复试。2.考试内容：(1)科目一《叙事文学创作》，满分100分，考试时间120分钟；(2)科目二《文艺基础知识与影视评论》，满分100分，考试时间150分钟。3.最终专业校考成绩：《叙事文学创作》+《文艺基础知识与影视评论》，满分200分	10 000	https://zsb.jnu.edu.cn/27/05/c3468a272133/page.htm
				戏剧影视导演	22	综合分163.545分	暂无数据	文化课成绩达到生源所在省的我校普通类专业所在批次录取控制分数线且校考合格的前提下，根据分省招生计划，按校考成绩从高到低择优录取	1.考试形式：分初试、复试、三试；取得复试(三试)资格者，方可参加复试(三试)。2.考试内容：(1)初试(笔试)：命题创作(120分钟，满分100分)；(2)复试：小组面试(满分100分)；(3)三试：面试(满分100分)；3.最终专业校考成绩：三试，满分100分	10 000	
12	南京艺术学院	南京	一批本科，重点名校	戏剧影视导演	7	专业分215.67分	暂无数据	专业成绩合格，文化分达考生所属省普通类本二文科或理科省控线80%，按校考专业分录取	初试：①自我介绍②朗诵(自备作品)③命题集体小品；复试一：笔试(命题写作) 复试二：①面试(综合素质测试)②才艺展示③表演(命题小品)	10 000	http://zhaosheng.nua.edu.cn/_upload/article/files/41/fc/d3ba28dd4569bac04cfc0c8ff888/a23e8b4d-373d-4e41-8fba-a100d99a7dcc.pdf

续表

序号	院校名称	所在地	批次	招生专业	人数	2019 录取分数	2020 录取分数	录取原则	考试内容及要求	学费每年	详情网址
12	南京艺术学院	南京	一批本科，重点名校	戏剧影视文学	18	二本线 108.80%	暂无数据	专业成绩合格，文化分达考生所属省普通类本二文科或理科省控线 90%，按文化分录取	初试：①自我介绍②专业素质口试；复试：①笔试叙事散文写作（1500 字左右，考试时间 120 分钟）②笔试编写故事（800 字左右，考试时间 60 分钟）	9 000	http://zhaosheng.nua.edu.cn/_upload/article/files/41/fc/d3ba28dd4569bac04cfc0c8ff888/a23e8b4d-373d-4e41-8fba-a100d99a7dcc.pdf
				戏剧影视文学（影视策划与制片）	14	二本线 108.71%	暂无数据		初试：①自我介绍②专业素质口试；复试：①笔试：综合素质测试（考试时间 75 分钟）②笔试：项目策划案写作（考试时间 75 分钟）	9000	
				影视摄影与制作	12	二本线 100.45%	暂无数据		初试：①自我介绍②回答考官提问③综合素质展示；复试：①镜头语言分析②主题短片创意	10 000	
				录音艺术	10	专业分 68.88 分	暂无数据	专业成绩合格，文化分达考生所属省普通类本二文科或理科省控线 80%，按校考专业分录取	初试：①面试②演唱或演奏 复试：①音响听辩②声学常识③命题写作	10 000	

续表

序号	院校名称	所在地	批次	招生专业	人数	2019录取分数	2020录取分数	录取原则	考试内容及要求	学费每年	详情网址
13	浙江传媒学院	杭州	一批本科	影视摄影与制作(电视节目制作)	75	一本线93.671%	一本线93.603%	①达到75分以上(含),按文化折算分①排序择优录取,文化折算分①并列的按专业成绩从高到低择优录取	初试(笔试):文化艺术综合素质测试(含语文、数学、英语、自然科学、人文艺术等);复试(面试):形象考察;自我介绍;回答主试教师提问;三试(笔试):分镜头创作(绘图文具自备);专业综合素质测试(含新媒体、视觉制作技术、计算机基础等);注:最终专业成绩构成比例:复试 50%+三试 50%	10 300	http://zsw.zjicm.edu.cn/info/1030/1874.htm
				影视摄影与制作(电视摄像)	115	一本线89.032%	一本线89.219%	①达到75分以上(含),按文化折算分①排序择优录取,文化折算分①并列的按专业成绩从高到低择优录取	初试(笔试):文化艺术综合素质测试(含语文、数学、英语、自然科学、人文艺术等);复试(面试):形象考察;自我介绍;回答主试教师提问;三试(笔试):图片分析及故事写作;影视作品分析;注:最终专业成绩构成比例:复试 50%+三试 50%	10 300	
				影视摄影与制作(电影摄影与制作)	125	一本线87.269%	一本线86.466%	①达到70分以上(含),按文化折算分①排序择优录取,文化折算分①并列的按专业成绩从高到低择优录取。只招收有该专业志愿的考生,不录取服从专业调剂志愿的考生	初试(笔试):文化艺术综合素质测试(含语文、数学、英语、自然科学、人文艺术等);复试(面试):形象考察;抽词语讲故事;图片讲述;三试(笔试):电影场景设计(根据命题,写作剧本或绘制分镜头画面,绘图文具自备);电影专业素质测试(注:最终专业成绩构成比例:复试 50%+三试 50%)	58 000	

续表

序号	院校名称	所在地	批次	招生专业	人数	2019 录取分数	2020 录取分数	录取原则	考试内容及要求	学费每年	详情网址
13	浙江传媒学院	杭州	一批本科	摄影	90	一本线 89.580%	一本线 92.164%	①达到 75 分以上(含)，按文化折算分①排序择优录取，文化折算分①并列的按专业成绩从高到低择优录取	初试(笔试)：文化艺术综合素质测试(含语文、数学、英语、自然科学、人文艺术等)；复试(面试)：形象考察；自我介绍；回答主试教师提问；三试(笔试)：摄影作品分析；摄影画面描述；图片说明 ；注：最终专业成绩构成比例：复试 50%＋三试 50%	10 300	http://zsw.zjicm.edu.cn/info/1030/1874.htm
				录音艺术	85	一本线 90.800%	一本线 88.910%	①达到 75 分以上(含)，按文化折算分①排序择优录取，文化折算分①并列的按专业成绩从高到低择优录取	初试(笔试)：文化艺术综合素质测试(含语文、数学、英语、自然科学、人文艺术等)；复试(面试)：形象考察；音乐才艺展示(只限器乐、声乐，乐器自备)；听音模唱；回答主 试教师提问；三试(笔试)：听音；声音科学常识；影视声音设计；声音作品分析 注：最终专业成绩构成比例：复试 50%＋三试 50%	9 000	
14	上海视觉艺术学院	上海	一批本科	摄影	44	综合分 330.2 分	综合分 337.1 分	相关专业省统考成绩合格。按照综合分从高到低择优录取。(综合分＝高考文化分＊50%＋校考专业分＊50%)	初试：摄影操作技能及面试；复试：专业基础知识及美术基础笔试	38 000	https://www.siva.edu.cn/site/site2/contentsMultiple.aspx? si = 25&id = 2462&mi=55

续表

序号	院校名称	所在地	批次	招生专业	人数	2019录取分数	2020录取分数	录取原则	考试内容及要求	学费每年	详情网址
15	山东艺术学院	济南	一批本科	戏剧学	10	文化课444分	文化课456分	文化成绩达到生源所在省份招生考试机构划定的艺术类本科专业最低录取控制分数线的基础上,按照文化成绩排序录取	初试:即兴评述(中国古典诗词赏析) 复试:命题写作	6 000	http://zsbgs.sdca.edu.cn/info/1018/1540.htm
				戏剧影视导演		——	文化课268分	文化成绩达到生源所在省份招生考试机构划定的艺术类本科专业最低录取控制分数线的基础上,按照文化成绩排序录取	初试:朗诵 复试:个人推介,编写故事	6 000	
				影视摄影与制作		——	文化课443分	文化成绩达到生源所在省份招生考试机构划定的艺术类本科专业最低录取控制分数线的基础上,按照文化成绩排序录取	分镜头设计阐述,自我介绍	6 000	
				戏剧影视文学	10	综合分354.33分	综合分354.33分	文化成绩达到生源所在省份招生考试机构划定的艺术类本科专业最低录取控制分数线,按照校考专业成绩 * 30%+文化成绩 * 70%的综合分排序录取	初试:即兴评述 复试:1.叙事散文写作 2.戏剧故事写作	6 000	

续表

序号	院校名称	所在地	批次	招生专业	人数	2019 录取分数	2020 录取分数	录取原则	考试内容及要求	学费每年	详情网址
16	吉林艺术学院	长春	一批本科	戏剧影视文学	10	二本线 92.2%，专业分 258.337 分	二本线 90%	以文化分占 70% 和专业分占 30% 相加后总分择优录取	初试：回答问题（面试，现场抽题）；复试：文艺作品分析和命题编写故事（笔试，3 小时）	7 000	http://jlysxyzs. bibibi. net/recruit/detail/news? article_id=4236&notice_name=%E7%84%A6%E7%82%B9%E6%96%B0%E9%97%BB&enter_url=%2Frecruit%2Fmodule%2Fnews%3Fnotice_id%3D257
				戏剧影视导演	10	二本线 81.1%，专业分 250.010 分	文化课 250 分	以专业分择优录取	初试：1、朗诵（自备文学作品，3 分钟）2、集体小品（现场抽题）复试：1、即兴讲故事（现场抽题）2、单人小品（现场抽题）	7 000	
17	北京舞蹈学院	北京	一批本科，重点名校	艺术管理	18	文化课 490 分	男 435 分；女 503 分	高考成绩达到我校自划线后，按专业考试名次排队，择优录取。舞蹈表演专业下的各招考方向如遇到未录满的名额，可在舞蹈表演专业内进行名额调整	初试：(1)文艺常识与创意策划写作(2)英语笔试；终试：艺术特长展示（限时 3 分钟）	8 000	http://www. bda. edu. cn/docs/20190107154522849505.pdf
18	广西艺术学院	广西	一批本科	录音艺术	5	专业分 193 分	文化课 250 分	文化上线，按专业排名	①听音记谱②录音基础常识	12 000	https://zsb.gxau.edu.cn/bz-kszs/zsjz/content_223482
				艺术设计学	5	文化课 432 分	暂无数据	专业合格，按文化排名（专业最低 201 分）	①文史常识与写作	12 000	
				艺术史论	5	文化课 432 分	暂无数据	专业合格，按文化排名（专业最低 201 分）	①文史常识与写作	12 000	
				戏剧影视文学	5	综合分 201.52 分	暂无数据	按文化、专业成绩 6:4 综合分排序录取	①叙事散文写作②评论写作	12 000	

续表

序号	院校名称	所在地	批次	招生专业	人数	2019录取分数	2020录取分数	录取原则	考试内容及要求	学费每年	详情网址
19	四川音乐学院	成都	一批本科	影视摄影与制作	6	综合分203.84分	文科486分;理科466分	不低于本科第二批次录取控制分数线的70%,按高考文化课成绩从高分到低分排序录取	①现场静物拍摄120【考生自带数码相机和储存卡现场拍摄(储存卡小容量即可)；②摄影基础知识80分【笔试:参考书目:郑国恩著的《电影摄影造型基础》(中国电影出版社)】③图片分析100分(笔试)	12 000	http://zsw.sccm.cn/Download/file/20190509/20190509132254_9254.pdf
				艺术管理	2	——	理科505分	不低于本科第二批次录取控制分数线的70%,按高考文化课成绩从高分到低分排序录取	①素描:静物或人 物;②速写:人物动态;③色彩:风景或静物。素描、色彩、速写单科成绩满 分各为100分,专业成绩总分满分为300分	9 600	
				摄影	5	综合分203.84分	文科481分;理科453分	不低于本科第二批次录取控制分数线的70%,专业考试成绩从高分到低分排序录取	①现场静物拍摄120【考生自带数码相机和储存卡现场拍摄(储存卡小容量即可)；②摄影基础知识80分【笔试:参考书目:郑国恩著的《电影摄影造型基础》(中国电影出版社)】③图片分析100分(笔试)	12 000	
				艺术史论	2	综合分250.8分	文科474分;理科448分	不低于本科第二批次录取控制分数线的80%,专业考试成绩从高分到低分排序录取	①素描:静物或人 物;②速写:人物动态;③色彩:风景或静物。素描、色彩、速写单科成绩满 分各为100分,专业成绩总分满分为300分	9 600	

续表

序号	院校名称	所在地	批次	招生专业	人数	2019录取分数	2020录取分数	录取原则	考试内容及要求	学费每年	详情网址
20	西安音乐学院	西安	一批本科	艺术史论(艺术史论)	15	暂无数据	暂无数据	普通本科第二批次录取控制分数线的75%划定。各省(区、市)对单独组织专业考试的院校有文化课录取控制分数线规定的按相应规定执行。综合分=(考生文化课成绩÷所在省份文化满分×40)+(专业成绩÷100×60)	初试:1.艺术能力考试:表演形式或展示形式自选(需现场表演)。2.专业口试:考察与艺术史论专业相关的认知能力、思维能力和语言表述能力 复试:1.艺术史论基础知识考试:各门类艺术常识、中西艺术史常识(考试时间:150分钟)。2.艺术评论写作:写作基础、艺术理解、文字表述等能力测试(考试时间:150分钟)。 【专业分值结构】满分100分,其中:初试40%(艺术能力考试、专业口试各20%);复试60%(基础知识、评论写作各30%)	15 000	http://www.zhshch.xafa.edu.cn/info/1003/1042.htm
21	西安美术学院	西安	一批本科	美术学	40	文化课499.4分	文化课522分	高考志愿为艺术史论的可梯度选择艺术史论、艺术考古2个招考方向作为入校后的专业培养方向。艺术史论招考方向志愿分配将按照综合分排队遵循"分数优先、志愿优先"的原则进行调剂分配	科目:写作能力测试,满分100分 时间:2小时	15 000	http://www.zhshch.xafa.edu.cn/info/1002/1172.htm
				艺术史论(艺术考古)	15	文化课530.9分	文化课525分			7 000	
				艺术设计学	20	文化课514分	文化课512分			15 000	

续表

序号	院校名称	所在地	批次	招生专业	人数	2019 录取分数	2020 录取分数	录取原则	考试内容及要求	学费每年	详情网址
22	新疆艺术学院	乌鲁木齐	一批本科	戏剧影视文学	4	文化课 460 分	文化课 465 分	所有本科专业(含方向)考生需取得我院承认的专业考试合格证,高考文化成绩达到我院相应专业录取最低控制分数线的前提下,按高考文化成绩,从高到低择优录取	初试:1.自我介绍 2.才艺展示(自选朗诵、演唱、舞蹈、等)3.专业素质考核 4.命题故事(1—3 分钟)复试:1.专业笔试(含命题写作、艺术常识)2.材料论述题 3.影视评论	6 000	http://www.xjart.edu.cn/s/21/t/86/3f/af/info16303.htm
				影视摄影与制作	4	文化课 440 分	文化课 400 分		1.面试 2.自我介绍 3.专业知识 4.专业笔试(材料分析或影视评论)5.色谱测试	6 000	
23	山东工艺美术学院	济南	一批本科	美术学	30	文化课 432 分	文化课 431 分	对于校考专业成绩合格的考生,文化课成绩须达到生源所在省份划定的艺术类专业本科文化录取控制分数线,且外语成绩须达到我校要求。在此文化及外语最低分数线上的一志愿考生,按文化成绩排序,遵循志愿,择优录取	写作	8 000	http://zs. sdada. edu. cn/info/1007/1303.htm
				艺术史论	20	文化课 458 分	文化课 441 分		写作	8 000	
				艺术设计学	20	文化课 452 分	文化课 435 分		写作	8 000	

续表

序号	院校名称	所在地	批次	招生专业	人数	2019录取分数	2020录取分数	录取原则	考试内容及要求	学费每年	详情网址
24	南京传媒学院（中国传媒大学南广学院）	南京	普通本科	电影学（影视制片）	14	文化课432分	暂无数据	在考生政治思想品德考核和体检合格、专业考试成绩合格、高考总成绩达到生源所在省（自治区、直辖市）录取控制分数线的情况下，按高考总成绩优先的原则，从高分到低分，参照报考志愿，确定录取专业，各专业志愿之间无分数级差。高考总成绩出现并列情况时，依次按照语文、数学、外语科目成绩排序，从高分到低分择优录取	面试：1.文化艺术常识 2.影视素养考核（剧照联想分析）3.影视热点评述 笔试：4.影视作品分析（时长120分钟）	16 500	https://zsb.cucn.edu.cn/2019yszsjz.html
				电影学（院线管理）	14	文化课436分	暂无数据		面试：1.文化艺术常识 2.影视素养考核（剧照联想分析）3.影视市场评述 笔试：4.影视作品分析（时长120分钟）	16 500	
				录音艺术	5	文化课421分	暂无数据		面试：1.乐感考查（简谱或五线谱视唱、听音模唱）2.音乐听辨（单一和组合乐器，音乐情绪、体裁、风格的辨识）3.影视声音听辨（素材差异比较，声音场景识别与想象）4.声音常识问答和才艺展示（演唱或演奏，可现场提交与声音相关的创作作品及其它各类证书等证明）	16 500	
				戏剧影视导演（影视导演）	9	文化课433	暂无数据		面试：1.戏剧影视常识考查 2.图片组合叙事（根据考场提供的图片任意组合顺序并编讲故事）3.集体小品创意（根据命题构思小品，任选小品的3个瞬间进行静态画面呈现，并阐述理由）笔试：4.影视作品分析与故事写作（时长120分钟）	16 500	

续表

序号	院校名称	所在地	批次	招生专业	人数	2019 录取分数	2020 录取分数	录取原则	考试内容及要求	学费每年	详情网址
24	南京传媒学院(中国传媒大学南广学院)	南京	普通本科	戏剧影视文学(影视策划与编剧)	11	文化课 385	暂无数据	在考生政治思想品德考核和体检合格、专业考试成绩合格、高考总成绩达到生源所在省(自治区、直辖市)录取控制分数线的情况下,按高考总成绩优先的原则,从高分到低分,参照报考志愿,确定录取专业,各专业志愿之间无分数级差。高考总成绩出现并列情况时,依次按照语文、数学、外语科目成绩排序,从高分到低分,择优录取	面试:1.文学基础考查 2.戏剧影视常识考查 3.命题故事(根据考场提供的资料进行故事编讲) 笔试:4.影视作品分析与故事写作(时长 120 分钟)	16 500	https://zsb.cucn.edu.cn/2019yszsjz.html
				数字媒体艺术	8	文化课 439 分	暂无数据		面试:1.基础素质测试(色盲色弱色卡测试、矫正后视力测试) 2.文艺常识及创意思维测试 3.数字艺术专业知识问答以及即兴评论 笔试:4.综合能力测试(自备签字笔、黑色水笔、铅笔、橡皮)(时长 120 分钟)	18 000	
				摄影(图片摄影)	10	文化课 354 分	暂无数据		面试:1.综合素质考查(文化艺术常识) 2.图片摄影知识问答 3.图片摄影作品评述 笔试:4.影视作品分析(时长 120 分钟)	16 500	
				影视摄影与制作(电视摄影)	11	文化课 431 分	暂无数据		面试:1.综合素质考查(文化艺术常识) 2.电影电视知识问答 3.图片摄影作品评述 笔试:4.影视作品分析(时长 120 分钟)	18 000	

续表

序号	院校名称	所在地	批次	招生专业	人数	2019 录取分数	2020 录取分数	录取原则	考试内容及要求	学费每年	详情网址
24	南京传媒学院（中国传媒大学南广学院）	南京	普通本科	影视摄影与制作（照明艺术）	3	文化课 415 分	暂无数据	专业考试成绩合格、高考总成绩达到生源所在省（自治区、直辖市）录取控制分数线的情况下，按高考总成绩优先的原则，从高分到低分	面试：1.综合素质考查（文化艺术常识）2.照明艺术知识问答 3.图片摄影作品评述 笔试：4.影视作品分析（时长 120 分钟）	18 000	https://zsb.cucn.edu.cn/2019yszsjz.html
				影视摄影与制作（航空摄影）	3	文化课 416 分	暂无数据		面试：1.综合素质考查（文化艺术常识）2.航空摄影知识问答 3.图片摄影作品评述 笔试：4.影视作品分析（时长 120 分钟）	18 000	
				艺术与科技（电子竞技策划与运营）	11	文化课 255 分	暂无数据	考生校考专业成绩合格，高考文化成绩达到相应录取批次控制线按校考专业成绩从高到低择优录取	面试：1.基础素质测试（色盲色弱色卡测试、矫正后视力测试）2.科技与文艺常识测试 3.电子竞技及游戏知识问答与即兴评论 笔试：4.专业基础测试（自备签字笔、黑色水笔、铅笔、橡皮）（时长 120 分钟）	16 500	

续表

序号	院校名称	所在地	批次	招生专业	人数	2019录取分数	2020录取分数	录取原则	考试内容及要求	学费每年	详情网址
25	四川传媒学院	成都	普通本科	录音艺术(电影电视声音制作)	6	文化课255分	文化课250分	考生校考专业成绩合格,高考文化成绩达到相应录取批次控制线按校考专业成绩从高到低择优录取	初试:1.文艺常识简答;2.声音辨识;3.才艺展示。复试:观看电影片段,完成影片分析。笔试90分钟;复试100分:观看电影片段,完成影片分析。笔试90分钟	18 000	https://mp.weixin.qq.com/s?src=11&timestamp=1563437214&ver=1735&signature=ryfmDHdQ0NDo0SOtnBR4hijj33E7NPqjNVup85t6X8dD0QR66H2B2fT*kQFMw7ZzUGwNWzzCvs5ctViiBADQR1OfC9INV8LznwPJenXjh4fT5o73oMgs*105pheyoQbb&new=1
				录音艺术(音乐录音与综艺节目声音制作)	5	文化课255分	文化课250分		初试:1.音乐才艺展示:声乐器乐均可;2.视唱练耳。复试:乐理,内容为李重光《音乐基本理论》。笔试90分钟	18 000	
				戏剧影视文学	10	文化课255分	文化课250分		面试100分:回答问题(重点考察考生的作品阅读情况,联想想象能力及对生活的分析理解能力)。笔试200分:命题写作。笔试90分钟	18 000	
				戏剧影视导演	10	文化课255分	文化课250分		初试:形象考察,知识问答(影视常识)和编讲故事;小品表演 复试:故事类短片分析。笔试120分钟(含放片时间)	18 000	
				戏剧影视导演(导表)	2	文化课255分	文化课250分		初试:形象形体考察,综合素质评估;声乐演唱(自备歌曲一首:美声、通俗、民族均可);即兴命题表演。复试:指定稿件朗诵(散文、诗歌、故事、短文、戏剧或影视剧独白任选);命题集体小品表演	18 000	

续表

序号	院校名称	所在地	批次	招生专业	人数	2019录取分数	2020录取分数	录取原则	考试内容及要求	学费每年	详情网址
25	四川传媒学院	成都	普通本科	戏剧影视导演(新媒体导演)	12	文化课255分	文化课250分	考生校考专业成绩合格,高考文化成绩达到相应录取批次控制线按校考专业成绩从高到低择优录取	初试:形象考察,新媒体、影视文艺常识问答,根据网络热点即兴评述;命题小品表演。复试:故事编写,综艺节目创意。笔试90分钟	18 000	https://mp.weixin.qq.com/s? src = 11&timestamp = 1563437214&ver=1735&signature=ryfmDHdQ0NDo0SOtnBR4hijj33E7NPqjNVup85t6X8dD0QR66H2B2fT*kQFMw7ZzUGwNWzzCvs5ctViiBADQR1OfC9INV8LznwPJenXjh4fT5o73oMgs*105pheyoQbb&new=1
				电影学	8	文化课255分	文化课250分		1.电影常识、时事热点填空、微型小说鉴赏点评(字数不超过200字)、古诗词意境画面联想描写(字数不超过200字)。笔试60分钟 2.创意构思,考生根据试题中所提供的素材,进行创意构思,并进行不得少于800字的书面阐述。笔试90分钟	18 000	
				艺术管理	4	文化课255分	文化课250分		1.知识问答(艺术、文化、影视等相关基础常识),笔试60分钟 2.影视、文化、演艺、会展等项目案例分析,字数不少于800字。笔试90分钟	18 000	
				摄影	37	文化课255分	文化课250分		面试:自我介绍,知识问答(影视、数字媒体、美术等相关知识) 笔试:编写故事、命题作画二选一(命题作画绘画风格不限)。笔试90分钟	18 000	

续表

序号	院校名称	所在地	批次	招生专业	人数	2019 录取分数	2020 录取分数	录取原则	考试内容及要求	学费每年	详情网址
25	四川传媒学院	成都	普通本科	影视摄影与制作	37	文化课 255 分	文化课 250 分	考生校考专业成绩合格,高考文化成绩达到相应录取批次控制线按校考专业成绩从高到低择优录取	身高要求:男身高 1.68 米以上;女身高 1.58 米以上 笔试:1.艺术常识:含摄影常识、美术常识、文艺常识;2.画面组合;3.摄影作品分析。笔试 90 分钟	18 000	https://mp.weixin.qq.com/s? src = 11&timestamp = 1563437214&ver=1735&signature=ryfmDHdQ0NDo0SOtnBR4hijj33E7NPqjNVup85t6X8dD0QR66H2B2fT*kQFMw7ZzUGwNWzzCvs5ctViiBADQR1OfC9INV8LznwPJenXjh4fT5o73oMgs*105pheyoQbb&new=1
				数字媒体艺术	38	文化课 255 分	文化课 250 分		身高要求:男身高 1.70 米以上;女身高 1.60 米以上。1.影视文艺常识。笔试 60 分钟。2.编写故事(要求:语言文字表述要有画面感,内容健康,总字数 500－800 字。)、摄影图片分析(要求:分析字数 500－800,字迹工整。根据作品内容,从主题思想,艺术内涵和摄影技巧处理等方面分析)。笔试 90 分钟	18 000	
26	武汉传媒学院	武汉	普通本科	戏剧影视文学	21	文化课 255 分	文化课 250 分	在考生高考文化成绩、专业成绩双过线的前提下,按专业成绩从高到低录取,专业成绩相同条件下,文化分数高者优先录取,文化成绩相同者,依次按语、数、外成绩排序由高到低录取,文理统一排名	笔试(时间为 2 小时, 160 分):影视常识(60 分),作品分析(100 分)。面试(140 分):自我介绍,限时半分钟(20 分);镜头设计,考生抽取试题材料现场创作并说明,限时 2 分钟(50 分);导演创意,考生从试题中随机抽取一道试题(图片和文字两类形式试题随机混合编排),现场创作并讲述,限时 2 分半钟(70 分)	25 800	https://mp.weixin.qq.com/s? src = 11&timestamp = 1563437214&ver=1735&signature=ryfmDHdQ0NDo0SOtnBR4hijj33E7NPqjNVup85t6X8dD0QR66H2B2fT*kQFMw7ZzUGwNWzzCvs5ctViiBADQR1OfC9INV8LznwPJenXjh4fT5o73oMgs*105pheyoQbb&new=1
				戏剧影视导演	30	文化课 255 分	文化课 250 分			25 800	

续表

序号	院校名称	所在地	批次	招生专业	人数	2019 录取分数	2020 录取分数	录取原则	考试内容及要求	学费每年	详情网址
26	武汉传媒学院	武汉	普通本科	数字媒体艺术	15	文化课 255 分	文化课 250 分	在考生高考文化成绩、专业成绩双过线的前提下，按专业成绩从高到低录取，专业成绩相同条件下，文化分数高者优先录取，文化成绩相同者，依次按语、数、外成绩排序由高到低录取，文理统一排名	笔试(考试时间 2 小时)：文学常识与美学(100 分)；讯息逻辑与推演(100 分)；设计思维与创意(100 分)	23 000	http://www.whmc.edu.cn/zsw/zsw _ zszskx/show — 31923.aspx
				影视摄影与制作	12	文化课 255 分	文化课 250 分		笔试(时间为 2 小时)：相机基本操作与控光(100 分)，画面组织及建构(80 分)，影像画面作文(50 分)，文艺、影像与美学理论常识(70 分)	23 000	
				摄影	12	文化课 255 分	文化课 250 分		笔试(时间为 2 小时)：相机基本操作与控光(100 分)，画面组织及建构(80 分)，影像画面作文(50 分)，文艺、影像与美学理论常识(70 分)	23 000	
27	四川电影电视学院	成都	普通本科	戏剧影视导演	6	文化课 255 分	文化课 250 分	综合成绩＝专业折算成绩×50%＋文化折算成绩×50%	面试科目：综合知识问答、导演素质问答。笔试科目：导演专业写作(共 2 题)。(考试时间 90 分钟) 面试成绩满分 100 分，笔试成绩满分 100 分，专业成绩总和满分为 200 分	15 000	http://zs.scftvc.com/BK-CY/23.html
				戏剧影视文学	15	文化课 255 分	文化课 250 分		面试科目：故事编讲、画面构思、回答考官提问。笔试科目：命题写作。(考试时间 90 分钟) 面试成绩满分 100 分，笔试成绩满分 100 分，专业成绩总和满分为 200 分	15 000	

续表

序号	院校名称	所在地	批次	招生专业	人数	2019录取分数	2020录取分数	录取原则	考试内容及要求	学费每年	详情网址
27	四川电影电视学院	成都	普通本科	数字媒体艺术	10	文化课 255 分	文化课 250 分	综合成绩＝专业折算成绩×50%＋文化折算成绩×50%	面试科目：自我介绍，回答考官问题（影视、数字媒体、美术等相关知识）；笔试科目：编写故事、命题作画二选一（命题作画绘画风格不限，考试时间 90 分钟）面试成绩满分 100 分，笔试成绩满分 100 分，专业成绩总和满分为 200 分	15 000	http://zs. scftvc. com/BK-CY/23.html
				数字媒体艺术（游戏竞技）	8	文化课 255 分	文化课 250 分		面试科目：自我介绍、回答问题（电子竞技、逻辑思维等相关知识）、根据考场提供的背景材料，结合自身经历发表游戏相关感想。笔试科目：根据视频材料分析创意（考试时间 60 分钟）面试成绩满分 100 分，笔试成绩满分 100 分，专业成绩总和满分为 200 分	15 000	
				影视摄影与制作	20	文化课 255 分	文化课 250 分		面试科目：自我介绍、综合素质问答、回答考官提问；笔试科目：编写故事或命题作画。（考试时间 90 分钟）面试成绩满分 100 分，笔试成绩满分 100 分，专业成绩总和满分为 200 分	15 000	
				戏剧影视导演（新媒体导演）	20	文化课 255 分	文化课 250 分		面试科目：自我介绍、回答考官提问。笔试科目：①编写故事或人物小传（50 分）②命题创作（50 分）。面试成绩满分 100 分，笔试成绩满分 100 分，专业成绩总和满分为 200 分	15 000	

续表

序号	院校名称	所在地	批次	招生专业	人数	2019 录取分数	2020 录取分数	录取原则	考试内容及要求	学费每年	详情网址
28	河北传媒学院	石家庄	普通本科	戏剧影视文学	3	综合分 60.5 分	专业分 67.817 分	专业校考成绩合格，高考文化成绩达到省定控制分数线的前提下，将专业和文化成绩均折合成百分制后，按照专业成绩的 50% 和文化成绩的 50%之和，从高分到低分，参照考生所填报志愿顺序择优录取	考试方式：一试（笔试），满分 300 分 考试科目：(1)人物形象分析 100 分；(2)故事编创 200 分	23 000	http://zs. hebic. cn/bkzn/2019/0606/2666.html
				影视摄影与制作	3	综合分 58.62 分	专业分 67.983 分		考试方式：一试（笔试），满分 300 分 考试科目：(1)热点评述（时事及影视知识）100 分；(2)影片分析 200 分。	23 000	
				摄影	1	综合分 60.57 分	专业分 74.300 分		考试方式：一试（笔试），满分 300 分 考试科目：(1)热点评述（时事及摄影常识）100 分；(2)摄影作品分析 200 分	23 000	
				数字媒体艺术	1	综合分 66.55 分	—		考试方式：一试（笔试），满分 300 分 考试科目：(1)影视片段分析 150 分；(2)根据所提供画面内容编写故事 150 分	23 000	

续表

序号	院校名称	所在地	批次	招生专业	人数	2019 录取分数	2020 录取分数	录取原则	考试内容及要求	学费每年	详情网址
29	四川文化艺术学院	成都	普通本科	戏剧学	12	文化课 255 分	文化课 250 分	考生校考专业成绩合格,高考文化成绩达到相应录取批次控制线按校考专业成绩从高到低择优录取	①戏剧艺术常识及作品赏析 100 分(含电影常识、戏剧常识、戏剧作品分析、戏剧理论、文艺常识等;笔试:60 分钟);②编写故事 100 分(笔试:60 分钟)	16 000	https://mp.weixin.qq.com/s?src=11&timestamp=1563440957&ver=1736&signature=5ytDX-LyGKlrUCEYMG4CRSV1DcjAZVvs8nRqhzQn3d-MZLYx10OuQzmrPQLBuUsk-UOX-sN3J5XdixsODRerhFnFXgcuoXZ6SaRi2h*GMmK9DkQ7Tf7WHyyXlb8Nlua1k&new=1
				戏剧影视文学	28	文化课 255 分	文化课 250 分		①编写故事 100 分(节目策划、广告创意、声画组合等;笔试:60 分钟);②影视剧常识及分析 100 分(理论常识,剧情片、纪录片、广告片等分析;笔试:60 分钟)	16 000	
				戏剧影视美术设计	16	文化课 255 分	文化课 250 分		①绘画 150 分(色彩风景,默写;150 分钟);②综合知识测试 50 分(面试,美术基础知识或考生对时尚敏锐度的了解)	16 000	
				录音艺术	8	文化课 255 分	文化课 250 分		①文艺常识 100 分(基本乐理、物理、英语及文艺常识等;笔试:60 分钟);②影视声音分析 100 分(按照指定影视作品对影视声音进行分析,笔试:60 分钟)	16 000	
				影视摄影与制作	18	文化课 255 分	文化课 250 分		①影视摄影基础 100 分(摄影基础知识、文学常识;笔试:60 分钟);②影视作品分析 100 分(影视作品默评;笔试:60 分钟)	16 000	

续表

序号	院校名称	所在地	批次	招生专业	人数	2019录取分数	2020录取分数	录取原则	考试内容及要求	学费每年	详情网址
29	四川文化艺术学院	成都	普通本科	美术学	10	文化课255分	文化课250分	考生校考专业成绩合格，高考文化成绩达到相应录取批次控制线按校考专业成绩从高到低择优录取	①文艺常识100分（文学常识、美术基础知识；笔试：60分钟）；②美术作品分析100分（分析美术作品的创作形式、主题表达和创作背景等；笔试，60分钟）	16 000	http://zsw.sca.edu.cn/html/9432685928.html
				摄影	15	文化课255分	文化课250分		①图片作品分析100分（根据提供的摄影作品进行分析；笔试：60分钟）；②摄影基础知识100分（摄影方面常识、摄影构图、文学常识、美术基础常识；笔试：60分钟）	16 000	
30	北京城市学院	北京	普通本科	摄影	15	专业分70.75分	专业分77.5分	在文化课考试成绩达到各省最低控制分数线后，按照各专业课成绩从高分到低分排序，择优录取，在专业课成绩相同的情况下，按文化课成绩（不含加分）从高分到低分录取。无单科成绩要求	初试面试：1.基础知识 2.影响逻辑思维 3.文艺常识 4.图片解析能力 5.语言表述能力 6.综合素质考核 复试笔试：1.摄影案例分析 2.图片分析	28 600	http://zs.bcu.edu.cn/info/1117/3168.htm
				影视摄影与制作	16	专业分69分	专业分76.56分		初试面试：1.基础知识 2.影响逻辑思维 3.文艺常识 4.图片解析能力 5.语言表述能力 6.综合素质考核 复试笔试：1.影视制作案例分析 2.影片分析	28 600	

续表

序号	院校名称	所在地	批次	招生专业	人数	2019录取分数	2020录取分数	录取原则	考试内容及要求	学费每年	详情网址
31	吉林动画学院	长春	普通本科	摄影	10	综合分238.2分	文化课289分	高考文化成绩×0.6+专业成绩×0.4	笔试:①.摄影作品赏析②.摄影主题创作阐释	19 200	http://zs.jlai.edu.cn/index.php? m = content&c = index&a = show&catid = 35&id=891
				戏剧影视文学	10	综合分296.8分	文化课374分		笔试:①文艺常识②故事续写	19 200	
				戏剧影视导演	12	综合分270.6分	文化课339分		面试:①朗诵(自备)②命题故事(抽题)③命题组合小品(抽题)④考官提问	19 200	
				影视摄影与制作	8	综合分264分	文化课296分		面试:①提交本人摄影/美术作品并解读②现场拍摄③色彩感觉考查④考官提问 笔试:影像作品分析	19 200	
				录音艺术	3	无	暂无数据		面试:①特长展示②看谱视唱(抽题);笔试:影片声音分析(音乐、音响、人声)	19 200	
32	西安培华学院	西安	普通本科	戏剧影视文学	45	专业分162分	专业分170分	按照考生的专业课成绩由高到低依次录取。若专业课成绩相同,则根据文化课成绩由高到低择优录取	面试(80分):自我介绍、抽提编故事;笔试(120分):名词解释、创意写作、视听分析	22 800	https://mp.weixin.qq.com/s? src = 11&timestamp = 1563427661&ver=1735&signature=yZcS71UC79ZLoJWtREYqRW6uN1o8zUZm5SAH*j5kAx9tvBu38u8SLYuh1blisg9tSU3oe9yVACmFIpy3DSZ0ydVF6Xn2z2WGRlGxW82h4S7jE2URm5Ebtt2o9WBp2Sbm&new=1

续表

序号	院校名称	所在地	批次	招生专业	人数	2019 录取分数	2020 录取分数	录取原则	考试内容及要求	学费每年	详情网址
33	汉口学院	武汉	普通本科	影视摄影与制作	57	文化课 255 分	文化课 250 分	在文化课考试成绩达到各省最低控制分数线后,按照各专业课成绩从高分到低分排序,择优录取	摄影技巧、影像作品分析、社会热点写作	25 500	http://zs. hkxy. edu. cn/ykzt/76.html
34	海口经济学院	海口	普通本科	摄影(摄影、导演与制作)	40	文化课 255 分	文化课 250 分	在文化课考试成绩达到各省最低控制分数线后,按照各专业课成绩从高分到低分排序,择优录取	摄影:笔试摄影常识、影视写作,满分 200 分	99 900	http://www. hkc. edu. cn/web/zs/Default.aspx
				摄影(影视摄影)	80	文化课 255 分	文化课 250 分	在文化课考试成绩达到各省最低控制分数线后,按照各专业课成绩从高分到低分排序,择优录取	摄影:笔试摄影常识、影视写作,满分 200 分	59 900	
35	武昌理工学院	武汉	普通本科	影视摄影与制作	26	文化课 255 分, 摄影 407.5 分	文化课 250 分	在文化课考试成绩达到各省最低控制分数线后,按照各专业课成绩从高分到低分排序,择优录取	笔试:摄影基础、图片分析、影片分析	28 000	http://zs.wut.edu.cn/html/zskx/2018/0104/649.html
36	上海立达学院	上海	普通本科	摄影	6	文化课 255 分	文化课 250 分	高考文化课成绩达到各省级招办划定的最低本科录取资格线,按照专业校考成绩以分数优先原则,从高分到低分,择优录取	摄影基础常识(摄影基础知识、摄影作品分析、文学常识)	49 800	https://mp. weixin. qq. com/s? src = 11&timestamp = 1563429942&ver=1735&signature=Lc493Bf9CEqLbA4oQWRXRCKp2X8K1lYbxvuCY2cVDEIdEVIOpmEpnxbXQmCZtgz3vlorhla0rpc-*x6K-XP4L8weMwhT8g4H*yzJGjIHLQgfjEsOxaWruZR8UHC8hlUQ&new=1

续表

序号	院校名称	所在地	批次	招生专业	人数	2019录取分数	2020录取分数	录取原则	考试内容及要求	学费每年	详情网址
37	广东海洋大学寸金学院	湛江	普通本科	摄影	66	文化课255分	文化课250分	按专业考试成绩择优录取,当专业考试成绩相同时,优先录取文化成绩较高者	(一)考试形式:笔试(时间为2小时) (二)考试科目内容及分值:一套试卷,总分300分;1.相机基本操作与控光;2.画面组织及建构;3.影像画面作文;4.文艺、影像与美学理论常识	29 000	https://zs.gdcjxy.com/zsxx/417.html
38	华南农业大学珠江学院	广州	普通本科	摄影	349	文化课255分	文化课250分	文化成绩达到省规定相应批次控制分数线的情况下,根据考生志愿,按专业测试成绩择优录取,当专业测试成绩相同时,优先录取文化成绩较高者	笔试:1.文学艺术常识;2.影视与美学理论常识;3.影像画面作文(给图片);4.专题论述题;5.图片分析	49 800	http://www.scauzhujiang.cn/zsb/zsdt/info_6.aspx?itemid=37886&parent
				戏剧影视导演	215	文化课255分	文化课250分		1. 情绪理解与音乐效果:据指定播放的音频按要求进行分析;2. 画面应用与故事构建:根据指定素材进行故事构建分析;3. 编剧与故事编写:根据指定素材进行故事创作编写		
39	西安翻译学院	西安	普通本科	数字媒体艺术	62	文化课255分	文化课250分	文化成绩达到省规定相应批次控制分数线的情况下,根据考生志愿,按专业测试成绩择优录取	笔试,文艺常识,编写故事、影视写作,满分200分	24 000	http://zs.xafy.edu.cn/zsjz/zsjz/a2018nzsjz.htm#book7/page8—page9

续表

序号	院校名称	所在地	批次	招生专业	人数	2019录取分数	2020录取分数	录取原则	考试内容及要求	学费每年	详情网址
40	江西应用科技学院	南昌	普通本科	数字媒体艺术	39	文化课255分	文化课250分	校考专业成绩合格，按照专业成绩从高分到低分排序录取	专业测试满分100分。笔试(考试时间1.5小时)。(1)专业常识与美学(20分)，考查专业相关的艺术、信息传播和文化常识。(2)图片分析、讯息逻辑与推演(30分)，针对试卷提供的信息进行逻辑分析和重组，设计信息传播的形式内容。(3)设计思维与创意表达(30分)，考查画面组织建构能力、故事创意编排能力和审美能力。(4)设计基础(20分)，考查设计基础知识	22 800	http://www.jxcsedu.com/Article/ShowArticle.asp?ArticleID=18880
41	武汉晴川学院	武汉	普通本科	影视摄影与制作	15	文化课255分	文化课250分	校考专业成绩合格，按照专业成绩从高分到低分排序录取	笔试：文艺常识：(1)文艺常识：中外名著知识、唐宋诗词知识、现当代文学常识；(2)文化艺术常识：广播电视常识、美术建筑常识、音乐常识、戏曲常识 专业基础：(1)相机知识；(2)摄影摄像知识；(3)图片分析能力	23 800	http://zs.qcuwh.cn/index.php/index－view－aid－14865.html
42	武昌工学院	武汉	普通本科	摄影	19	文化课255分	文化课250分	校考专业成绩合格，按照专业成绩从高分到低分排序录取	摄影理论知识及图片鉴赏写作	26 800	http://zsb.wuit.cn/info/1002/2470.htm

续表

序号	院校名称	所在地	批次	招生专业	人数	2019录取分数	2020录取分数	录取原则	考试内容及要求	学费每年	详情网址
43	湖北商贸学院	武汉	普通本科	摄影	7	文化课255分	文化课250分	校考专业成绩合格，按照专业成绩从高分到低分排序录取	(1)影视艺术基础;(2)计算机、网络媒体基础;(3)数字媒体作品分析	25 000	http://bkzs.hbc.edu.cn/
				影视摄影与制作	6				一、摄影基础常识 (1)照相机器械基础常识;(2)照相机功能与拍摄常识;(3)摄影构图与用光常识;(4)电影史理论基本常识;(5)影视拍摄基本技巧;(6)影视剪辑与特效基本常识。二、文艺常识(1)中外著名摄影或电影大师;(2)摄影或电影简史。三、图片分析或影视作品分析	25 000	
				数字媒体艺术	10					25 000	
44	云南师范大学商学院	昆明	普通本科	摄影	30	文化课255分	文化课250分	按专业考试成绩择优录取，当专业考试成绩相同时，优先录取文化成绩较高者	图片分析＋创意写作(图片分析或根据所给定的材料进行分析评论和创意写作);满分300分，时长120分钟		https://mp.weixin.qq.com/s/k56DP9s—PnifQjC7l27zEw
				摄影	30	文化课255分	文化课250分	按专业考试成绩择优录取，当专业考试成绩相同时，优先录取文化成绩较高者	图片分析＋创意写作(图片分析或根据所给定的材料进行分析评论和创意写作);满分300分，时长120分钟	29 800	
45	江西服装学院	南昌	普通本科	数字媒体艺术	66	文化课255分	文化课250分	按专业考试成绩择优录取，当专业考试成绩相同时，优先录取文化成绩较高者	1.命题创作(含单色线描、命题写作、创意素描、创意表达、设计基础、材料写作其中一种)100分，运用单色对表现对象进行描绘(手法、技法、工具不限;180分钟)2.色彩综合表现(含命题创作、创意色彩、命题构思、综合表现其中一种)100分，运用色彩对表现对象进行综合表现(手法、技法、工具不限;180分钟)		

续表

序号	院校名称	所在地	批次	招生专业	人数	2019 录取分数	2020 录取分数	录取原则	考试内容及要求	学费每年	详情网址
46	武汉工程科技学院	武汉	普通本科	摄影	17	文化课 255 分	文化课 250 分	按专业考试成绩择优录取，当专业考试成绩相同时，优先录取文化成绩较高者	笔试：摄影理论知识、文艺与美学理论常识、摄影图片分析、画面组合	25 800	https://mp.weixin.qq.com/s/ZFbkgX-LxL2dSZhhtvpVxeQ
47	云南艺术学院文华学院	昆明	普通本科	戏剧影视文学	10	文化课 255 分	文化课 250 分	校考专业成绩合格，按照专业成绩从高分到低分排序录取	影视基础知识及故事写作	22 500	http://whxy.ynart.edu.cn/xyzh/xwkx/71095.shtml
				录音艺术	2				摄影综合素质测试(笔试)(总分 200 分)，包含摄影基础知识，视觉作品分析和影视读解	22 500	
				数字媒体艺术	15				考试科目及要求(总分 200 分)综合笔试，内容包括：(1)文艺常识(60 分)；(2)名词解释(20 分)；(3)命题构思(50 分)；(4)影视作品分析(70 分)	22 500	
				影视摄影与制作	10				综合笔试(总分 200 分)，内容包括：(1)音乐理论基础(40 分)；(2)电学、声学基础(40 分)，参考初高中《物理》；(3)声音听辨(70 分)；(4)论述题(50 分)	24 500	

续表

序号	院校名称	所在地	批次	招生专业	人数	2019 录取分数	2020 录取分数	录取原则	考试内容及要求	学费每年	详情网址
48	天津体育学院运动与文化艺术学院	天津	普通本科	戏剧影视文学	35	文化课 255 分	文化课 250 分	文化课成绩达到各省市艺术类本科最低录取分数线的考生，按照专业课成绩从高分到低分择优录取	笔试：1.文学基础 2.影视作品评论 3.写作	18 000	http://www.tjtwy.cn/zsxx/zxdt/2019/01/07/2334104243.html
49	西北大学现代学院	西安	普通本科	戏剧影视导演	8	文化课 255 分	文化课 250 分	考生校考专业成绩合格，高考文化成绩达到相应录取批次控制线按校考专业成绩从高到低择优录取	考试科目：文学常识、影视作品赏析	30 000	https://www.yikaozhinan.com/news/20180122/1511.html
				摄影	8	文化课 255 分	文化课 250 分		考试科目：编讲故事、主题讨论	29 000	
				数字媒体艺术	13	文化课 255 分	文化课 250 分		考试科目：摄影基础常识、图片分析	26 000	
50	燕京理工学院	廊坊	普通本科	摄影	25	文化课 255 分	文化课 250 分	在政治思想考核合格、体检合格、文化成绩达到广东省规定艺术类本科文化课合格线的情况下，根据考生志愿，按专业测试成绩择优录取，当专业测试成绩相同时，优先录取文化成绩较高者。生源充足时，我校可适当增加招生计划	笔试：总分 100 分，考试时间 120 分钟。(1)综合知识 20 分；文学、艺术学常识(题型：名词解释)。(2)故事编写 40 分；根据给出的材料进行故事创作。(3)摄影作品分析 40 分；根据所播放摄影作品写出评论性文章	30 000	https://mp.weixin.qq.com/s?__biz=MzIwODY2OTA2NQ==&mid=2247485770&idx=1&sn=148bb233bd9079a11b22a0ce2b5b0eff&chksm=977ed9aca00950ba0bff94380ab5c64304c0db66252b0848243b8d53f259b20d504aecaf5e6d&scene=21#wechat_redirect
				戏剧影视导演	34	文化课 255 分	文化课 250 分		笔试：总分 100 分，考试时间 120 分钟。(1)综合知识 20 分；文学、艺术学常识(题型：名词解释)。(2)导演创意 40 分；戏剧舞台策划、影视文案策划、广告策划、分镜头脚本创作等。(3)论述题 40 分；根据所给题目，结合具体实例，条理清晰、层次分明地进行论述	30 000	

续表

序号	院校名称	所在地	批次	招生专业	人数	2019录取分数	2020录取分数	录取原则	考试内容及要求	学费每年	详情网址
51	北京电影学院现代创意媒体学院	青岛	普通本科	戏剧影视文学	16	文化课255分	文化课250分	文化考试成绩要求达到当年各省普通高等学校艺术类专业文化录取控制分数线，对进档考生原则上按照志愿优先，根据专业成绩排序，择优录取；学校在招生录取和安排专业时，相同条件下优先考虑高考文化总分成绩高的考生，高考文化成绩相同者，优先考虑英语成绩高的考生	初试笔试：影片分析 复试面试：综合素质考核	48 000	http://www.bfamcmc.edu.cn/zsgz/zsjz.htm
				戏剧影视导演	14	文化课255分	文化课250分		初试笔试：影片文化技法解析 复试面试：导演构思小品	58 000	
				摄影	12	文化课255分	文化课250分		初试笔试：综合常识（考生自备2B铅笔和橡皮） 复试面试：综合素质考查	62 000	
				录音艺术	10	文化课255分	文化课250分		初试笔试：视听辨析 复试面试：综合能力		
				影视摄影与制作	13	文化课255分	文化课250分		初试笔试：综合常识（考生自备2B铅笔和橡皮） 复试面试：综合素质考查	62 000	
				电影学	9	文化课255分	文化课250分		初试笔试：电影产业动态及电影学基础理论知识 复试面试：综合素质考查	48 000	

续表

序号	院校名称	所在地	批次	招生专业	人数	2019录取分数	2020录取分数	录取原则	考试内容及要求	学费每年	详情网址
52	首都师范大学科德学院	北京	普通本科	摄影(影视摄影、图片摄影、无人机航拍)	13	文化课255分	文化课250分	艺术类专业统考合格证或者我院艺术类专业考试合格证,且文化课成绩达到各省市艺术类本科最低录取分数线的考生,按照专业课成绩从高分到低分择优录取	笔试:满分100分。考试时间:90分钟。1.摄影基础常识;2.摄影作品分析(字数不少于800字)	69 800	https://mp.weixin.qq.com/s?src=11&timestamp=1563438006&ver=1735&signature=NdKmk-RvNqvh0p6YIBY-URAShHfEox-14xITmfQalIy697tblvvKWuEE2HDpRSUoradMXpnbpDv1XvQdsqWX0ciVzsp0s*V2Anh7B3ET0AdjK-BUS5dCa6No39l*j6Ps&new=1
				电影学(电影导演和制作)	19	文化课255分	文化课250分		笔试:满分100分。考试时间:120分钟(含播放短片时间30分钟)。1.电影学基础知识;2.电影作品分析(字数不少于800字)	69 800	
53	江西科技学院	南昌	普通本科	戏剧影视文学	125	文化课255分	文化课250分	按专业考试成绩择优录取,当专业考试成绩相同时,优先录取文化成绩较高者	笔试:满分100分。考试时间:90分钟。1.填空题、单选题、名词解释题;2.故事写作	29 000	https://zjc.jxut.edu.cn/info/1017/15684.htm
54	武汉东湖学院	武汉	普通本科	数字媒体艺术	15	文化课255分	文化课250分	按专业考试成绩择优录取,当专业考试成绩相同时,优先录取文化成绩较高者	面试:满分300分。考试时间:10分钟。1.作品赏析;2.创意策划	25 500	http://zs.wdu.edu.cn/view/397.html
55	重庆大学城市科技学院	重庆	普通本科	摄影	18	文化课255分	文化课250分	按专业考试成绩择优录取,当专业考试成绩相同时,优先录取文化成绩较高者	素描(100分):考试时间180分钟 速写(100分):考试时间30分钟 色彩(100分):考试时间150分钟	15 000	http://www.cqucc.com.cn/default.html

续表

序号	院校名称	所在地	批次	招生专业	人数	2019 录取分数	2020 录取分数	录取原则	考试内容及要求	学费每年	详情网址
56	北京工商大学嘉华学院	北京	普通本科	摄影	8	文化课 255 分	文化课 250 分	按专业考试成绩择优录取，当专业考试成绩相同时，优先录取文化成绩较高者	面试：满 100 分。考试时间：30 分钟。1.摄影作品分析；2.电影作品默评	69 800	http://zs. canvard. net. cn/zsd/? p=5
57	南京航空航天大学金城学院	南京	普通本科	数字媒体艺术	35	文化课 255 分	文化课 250 分	按专业考试成绩择优录取，当专业考试成绩相同时，优先录取文化成绩较高者	笔试：满分 100 分。考试时间：90 分钟。1.基础素质测试；2.数字媒体常识测试；3.图片分析，根据给出图片结合数字媒体知识进行分析阐述；4.命题写作，根据题目要求完成故事创作	16 500	http://jc. nuaa. edu. cn/jczs/read.asp? Articleid=553

说明：

1.“校考”，这里指的是由于广东省目前仅有广播电视编导统考，尚不能包含其他传媒编导门类的专业，为此只能设置“校考”；“校考”可不受“统考”的成绩限制。

2.2020 年全国对广东省设置“校考”招生幕后传媒类的学校 57 所，共计招生约 2 600 人。

3.其中对广东省设置“校考”招生幕后类专业的学校属重点本科的有所院校，共计招生约 150 人。

4.录取分数大多来源高校官方网站公布，不过有些院校尚未公布 2020 年的录取分数，只能填写往年的录取分数，仅供参考。更加权威的数据可参照各院校的官方网站所公布的数据。

附录5　2019—2020年全国幕后编导类对广东省实行“统考＋校考”录取的院校及招生信息

序号	学校名称	属性	招生专业	招生人数	录取分数	录取原则	考试内容	每年学费
1	中国传媒大学	一批本科 985、211	广播电视编导 (电视编导)	30	一本线比值 1.091	在考生文化折算比值达到学校确定的本专业最低折算比值情况下,按照文化折算比值从高到低择优录取	面试①自我介绍(约1分钟)②回答考官提问(高中所学知识)③根据背景材料提示进行命题演讲;笔试:视频作品分析、重点考查分析能力和写作能力;文化笔试:高中文化课中的语文、英语、数学	10 000
2	中国传媒大学	一批本科 985、211	广播电视编导 (文艺编导)	20	男:1.031 女:1.15 (北京)、 1.06其他		面试①根据背景材料分组进行即兴创意讨论②回答考官提问③有文艺特长的考生可以展示(除钢琴外,其他乐器或道具以及放音设备请考生自备,也可出示考级证书等证明);复试笔试:影视作品分析;文化笔试:高中文化课中的语文、英语、数学	10 000
3	北京电影学院	一批本科,重点名校	广播电视编导	30	一本线比值 96.46	成绩与所在省本科一批录取最低控制分数线(文、理)的分数比值从高到低排序择优录取。最终比值为:96.46	初试笔试:综合知识及能力考查;复试笔试:媒体、影视等相关专业知识考查;三试:考生根据自身特长,在 面试A或面试B中选择 其中一种。面试A:1.自备稿件朗 诵及即兴评述,2.才艺展示。面试B:1.英语朗读及表达,2.按抽取的元素规定进行内容创作	10 000

续表

序号	学校名称	属性	招生专业	招生人数	录取分数	录取原则	考试内容	每年学费
4	上海戏剧学院	一批本科，重点名校	广播电视编导	20	678.15/1257.41	合成分＝专业成绩（换算成 750 分制）＋高考文化成绩折算分，按合成分从高到低依次录取	（一）初试：散文写作（二）复试：故事写作（三）三试：综合能力测试（面试）1.导演构思 2.综合素质测试 注：初、复试与戏剧影视文学专业统一考试	10 000
5	南京艺术学院	一批本科，重点名校	广播电视编导	56	二本线	省广播电视编导统考及校考专业成绩双合格，文化分达考生所属省普通类二本文科或理科省控线 90%，按文化分从高到低择优录取	初试：1.自我介绍 2.回答考官提问 3.综合素质展示；复试：1.分镜头改编 2.运用材料写作	11000
6	浙江传媒学院	一批本科，重点名校	广播电视编导	130	一本线比值 96.182	（1）达到 80 分以上（含），按文化折算分；（2）排序择优录取，文化折算分；（3）并列的按专业成绩从高到低择优录取	初试笔试：文化素质结构测试；复试面试：形象考查、自我介绍、回答问题；三试笔试：创意写作、影视作品分析	10 300
7	浙江传媒学院	一批本科，重点名校	广播电视编导（媒体创意）	50	一本线比值 92.948			10 300
8	山东艺术学院	一批本科，重点名校	广播电视编导	17	结构分最低 340.79	文化课达到生源所在省份艺术类本科专业最低录取分数线后，按校考专业成绩的 60%＋文化成绩 40%的综合分数排序录取	笔试：影视艺术评论与创作，分为编导、影视学两个方向	待定
9	上海视觉艺术学院	一批本科，重点名校	广播电视编导	44	综合分 300.158 分	相关专业省统考成绩合格。按照综合分从高到低择优录取（综合分＝高考文化分 * 50%＋校考专业分 * 50%）	初试（面试）：即兴故事创作；复试（面试）：热点话题评述；三试（笔试）：写作	38 000

续表

序号	学校名称	属性	招生专业	招生人数	录取分数	录取原则	考试内容	每年学费
10	广西艺术学院	一批本科，重点名校	广播电视编导	28	综合 194.16（文化课 429 分）	按文化、专业成绩 6:4 综合分排序录取	①影视艺术常识 ②故事编写	12 000
11	广西艺术学院	一批本科，重点名校	广播电视编导（中英校际交流项目）	20	综合分 183.84 分	按文化、专业成绩 6:4 综合分排序录，一志愿一专业优先		35 000
12	广西艺术学院	一批本科，重点名校	影视摄影与制作	20	综合 194.16（文化课 429 分）	按文化、专业成绩 6:4 综合分排序录取		12 000
13	四川音乐学院	一批本科，重点名校	广播电视编导	112	文科 452 分，理科 388 分	对于分文理科省份的双上线考生，我院将对艺术理科考生的高考文化课成绩按一定公式折算后和艺术文科考生一同按录取规则排序，择优录取，折算公式为：艺术理科生高考文化课折合分＝艺术理科生高考文化课总分×（艺术文科高考文化课录取控制分数线÷艺术理科高考文化课录取控制分数线）	①编写故事 150 分（命题笔试）；②编导创意 150 分（命题笔试）。专业成绩总分满分为 300 分	12 000
14	四川音乐学院	一批本科，重点名校	戏剧影视文学	60				12 000
15	吉林艺术学院	一批本科，重点名校	广播电视编导（影视）	30	综合分 264.180 分	以文化分占 70％和专业分占 30％相加后总分择优录取	初试：回答问题（面试，现场抽题） 复试：文艺常识、创意写作和叙事散文写作（笔试，3 小时）	9 000
16	吉林艺术学院	一批本科，重点名校	广播电视编导（演艺策划）	27	综合分 254.848 分			9 000

续表

序号	学校名称	属性	招生专业	招生人数	录取分数	录取原则	考试内容	每年学费
17	吉林艺术学院	一批本科，重点名校	广播电视编导（戏曲编导）	30	综合分 256.253 分	以文化分占 70%和专业分占 30%相加后总分择优录取。	初试：回答问题（面试，现场抽题） 复试：文艺常识、创意写作和叙事散文写作（笔试，3 小时）	9 000
18	新疆艺术学院	一批本科，重点名校	广播电视编导	40	文化课 420 分	相关专业省统考成绩合格。按文化分从高到低择优录取。	1.自我介绍；2.才艺展示（自选朗读、演唱、舞蹈等）；3.专业测试问答；4.面试；5.专业笔试（含艺术常识）；6.材料分析；7.影视评论	6 000

说明：

1.“统考＋校考”的录取形式是指：首先要参加广东省广播电视编导专业的统考并取得本科资格（2019 年本科资格线为 175 分），然后参加所报院校的校考并取得院校校考合格证后，符合其院校文化课要求，方有机会被录取。

2.2019 年全国对广东省进行招生施行“统考＋校考”形式录取的院校共计 11 所，涉及 18 个专业（方向），约对广东省招生 50 人。

3.以上招生人数为全国招生人数，择优录取。

4.以上院校为全国重点本科，属于第一录取批次，属重点本科。

5.以上院校专业的录取分数基本上都是根据其院校官方网站获取，若有出入以官方网站为准。

后 记

写到这里时,翻开朋友圈,被我的研究生同学李方军的朋友圈深深吸引,现在作为网络自媒体大家的他(笔名:李砍柴;砍柴书院)拥有了自己的公司和粉丝,很了不起!

最近我一直很颓废,不知道自己究竟想要啥,感觉没有未来,所以这本书稿几乎用了我一个多月的时间进行调整和编辑。其实早就应该完成的,可是一直拖到现在,想想蛮后悔和自责的。

怎样才能做到最好呢?这是我一直想做的,也是一直努力的方向,可是渐渐地却迷失了自己,很不应该。

其实,最近很多事情都让我兴奋不起来,一方面是经济压力,遇到的一些人与事让我很分心,其实这个也不应该。

亲爱的读者,其实在学习或工作中,你也曾遇到过类似于此的消沉时光,一个阶段的低谷。其实我想这个应该没有什么。每个人都会遇到的,我也是。但我想最应该的是要行动起来去与之斗争,尽快地走出这个低谷,去寻找新的目标。

现在的我就是用行动来走出这个低谷,所以今天完成了本书的编写。其实大家也一样应该直面困难与磨难。当我们走过这一个阶段回望时,其实也没有什么。因为你至少还有亲人的关心与鼓励,还有在鞭策你、鼓励你的老师。我也有爱我的爸妈和老婆,还有将来的小朋友。所以我们无需担心和害怕什么!

我希望,当你颓废、失落、伤感或丢失目标而感到不知所措时,能够翻开本讲义的最后一页,读读这里我的唠叨。希望你能够重新拾起勇气,成为挑战困难的人,和我一样!昨晚和小花猫一起看电影《绿皮车》。人到中年的托尼,不也是如此吗?在最低谷的时候去重拾那份“天真”,去重新找回那份勇气,简单的故事情节、经典的故事结构，但却能够沁人心脾，让人感动，也重新让我鼓起勇气往前走！我想你也应该如此！

我相信，只要方向对了，加上自己的努力与勤奋，成功是早晚的事情。只不过，越努力会越幸运！成功也会越早些到来！

所以，为了美好的未来，重新站起来，加油！因为“不逼自己一把，你永远都不知道自己有多么优秀”！所以加油！

最后，感谢各位编委老师的辛勤付出，感谢欧姐及各位编辑老师的指导，感谢大家！感谢此时的你！

吴广善

2020年10月3日

深圳·田厦国际中心

图书在版编目(CIP)数据

广播电视编导专业统考必备攻略.广东卷 / 吴广善,苑杰主编.—— 北京:中国传媒大学出版社,2019.9(2020.11 重印)

ISBN 978-7-5657-2548-7

Ⅰ.①广…　Ⅱ.①吴…　②苑…　Ⅲ.①广播节目—节目制作—高等学校—入学考试—自学参考资料　②电视节目制作—高等学校—入学考试—自学参考资料
Ⅳ.①G222.3

中国版本图书馆 CIP 数据核字(2019)第 187655 号

广播电视编导专业统考必备攻略(广东卷)

GUANGBO DIANSHI BIANDAO ZHUANYE TONGKAO BIBEI GONGLÜE(GUANGDONGJUAN)

主　　编　吴广善　苑　杰
责任编辑　欧丽娜
封面设计　风得信设计·阿东
责任印制　阳金洲

出版发行　中国传媒大学出版社
社　　址　北京市朝阳区定福庄东街 1 号　　**邮　　编**　100024
电　　话　86-10-65450528　65450532　　**传　　真**　010-65779405
网　　址　http://cucp.cuc.edu.cn
经　　销　全国新华书店

印　　刷　广州市丽彩印刷有限公司
开　　本　787mm×1092mm　1/16
印　　张　17
字　　数　322 千字
版　　次　2019 年 9 月第 1 版
印　　次　2020 年 11 月第 2 次印刷

书　　号　ISBN 978-7-5657-2548-7/G·2548　　**定　　价**　68.00 元

本社法律顾问:北京李伟斌律师事务所　郭建平